历·史·的·节·点

罗平汉 著

历史的节奏

生活·讀書·新知 三联书店

Copyright © 2025 by SDX Joint Publishing Company.
All Rights Reserved.

本作品版权由生活·读书·新知三联书店所有。
未经许可，不得翻印。

图书在版编目（CIP）数据

历史的节奏 / 罗平汉著. -- 北京：生活·读书·新知三联书店，2025. 3. (2025.7 重印) -- ISBN 978-7-108-08004-2

Ⅰ. K270.7

中国国家版本馆 CIP 数据核字第 20259S9A06 号

策划编辑　唐明星
责任编辑　万　春
装帧设计　康　健
责任印制　董　欢
出版发行　生活·讀書·新知 三联书店
　　　　　（北京市东城区美术馆东街 22 号　100010）
网　　址　www.sdxjpc.com
经　　销　新华书店
印　　刷　北京隆昌伟业印刷有限公司
版　　次　2025 年 3 月北京第 1 版
　　　　　2025 年 7 月北京第 2 次印刷
开　　本　635 毫米 × 965 毫米　1/16　印张 20.75
字　　数　232 千字
印　　数　06,001－10,000 册
定　　价　59.00 元

（印装查询：01064002715；邮购查询：01084010542）

目 录

新民主主义向社会主义过渡 1

    一、新民主主义社会的基本特征 1

    二、过渡时期总路线的酝酿与提出 9

    三、个体农业的社会主义改造 16

    四、资本主义工商业的社会主义改造 23

《论十大关系》几个问题的探讨 32

    一、《论十大关系》形成的背景 32

    二、《论十大关系》的形成过程 40

    三、《论十大关系》与八大关于经济建设的指导思想 49

庐山会议转向的原因分析 57

    一、庐山会议前对"左"的纠正有限 57

    二、对形势的不同看法促成会议的转向 62

    三、"历史旧账"是庐山会议转向的重要因素 77

"大跃进"造成的困局与应对 91

    一、"大跃进"运动的简要经过 91

    二、国民经济面临的严重困难 99

三、为克服严重困难采取的措施　　105

"四清"运动的起因与过程　　116
　　一、"四清"的动因　　116
　　二、"前十条"和"后十条"　　127
　　三、从小"四清"到大"四清"　　140
　　四、"四清"运动对农业的影响　　154

改革开放共识是如何凝聚的　　163
　　一、对历史的反思促成探寻新路　　163
　　二、客观现实促使思谋变革　　168
　　三、走出国门深感自身的落后　　173
　　四、改革逐渐成为人们的共识　　182

包产到户从非法到合法的历程　　189
　　一、调动农民生产积极性成为当务之急　　189
　　二、包产到户第一步——包产到组　　197
　　三、从"不许"到"不要"的悄然变化　　204
　　四、邓小平肯定包产到户效果很好　　210

社会主义初级阶段理论的由来　　224
　　一、建成社会主义的时间问题　　224
　　二、"社会主义初级阶段"命题的提出　　231
　　三、十三大与社会主义阶段理论　　240

确立社会主义市场经济体制　247

一、计划经济体制建立之初的探求　247

二、计划经济为主市场调剂为辅　253

三、发展社会主义商品经济　262

四、建立社会主义市场经济体制　274

探寻中国式现代化道路　284

一、四个现代化目标的提出　284

二、"中国式的四个现代化"　291

三、小康之家：20世纪末人均收入1000美元　295

四、"三步走"发展战略的形成　306

五、全面建成小康社会　311

六、全面建设社会主义现代化国家　318

新民主主义向社会主义过渡

1949年新中国的成立，标志着新民主主义社会制度在全国范围的建立。1952年秋，党的领导人根据当时的情况和党预定的目标，决定提前结束新民主主义社会，开始向社会主义社会过渡。1953年秋，过渡时期总路线被正式提出，由此开始了大规模的对农业、手工业和资本主义工商业的社会主义改造。1956年，社会主义改造基本完成，中国实现了由新民主主义向社会主义的转变。

一、新民主主义社会的基本特征

毛泽东在1940年发表《新民主主义论》时，曾对新民主主义共和国的国体和政体作了充分的论述，认为新民主主义共和国的国体是各个革命阶级的联合专政。毫无疑问，这里的"各个革命阶级"指的是工人阶级、农民阶级、小资产阶级和民族资产阶级，在这个联合专政里，居于领导地位的自然是无产阶级。他说："现在所要建立的中华民主共和国，只能是在无产阶级领导下的一切反帝反封建的人们联合专政的民主共和国，这就是新民主主义的共和国"[1]。1944年9月，中共中央又提出了建立民主联

---

[1]《毛泽东选集》第二卷，人民出版社1991年版，第675页。

合政府的主张，通过建立联合政府以体现各个革命阶级的联合专政。由于蒋介石坚持其个人独裁和一党专政，决意以发动内战来回应联合政府的主张，因此这样的联合政府并未建立。尽管如此，在全面内战爆发后，中国共产党并没有放弃联合政府的口号，并且一再强调，在打倒蒋介石、解放全中国后要建立的新的中央政府，仍旧是民主的联合政府。当然，这是一个将国民党反动派排除在外的民主联合政府。

新中国成立之初组建的中央人民政府，从一定意义上讲是由中国共产党领导的民主联合政府，具有无产阶级领导的各个革命阶级联合专政性质。当时，中央人民政府的主席、副主席共7人，其中非中共人士3人，分别是副主席宋庆龄、李济深和张澜；中央人民政府委员56人，其中非中共人士27人。在随后组建的政务院及其所属机关的负责人中，政务院总理副总理共5人，其中非中共人士2人，即副总理郭沫若和黄炎培；各部、委、署主官中，非中共人士超过1/3。此外，最高人民法院院长亦由非中共人士沈钧儒担任。

新中国成立之初，各民主党派和无党派民主人士不但在中央人民政府中担任重要职务，而且真正做到了有职有权。作为执政党的中国共产党，也采取了许多有效措施保证党外人士有职有权，认为"党外人士既然担任了一定的职务，即应享有与其职务相当的权力，履行与其职权相当的责任。这不仅要在工作中同党外人士商量一切应该同他们商量的问题，取得大多数人的协议，然后付诸执行，而且要在共产党员和党外人士之间进行必要而适当的分工,并主动地帮助党外人士做出成绩来"。[1]

当时,政务院的政务会议每星期召开一次,有关文件均交非党人士审查,一切指示、法令也要其修改。陈云主持中财委的工作,明确要求各部部长对本部工作作报告,非党人士担任部长的就要非党人士作报告。中财委副主任薄一波还总结了与党外人士合作共事的四条经验:一是要使党外人士有职有权,做到该商量的必须商量,该请示的必须请示,该经过的必须经过;在工作中遇到党外人士不同意见时,不应做硬性决定,除检讨自己意见有无不妥外,还应帮助说服党外人士,始能做决定。二是一切重要决定应有应该参加的党外人士(如部长、副部长等)参加决定。三是有些日常处理的重要事情(如电报、公文)和上级来的指示,下级来的报告,均应使应该看到的党外人士看到。四是用人也应与党外人士商酌,党外人士所举荐的人,更应慎重考虑,能用者尽量予以录用。[2]

1951年3月,北京市政府党组就与党外人士合作问题的检查情况写了一份报告,其中认为要使党外人士有职有权,并帮助他们在工作中做出成绩,"这首先需要进行必要而适当的分工,如是党外人士任正职,那就应在集体领导,分工负责的原则下,给予他们以总揽全局和最后决定之权;如是党外人士任副职,也应在集体领导,分工负责的原则下,使他们在自己职权的范围内,能够放手做事,不受干涉"。中共中央认为北京市的这种做法

---

[1] 中共中央文献研究室编:《建国以来重要文献选编》第1册,中央文献出版社1992年版,第155页。

[2] 中共中央文献研究室编:《建国以来重要文献选编》第1册,中央文献出版社1992年版,第464—465页。

"很好",要求各中央局"转告各有党外人士工作的机关中党组研究"[1]。在新中国成立之初,中央人民政府及地方各级人民政府在构建上具有中国共产党领导的民主联合政府性质,是由当时的历史条件决定的,它明确了新中国的国体是新民主主义的即各个革命阶级的联合专政。

对于新民主主义社会的经济制度,《共同纲领》做了这样的规定:"中华人民共和国经济建设的根本方针,是以公私兼顾、劳资两利、城乡互助、内外交流的政策,达到发展生产、繁荣经济之目的。国家应在经营范围、原料供给、销售市场、劳动条件、技术设备、财政政策、金融政策等方面,调剂国营经济、合作社经济、农民和手工业者的个体经济、私人资本主义经济和国家资本主义经济,使各种社会经济成分在国营经济领导之下,分工合作,各得其所,以促进整个社会经济的发展。"[2]

新民主主义社会经济上最根本的特征,就是多种经济成分共存。以过渡时期总路线正式提出前的1952年为例,各种所有制在国民收入中的比重分别是国营经济占19.1%,合作社经济占15%,国家资本主义经济占0.7%,私人资本主义经济占6.9%,个体经济占71.8%。[3]而在此之前的1949年至1951年,后两种经济成分的比重无疑要更大一些。由此可见,在新民主主义社会阶段,现代经济和公有制经济在国民经济中所占的比重很小,传统的个体经济占了很大的比重。

---

[1]《中共中央转发北京市政府党组关于与党外人士合作的报告》,1951年3月19日。
[2]《中国人民政治协商会议共同纲领》,《人民日报》1949年9月30日。
[3]赵德馨主编:《中国经济通史》第十卷上册,湖南人民出版社2002年版,第87页。

在新民主主义经济中，国营经济数量虽然不占优势，但它处于领导地位并呈日益壮大之势。从 1949 年至 1952 年，国营经济发展迅速。1949 年国营工业的总产值为 36.8 亿元，1952 年达 142.6 亿元，增长 387.5%。国营商业机构 1950 年的批发和零售额，分别占全国的 23.2% 和 8.3%，1952 年的占比则分别上升到 60.5% 和 19.1%。

私人资本主义经济是新民主主义社会的重要经济成分，1949 年至 1952 年其总量也是呈增长的趋势，但由于国营经济的快速增长，它占国民经济的比重则出现逐年下降之势。在 1951 年之前，私营工业在全部工业总产值中占比超过了 50%，即 1949 年 63.3%，1950 年 51.8%，1951 年 50.1%，而 1952 年下降到 39%。

对于私人资本主义问题，毛泽东在《新民主主义论》中提出，"并不禁止'不能操纵国民生计'的资本主义生产的发展"[1]。在中共七大的时候，无论是作大会的书面报告还是口头报告，毛泽东都多次讲到中国发展资本主义的问题；到新中国成立前夕七届二中全会的时候，毛泽东又提出要"对于资本主义采取恰如其分的有伸缩性的限制政策"，最终七届二中全会确定的对私人资本主义是利用与限制并重的政策。对此《共同纲领》曾这样规定："凡有利于国计民生的私营经济事业，人民政府应鼓励其经营的积极性，并扶助其发展。"这就意味着，凡不利于国计民生的私营经济事业，人民政府将予以限制。所以在新民主主义社会时期，对私人资本主义基本上采取的是利用与限制并重的政策，并且随着时间的推移，更多的是侧重于限制。

---

[1]《毛泽东选集》第二卷，人民出版社 1991 年版，第 678 页。

1950年6月,中央人民政府出台了《中华人民共和国土地改革法》,由此在广大的新解放区进行了轰轰烈烈的土地改革运动(老解放区此前已完成了土改)。通过开展土地改革,亿万农民得到了祖祖辈辈梦寐以求的土地。由于废除了封建剥削,减少了税收负担,因此农民的生活有了显著改善。

土地改革之后,农村经济体制基本上仍是个体农民所有制。这不单单体现在生产方式是农民以家庭为生产单位,更为重要的是农民对于土地具有所有权,以及附随所有权而产生的土地处置权。也就是说,在新民主主义社会里,农民依法具有土地所有权以及土地的处置权,土地的买卖是合法的。对此,《共同纲领》规定:"凡已实行土地改革的地区,必须保护农民已得土地的所有权。"《中华人民共和国土地改革法》也规定:"土地改革完成后,由人民政府发给土地所有证,并承认一切土地所有者自由经营、买卖及出租其土地的权利。"农村土地归农民个人所有是新民主主义社会的一个重要特征。

虽然《共同纲领》中提出"应引导农民逐步地按照自愿和互利的原则,组织各种形式的劳动互助和生产合作",但这一阶段除了互助组有较大发展外,农业生产合作社数量还很少。1950年全国只有19个初级形式的农业合作社;到1952年也只发展到3644个,入社的农户59028户,占全国总农户数的0.1%。[1]当时,党内相当多的人认为,新民主主义社会的主要任务是实现国家工业化,只有实现了工业化才能实现社会主义化,因而他们认为在农村不要急于动摇私有基础和急于建立农业生产合作社。因此,在

---

[1] 王贵宸:《中国农村合作经济史》,山西经济出版社2006年版,第251页。

新民主主义社会时期，农村的主要经济成分是农民个体所有制。

在新民主主义社会，私有财产被明确列为保护的对象。《共同纲领》规定："保护国家的公共财产和合作社的财产，保护工人、农民、小资产阶级和民族资产阶级的经济利益及其私有财产，发展新民主主义的人民经济，稳步地变农业国为工业国。"

对于新民主主义社会的文化，《共同纲领》规定得比较简略，指出："中华人民共和国的文化教育为新民主主义的，即民族的、科学的、大众的文化教育。人民政府的文化教育工作，应以提高人民文化水平，培养国家建设人才，肃清封建的、买办的、法西斯主义的思想，发展为人民服务的思想为主要任务。"此外，《共同纲领》还对培养国民公德，发展自然科学，用历史的科学的观点研究社会科学，文学艺术为人民服务，改革旧的教育制度等作了原则规定。

新民主主义社会在文化体制上一个明显的特征，是多种所有制共同存在的文化产业格局。

据1950年3月的统计，全国共有私营报纸58家，私营广播电台34座。私营报纸最多的为华东地区，有24家，其中14家在上海出版，如《大公报》《文汇报》《新民报》《大报》《亦报》以及英文《字林西报》《密勒氏评论报》等。[1]

新中国成立之初，国营电影制片厂只有东北、北京、上海三家，而私营电影公司则有十几家，其中有一定制片能力的主要有昆仑、文华、大同、国泰等影业公司。1949年和1950年国营电影制片厂共摄制了29部故事片，而昆仑、文华等私营电影公司

---

[1] 方汉奇主编：《中国新闻传播史》，中国人民大学出版社2002年版，第335页。

却生产了约50部影片。1950年《大众电影》读者共评选出了10部最喜爱的国产片,其中有4部是私营影片公司生产的。[1]

新中国成立初期,私立高等学校包括大学、专门学院、专科学校等占的比重相当大。1949年有大专学校205所,其中私立81所(包括外国教会所设学校),占总数的39.5%;除教会学校外,则为60所,占总数的29.3%。[2]据第一次全国教育工作会议统计(1949年12月),全国已解放地区(缺西南六省、西北三省数字),共有私立中等学校1467所,占中等学校总数的48%;私立中等学校学生共有36.6万余人,占学生总数的42%。仅京、津、沪、宁、武汉五城市统计,就有私立小学1452所,占小学总数的56%;私立小学学生30.7万人,占44%。[3]

在新中国成立的头三年,中国共产党人基本上是老老实实、不折不扣地按照《共同纲领》来建设新民主主义社会的。当时的社会性质属于新民主主义社会,也是确定无疑的,中国就是在这样的基础上过渡到社会主义的。也就是说,中国不是由半殖民地半封建社会跨入社会主义的,而是从新民主主义走入社会主义的,中国共产党人兑现了革命时期建立新民主主义共和国,由新民主主义再转入社会主义的承诺。

---

[1] 陈荒煤主编:《当代中国电影》上,中国社会科学出版社1989年版,第65页。

[2] 李国钧、王炳照总主编,苏渭昌、雷克啸等主编:《中国教育制度通史》第八卷,山东教育出版社2000年版,第187页。

[3] 毛礼锐、沈灌群主编:《中国教育通史》第六卷,山东教育出版社1989年版,第24—25页。

二、过渡时期总路线的酝酿与提出

新民主主义社会毫无疑问不是中国共产党人奋斗的终极目标,而是带有过渡性质的社会形态。在《新民主主义论》中毛泽东明确提出:"这个革命的第一步、第一阶段,决不是也不能建立中国资产阶级专政的资本主义的社会,而是要建立以中国无产阶级为首领的中国各个革命阶级联合专政的新民主主义的社会,以完结其第一阶段。然后,再使之发展到第二阶段,以建立中国社会主义的社会。"[1]所以,中国革命胜利、新民主主义社会建立之后,选择适当的时机和采取适当的步骤实现向社会主义的过渡,早已成为全党的共识。

然而,在新民主主义理论形成之际,抗日战争正处在相持阶段,尽管中国共产党领导的各个抗日根据地已经是新民主主义社会,但就全国而言仍处于半殖民地半封建社会的状态,完成中国革命的第一个阶段的任务,建立全国范围的新民主主义社会,是中国共产党最重要也是最直接的奋斗目标;至于第二步建立一个社会主义的社会,仍是未来而不是当下考虑的问题。因此,在《新民主主义论》中,毛泽东并没有对何时可以从新民主主义向社会主义过渡,作出明确具体的时间设想,事实上也没有必要作出这样的设想。1944年7月,毛泽东在会见英国记者斯坦因时说:"我们目前的新民主主义政策在任何条件下都将必须继续实行,而且还要实行相当长的一个时期。"[2]这里"相当长的一个时

---

[1]《毛泽东选集》第二卷,人民出版社1991年版,第672页。
[2]《毛泽东文集》第三卷,人民出版社1996年版,第182页。

期"究竟是多长,毛泽东没有进一步作解释。

明确提出新民主主义向社会主义过渡的时间问题,是在国民党的失败已成定局的解放战争后期。到1948年6月底,经过两年的作战,人民解放军的总兵力,已由原来的127万人发展到280万人,同国民党军总兵力的对比,已从战争开始时的1∶3.37,变为1∶1.3,并且经过新式整风运动士气高涨;武器装备也得到极大改善,已经具备攻坚作战能力。全国解放区的面积已达到135.5万平方公里,占全国面积的24.5%;人口1.68亿,占全国人口的37%,在广大的老区、半老区已经完成了土地改革。为此,中共中央和毛泽东判断,再过3年左右就可以从根本上打倒蒋介石了。7月18日,中共中央在《关于揭破敌人和平阴谋的指示》中指出:"依据过去两年的作战成绩,加上今后的更大努力,执行正确的军事政治经济文化各项政策,大约再打三年左右,就可以从根本上消灭中国的反动势力,在全国范围内建立人民民主共和国,我们自己及全国人民,就可以永远过和平自由幸福的生活了。"[1]到这时,中共领导人开始描绘即将成立的新中国的蓝图,同时也开始考虑向社会主义过渡的问题。

1948年9月,中共中央政治局在西柏坡召开会议。就在这次会议上,中共领导人对何时转入社会主义第一次进行了讨论。刘少奇在发言时提出,不能过早地采取社会主义,毛泽东插话说:"到底何时开始全线进攻?也许全国胜利后还要十五年。"[2]当天

---

[1] 中央档案馆编:《中共中央文件选集》第17册,中共中央党校出版社1992年版,第253页。

[2] 中共中央文献研究室编:《刘少奇论新中国经济建设》,中央文献出版社1993年版,第7页。

为会议作结论时，毛泽东又说："关于完成新民主主义到社会主义的过渡的准备，苏联是会帮助我们的，首先帮助我们发展经济。我国在经济上完成民族独立，还要一二十年时间。我们要努力发展经济，由发展新民主主义经济过渡到社会主义。"[1]

此后，毛泽东、刘少奇又多次提到需要多长时间向社会主义过渡的问题。在1949年1月召开的中共中央政治局会议上，毛泽东又表示，不要急于追求社会主义化，合作社不可能很快发展，大概要准备十几年工夫。1949年7月4日，毛泽东在中央团校第一期毕业典礼上又讲：20年后，我们工业发展到一定程度，看其情况进入社会主义。[2]1949年6月至8月，刘少奇代表中共中央访问苏联，其间在给斯大林的报告中说："在中国从现在起到实行一般民族资本国有化，还需要经过许多步骤，需要一段相当长的时间。这一段时间到底需要多久？这要看国际的和国内的各种条件来决定，我们估计或者需要十年到十五年。"[3]

直到1951年，中共领导层仍然认为需要一二十年的新民主主义建设阶段，然后才能转入社会主义。这年5月，刘少奇在全国宣传工作会议上说："现在有人就讲社会主义，我说，这是讲早了，至少是早讲了十多年。当然作宣传工作的还是要讲，但作为实践的问题讲，十年之内社会主义是讲不到的。到十年之后，建设得很好，我们看情况，那时就可以提一提这个问题：社会

---

[1]《毛泽东文集》第五卷，人民出版社1996年版，第146页。
[2] 中共中央文献研究室编：《毛泽东年谱（1893—1949）》，人民出版社、中央文献出版社1993年版，第525页。
[3] 中共中央文献研究室、中央档案馆编：《建国以来刘少奇文稿》第1册，中央文献出版社2005年版，第7页。

主义什么时候搞呀？还要看实际情况才能答复这个问题。十年之后，就可以采取某一些社会主义的步骤；也可能十年之后，还不能采取这种步骤，还要等几年。"[1]同年7月，刘少奇在给马列学院第一班学员作报告时，也认为向社会主义过渡"少则十年，多则十五年，二十年恐怕不要"[2]。

新中国成立前后，中共领导人一再提出需要一二十年的新民主主义建设阶段，才能采取社会主义步骤，其着眼点就在于只有经过一个比较长的新民主主义建设阶段，在为向社会主义过渡准备充分条件后，才能考虑过渡的问题。这本来是符合中国实际的。但后来新民主主义社会存续的时间并没有设想的那样长，从1952年开始，随着过渡时期总路线的酝酿和提出，这个设想被提前改变了。1952年9月24日，毛泽东在中共中央书记处会议上提出：十年到十五年的时间基本上完成到社会主义的过渡，而不是十年或者以后才开始过渡。[3]所谓向社会主义过渡，从经济体制上讲，就是将新民主主义社会中多种所有制共存过渡到单一的公有制形式，其中关键是将私人资本主义工商业改造为国营企业，将个体农业和个体手工业进行集体化改造。这时，毛泽东认为，经过三年多的时间，已经具备了对私有制进行改造的条件。

1952年10月，刘少奇率中共代表团参加苏共十九大。这期

---

[1] 中共中央文献研究室编：《刘少奇年谱（1898—1969）》下卷，中央文献出版社1996年版，第277—278页。

[2] 中共中央文献研究室编：《刘少奇论新中国经济建设》，中央文献出版社1993年版，第209页。

[3] 薄一波：《若干重大决策与事件的回顾》上卷，中共中央党校出版社1991年版，第213页。

间，受毛泽东的委托，于10月20日在莫斯科给斯大林写了一封长信。信中对我国过渡到社会主义所需的时间和能够实现的条件进行了估算和分析：中国现在的工业生产总值（不包括手工业），国营企业已占67.3%，私人企业只占32.7%。在苏联帮助中国执行第一个五年计划之后，工业占国营经济的比重将会有更大的增加，私人资本主义经济的比重则会缩小到20%以下。10年后，私人工业比重会缩小到10%以下，国营工业将占90%以上。虽然私人工业在比重上将缩小，但它们在绝对数上还会有些发展。因此，这时候多数资本家还会觉得满意，并与政府合作。他们的企业大体都要依赖国家供给原料、收购和推销成品及银行贷款等，并被纳入国家计划之内，而不能独立经营。到那时，将征收资本家的工厂归国家所有。设想多数情况下采取的方式是，劝告资本家把工厂献给国家，国家保留资本家消费的财产，分配能工作的资本家以工作，保障他们的生活。有特殊情形者，国家还可以付给他们一部分代价。

刘少奇还谈到了在农村进行社会主义改造的有利条件：参加互助合作的农民已占40%，而在老解放区这个比例已高达80%，已建立了几千个组织得较好的以土地入股的农业生产合作社和几个集体农场；富农阶级原本不占重要比重，老解放区的旧式富农已经被消灭，虽然新富农近年有所发展，但由于采取禁止党员雇工的政策，新富农不会有大的发展。而新解放区虽然保持富农经济，但在农民的斗争中富农经济已受到很大削弱，估计今后也不会有大发展。因此，互助合作运动是今后中国农村经济发展的主要方式。

中共中央的这个设想，得到了斯大林的赞同。10月24日，斯大林接见中共代表团,并且说:"我觉得你们的想法是对的。当我们掌握政权以后,过渡到社会主义去应该采取逐步的办法。你们对中国资产阶级所采取的态度是正确的。"[1]

经过半年多的酝酿,1953年6月15日,毛泽东在中共中央政治局会议上,正式提出过渡时期总路线。会议期间,他在一个讲话提纲中写道:"总路线是照耀一切工作的灯塔。""党的任务是在十年至十五年或者更多一些时间内,基本上完成国家工业化和社会主义的改造。""所谓社会主义改造的部分:(一)农业;(二)手工业;(三)资本主义企业。"[2]两个月后,他对这个总路线作了完整表述:"从中华人民共和国成立,到社会主义改造基本完成,这是一个过渡时期。党在这个过渡时期的总路线和总任务,是要在一个相当长的时期内,逐步实现国家的社会主义工业化,并逐步实现国家对农业、对手工业和对资本主义工商业的社会主义改造。这条总路线是照耀我们各项工作的灯塔,各项工作离开它,就要犯右倾或'左'倾的错误。"[3]随后,在全社会开展了过渡时期总路线的广泛宣传,以农业与手工业的集体化、资本主义工商业的公私合营为特征的大规模的社会主义改造由此启动。

刘少奇当时还向斯大林通报了中共中央关于召开全国人民代表大会的设想。信中说,中国人民政治协商会议在全国有很好的信誉,各民主党派也愿意召开人民政协会议,而不积极要求召开

---

[1] 中共中央文献研究室、中央档案馆编:《建国以来刘少奇文稿》第4册,中央文献出版社2005年版,第525—528页。

[2] 《建国以来毛泽东文稿》第4册,中央文献出版社1990年版,第251页。

[3] 《毛泽东文集》第六卷,人民出版社1999年版,第316页。

全国人民代表大会，全国选举的准备工作也做得不够，因而中共中央准备把全国人民代表大会推到三年以后再召开。与此相关联的是，中共中央认为《共同纲领》在各阶层中均有很好的威信，在目前的过渡时期以此作为国家的根本大法是过得去的，因而在过渡时期可暂不制定宪法，以待在中国基本进入社会主义以后再来制定宪法。

对于这个问题，斯大林发表了不同意见。他认为，中共如果不制定宪法，不进行选举，敌人可用两种说法向群众进行反共宣传：一是政府不是人民选举的，是建立在刺刀上的，是自封的；二是《共同纲领》也不是人民选举的代表大会通过的，而是由一党提出，其他党派同意的东西。斯大林还认为，中国"现在的政府是联合政府，因此，政府就不能只对一党负责，而应向各党派负责。这样，国家的机密就很难保障"。斯大林甚至认为："如果人民选举的结果，当选者共产党员占大多数，你们就可以组织一党的政府。其他党派在选举中落选了，但你们在组织政府时可给其他党派以恩惠，这样对你们更好。"[1]

根据斯大林关于提前召开全国人民代表大会和制定宪法的建议，1952年11月，中共中央决定尽快召开全国人民代表大会和制定宪法。经过一年多的准备，1954年9月，第一届全国人民代表大会第一次会议在北京召开，选举产生了新的中央人民政府组成人员。与1949年新中国成立时的中央人民政府相比，一届人大一次会议产生的中华人民共和国主席、副主席，国务院总

---

[1] 中共中央文献研究室、中央档案馆：《建国以来刘少奇文稿》第4册，中央文献出版社2005年版，第537页。

理、副总理，最高人民法院院长和最高人民检察院检察长，均由中共党员担任，而原在中央人民政府担任重要职务的一些非中共人士，转而到全国人大和全国政协任职，人民民主专政的国家政权在领导人员的构成上，与新中国成立之初已有所不同。在此之前，地方各级人民代表大会相继召开。从此，人民代表大会制度作为我国根本政治制度得以确立。

过渡时期总路线的提出和大规模社会主义改造的启动，及一届全国人大一次会议的召开，表明作为完整意义上的新民主主义社会已经结束，中国社会进入了由新民主主义向社会主义的转变时期。

三、个体农业的社会主义改造

实际上，农业的社会主义改造，也就是农业的合作化运动，在过渡时期总路线提出之前就已经启动了。1951年党内曾经发生了一场关于山西试办农业合作社的争论。1951年初，山西省委决定在长治地区试办十个农业生产合作社，并且给华北局写了一份报告。山西省委提出，对于私有基础不应该是巩固的方针，而应该是逐步地动摇它，削弱它，直至否定它。这个报告交到华北局以后，华北局不太认可，华北局向刘少奇作了报告，刘少奇也认为这时开始搞农业合作社还是有点早了。刘少奇说：现在农业生产上不能发动农民搞生产合作社，只能搞互助组。现在是"三年准备，十年建设"，十三年和十五年之后才可能考虑到社会主义问题，将来实行社会主义，不是先在农村，而是先在城市，是先工业国有化，然后才是农业集体化。

对于这个问题，毛泽东知道之后明确表示赞同山西省委的意见，而不赞同华北局的观点。1951年9月，中共中央召开了第一次全国互助合作会议，毛泽东亲自主持制定了《中共中央关于农业生产互助合作的决议（草案）》。这是我国第一个指导互助合作的文件，也由此启动了我们国家的农业合作化运动。所以，农业的社会主义改造实际上在过渡时期总路线提出之前就已经启动了。当然，在过渡时期总路线提出之前，重点是发展互助组，叫互助合作运动。过渡时期总路线提出之后，重点主要是发展合作社，叫农业合作化运动。

《中共中央关于农业生产互助合作的决议（草案）》提出，农业合作化的主要形式是互助组，互助组分为临时性的互助组和常年性的互助组，然后是以土地入股为特征的农业生产合作社，也就是初级社，最后才是取消土地报酬的集体农场，也就是我们后来所讲的高级农业生产合作社，要从低级向高级发展，由互助组、初级社发展到高级社。同时还提出，农业合作化的基本方针应当是稳步前进，农业合作化应该采取的基本原则是自愿互利，农业合作化的主要方法是采取典型示范。今天看起来，应该说这个文件规定的农业合作化的主要形式、基本方针、基本原则、主要方法还是符合实际的，也是基本正确的。

过去总是这样讲，我们是通过社会主义萌芽的互助组，到半社会主义性质的初级农业生产合作社，然后到完全社会主义性质的高级农业生产合作社。为什么作这样的表述，它们之间的区别在哪里？

互助组生产资料归农民个人所有，劳动的形式是短期集体劳动，即在农忙的时候互相之间进行换工，产品的分配方式是产归田主。正因为如此，在互助组当中，分配上还没有做到按劳分配，生产资料上还没有实现集体化，没有实行集体所有，所以只能说是社会主义的萌芽。为什么说初级农业生产合作社是半社会主义性质的呢？初级农业生产合作社在生产资料上，是要农民把土地和其他主要的生产资料，以个人入股的方式交给集体，当然所有权还是农民个人所有；劳动的形式是长期集体劳动；在产品的分配上地劳按比例进行分配，也就是土地分红加评工记分。至于土地分红和评工记分在分配中占什么样的比例，在初级农业生产合作社制订章程的时候，可以由农民们商定，比方说可以五五分红，也可以四六分红、三七分红。在这里，因为劳动产品已经有相当大的按劳分配的成分，所以说它是半社会主义性质的。到了高级农业生产合作社的时候，生产资料不再归农民个人所有，而是要转为农业合作社集体所有，劳动的形式是长期集体劳动，产品完全按劳分配，土地等主要生产资料不再参与分配，所以我们说它是完全社会主义性质的。因为在那个年代，人们对于社会主义的认识尚浅，普遍认为它有这么几个重要的特征：第一，公有制；第二，按劳分配；第三，计划经济。高级农业生产合作社生产资料完全公有，产品完全按劳分配，自然被称为是完全社会主义性质的。

过渡时期总路线提出后，我国农业合作化运动的速度迅速加快。1953年12月16日，中共中央通过了《关于发展农业生产合作社的决议》，《决议》指出，初级社将逐渐成为我们领导互助合作运动继续前进的重要环节。从这个时候开始，互助合作运动的重点，由发展互助组转变为发展农业生产合作社。

我国的农业合作化运动，一开始是稳步前进的，建立的农业生产合作社，也都有较好的互助组基础，有较强的领导力量，各级组织对农业生产合作社也给予了一定的帮助。因此，最初的一批农业生产合作社建立后，农业生产也得到了较好的发展，起到了典型示范的作用。

但是，1955年我们加快了农业合作化的速度，使得农业合作化运动比原定的计划大大提前，也使得整个社会主义改造的时间比原定的计划大大提前。

1954年是我国农业合作社得到了较大发展的一年，也是国家对粮食全面实行统购统销的一年。在这个过程当中，有的农村由于干部强迫命令，导致一部分农民被迫加入了合作社，也导致一部分农民卖了"过头粮"，造成了1955年初农村形势一度出现比较紧张的情况。

1955年3月上旬，毛泽东找当时的中央农村工作部部长邓子恢汇报有关农村工作情况。当汇报到当前农村的紧张情况时，毛泽东说，生产关系要适应生产力发展的要求，否则生产力会起来暴动，当前农民杀猪宰羊就是生产力起来暴动。几天后，毛泽东再一次听取中央农村工作部的汇报，并当场议定农业合作化的方针，应当是停、缩、发。所谓停，就是发展很快的地方现在要适当地停下来。所谓缩，就是数量过多的地方要适当地压缩。所谓发，就是现在合作社比较少、发展比较慢的地方还要适当地加以发展。

根据毛泽东的指示和农业合作化运动的实际情况。1955年3月20日，中央农村工作部发出了关于巩固现有合作社的通知，强调春耕季节已到，全国农业生产合作社已经发展到了60万个，完成了预定的计划，无论何地均应停止发展新社，全力转向春耕生产和巩固现有合作社的工作。所以在这以后，根据停、缩、发的方针，各地开展了农业生产合作社的整顿工作，收到了比较好的效果。

本来在1955年初，毛泽东对于农村紧张形势的看法与邓子恢等人是一致的，因此当时他也赞成停止农业合作社的发展。但是到了5月份，他的态度发生了很大的变化，认为农业生产合作社不但不应停止发展，反而应该加快发展。其中可能有两个因素促使毛泽东改变了原来的看法。

第一个因素是1955年4、5月间，全国各地开展了对统购统销的整顿，结果粮食销量大幅度下降。原来一些地方说粮食不够，通过对统购统销的整顿之后，发现粮食其实是够的，说粮食不够的原因是有些农民担心自己的余粮被国家统购走了，所以有粮也不卖给国家，缺粮的在那里说自己没有粮食，不缺粮的也在那里说自己缺粮食。而经过这次整顿，使毛泽东相信原来对农村粮食紧张形势的估计，有点言过其实了，形势没有那么紧张。有人说农村缺粮，是资产阶级借粮食问题向我们进攻，是有些人不想搞社会主义，不愿意统购统销。

第二个因素是1955年4月下旬，毛泽东离开北京，前往南方视察。这个时候正是春暖花开的时节，毛泽东在视察途中，看到了铁路公路两旁庄稼的长势，听了一些地方负责人的汇报，对农村的形势作了新的判断。他说："农民生产消极，那只是少部分，我沿途看见麦子长得半人深，生产消极吗？"这时，一位地方负责人向他报告说，在农村大约有1/3的基层干部，他们不愿意搞社会主义，他们要自由。这件事使毛泽东产生了一个判断，他认为这种不愿意搞社会主义的人，不但农村有，其实中央机关也有。

5月9日，毛泽东与邓子恢就农业合作化速度问题，进行了一次讨论。毛泽东问邓子恢：1957年我们化个40%可不可以？邓子恢回答说：上一次会议商定的1/3，还是1/3左右为好。毛泽东说：1/3也可以，农民对社会主义改造是矛盾的，农民是要自由的，这种思想党内也有。应该说毛泽东此时已经流露出不满了。

5月17日，毛泽东在北京亲自主持了部分省市委书记会议，就农业生产合作社问题发表了自己的意见。毛泽东说："合作社问题，也是乱子不少，大体是好的。不强调大体好，那就会犯错误。在合作化的问题上，有种消极情绪，我看必须改变。再不改变，就会犯大错误。"[1]这显然是对邓子恢在农业合作化运动的问题上有所不满了。南方15省市委书记会议后，毛泽东再一次找邓子恢商量1955年合作社发展数量问题。毛泽东提出1955年合作社应发展到130万个，因为这个时候现有的合作社数量是65万个，130万个那就是要翻一番。而邓子恢则提出，还是原计划的100万个为好。因为在此之前，刘少奇主持中央书记处会议，决定1955年应该发展的合作社是增加35万个，65万个加35万个就是100万个。

毛泽东对于邓子恢坚持己见不太高兴。他对中央秘书长邓小平说，邓老的思想很顽固，得用大炮轰。怎么用大炮轰呢？随后他主持召开了全国各省市委书记会议。在讲话当中，毛泽东对邓子恢及其领导的农村工作部提出了一些批评。他说："在全国农

---

[1] 中共中央文献研究室编：《建国以来重要文献选编》第6册，中央文献出版社1993年版，第224页。

村中,新的社会主义群众运动的高潮就要到来。我们的某些同志却像一个小脚女人,东摇西摆地在那里走路,老是埋怨旁人说:走快了,走快了。过多的评头品足,不适当的埋怨,无穷的忧虑,数不尽的清规和戒律,以为这是指导农村中社会主义群众运动的正确方针。""否,这不是正确的方针,这是错误的方针。"[1]随后不久,他又主持召开了扩大的中共七届六中全会,再一次对农业合作化运动当中的所谓右倾机会主义也就是"小脚女人"进行了批评。同时,他又亲自编辑了《中国农村的社会主义高潮》一书,以此推动农业合作化运动高潮的到来。

1955年秋冬,在毛泽东和中共中央的直接领导下,农业合作化运动迅速掀起了高潮。1956年4月30日,《人民日报》向全世界宣布,中国农村基本上实现了初级农业合作化。到这个时候,全国农业生产合作社共有100.8万个,入社农户达到了10668万户,占全国农户总数的90%。那就是说到这个时候,初级形式的农业生产合作化已经基本完成。随后不久,由初级农业生产合作社又转变为高级农业生产合作社。到1956年底,这个转变工作也基本完成。

在今天看来,引导农民走合作化的道路是无可厚非的,但是回过头去看,在农业合作化的速度上确实太快了一点,有一批农业生产合作社没有经过互助组阶段,有的高级农业生产合作社甚至还没有经过初级社阶段,使一些本来应该解决好的问题没有得到解决。比方说按劳分配是一个好制度,但是在农业生产中如何体现按劳分配,在当年就没有解决得很好,造成了平均主义严重。

---

[1]《毛泽东文集》第六卷,人民出版社1999年版,第418页。

四、资本主义工商业的社会主义改造

在开展大规模农业合作化运动的同时,对资本主义工商业的社会主义改造也在如火如荼地进行。

为了总结中国共产党对资本主义工商业实行利用和限制政策的经验,1953年3、4月间,中共中央统一战线工作部部长李维汉率领调查组,到武汉、上海、南京、无锡等地调查。5月27日,调查组向中共中央写了题为《资本主义工业中的公私关系问题》的调查报告。报告阐明了国家资本主义的地位和作用,指出:国家资本主义是我们利用和限制资本主义的主要形式;是将私营工业逐步纳入国家计划轨道的主要形式;是资本主义工业逐步向社会主义过渡的主要形式。报告还说:随着私营工厂的国家资本主义的改造,其中的资产阶级分子就获得逐步进行思想改造的物质基础,因而有可能逐步改造为国营工业的管理或技术干部。

中共中央非常重视这个报告。6月15日和6月29日,中共中央两次举行政治局扩大会议,讨论资本主义工商业的社会主义改造问题,从指导思想上确定了对资本主义工商业实行利用、限制、改造的方针,明确了国家资本主义的形式是改造资本主义工商业的必由之路。在此之前,对待资产阶级的政策主要是利用和限制,到这时,发展成为利用、限制、改造,而且重点是改造,这里的改造包括对企业的改造和对资本家个人的改造,即将私营企业改造成为社会主义的全民所有制企业,将资本家改造成为自食其力的社会主义劳动者。

从实践上看,国家资本主义的形式,在1953年以前,重点放在了工业中的委托加工、计划订货、统购包销和商业中的委托经销代销等初级形式的国家资本主义上。不过从总的情况看，私营工业接受加工、订货、包销等初级形式的国家资本主义是逐年增多的，到1952年，已占整个私营工业总产值的56%。

单个企业的公私合营在1949年新中国成立时就出现了。单个企业的公私合营有这样几种情况：

第一种情况是没收官僚资本和敌伪财产形成公私合营企业。1951年1月5日，政务院发布《企业中公股公产处理办法》，规定企业中的国民党政府及其经济、金融机关的股份和财产，前敌国政府及侨民在企业的股份和财产，战犯、汉奸、官僚资本家在企业的股份和财产，均作为企业的公股，这样的企业经过清理后，就变成公私合营了。例如，著名的南洋兄弟烟草公司，在抗战初期与宋子文订立合同，向宋出售股份的一半，解放后，宋的股份作为官僚资本没收成为公股，因此1951年该公司就实现了公私合营，由公方派人担任董事长，私方派人任副董事长，总经理则由私方担任，副总经理又由公方派人担任。又如，秦皇岛的耀华玻璃厂，是20世纪20年代由著名实业家周学熙引进比利时的先进技术、设备和资本创立的中外合资企业。1936年日本收购了比方的股份，企业由中比合资变成了中日合资。抗日战争胜利后该厂被国民党政府接收，变成了官商合办企业。1948年秦皇岛解放后，人民政府没收了官股，企业实现了公私合营。

第二种情况是国家扶持和由于资本家经营发生困难而要求实现公私合营。例如，抗日战争时期成立的宝鸡申新纺织公司，解放前是西北地区最大的民族资本企业，但在宝鸡解放时企业陷入了资金枯竭、管理混乱、偷盗盛行的状态，造成严重亏损，到1951年已陷入无法维持的局面，资方强烈要求政府想办法挽救企业。鉴于这种情况，人民政府投资1380万元（当时核定该企业的资产为1130万元），并派出了200多名干部，其中包括40余名县委、地委一级的干部，该企业也就变成了公私合营企业。

第三种情况是解放初期，一些私营企业资金困难，人民政府向其提供贷款和原料，但这些企业一贷再贷而经营仍然困难，政府的贷款无法收回，就只好将贷款转作投资将企业实行公私合营。例如，武汉第一纱厂，解放时一部分股东外逃，工厂停工。解放后，人民政府先后贷款45000元，原棉3万担，使企业恢复了生产，但由于管理不善，到1951年又亏损达76万元，已到了无法维持的地步。为此，政府除将原贷款、贷物作为投资外，又投入了100万元，最终使该厂实现了公私合营。

第四种情况是"五反"运动中揭发出不少资本家有偷税漏税行为，国家将资本家应补交的税款和罚款，当作向该企业的投资，使原有的私营企业变成了公私合营企业。

在1953年之前，单个企业公私合营的数量并不是很多。到1952年底，全国共有1012家，占全部公私合营、私营企业的0.7%；总产值13.7亿元，占11.5%。

1954年到1955年底，是单个企业公私合营发展阶段。1954年1月30日，中共中央批准中央人民政府政务院财经委员会《关于有步骤地将十个工人以上的资本主义工业基本上改造为公私合营的意见》，明确了关于扩展公私合营工业的工作方针，是"巩固阵地，重点扩张，作出榜样，加强准备"。并计划将其中的651家较大的资本主义工业企业，纳入公私合营。实际上，这一年，公私合营了近800户较大的私营工业企业。到1954年底，全国公私合营工业户数达1764户，同全国的私营工业比较，虽然合营户数占比不到1%，产值却占33%，职工占23%。

单个企业公私合营后，企业的利润在分配上，采取"四马分肥"的方式，即合营后企业的利润分为国家所得税、企业公积金、职工福利费、资方红利四部分，资方红利大体只占1/4。具体比例是这样的：国家所得税约为30%，企业公积金约为10%—30%，职工福利基金约为5%—15%，资方红利约为25%。公私合营后企业利润的大部分归了国家和工人，基本上是为国计民生服务。

1955年夏季以后，农业社会主义改造的迅猛发展对资本主义工商业的改造有很大影响。一方面，占全国人口绝大多数的农民将走入社会主义，搞社会主义是大势所趋；另一方面，随着农业合作化的实现和统购统销政策的落实，私人资本主义企业无法从农村直接购买生产原料，而中国当时的私营企业，大多从事轻纺工业及粮食加工，从市场上买不到棉花和粮食，也就不得不接受社会主义改造。

1955年11月16日至24日，根据毛泽东的提议，中共中央召开资本主义工商业改造问题工作会议。毛泽东在最后一天参加会议并讲话。他说，帝国主义眼前还不敢发动战争，我们要趁着这个机会，加快社会主义改造，加快我国的发展。这次会议讨论并通过了《中共中央关于资本主义工商业改造问题的决议（草案）》，确定把对私营工商业的社会主义改造，从单个企业的公私合营推进到全行业公私合营阶段，实行定息制度。

所谓全行业公私合营，就是将同一种性质的若干私营企业进行合并改组。工业企业的公私合营，一种办法是合并，将小厂合并到大厂里，或者几个小厂合并成一个大厂；另一种办法是淘汰，那些设备很落后的小厂就不要了，将工人、职员安插到大厂、先进厂去。例如，北京市将全市11家私营机制面粉厂，组建成北京市公私合营面粉厂。商业、交通运输业和其他服务性行业，则将同类企业组建成专业性的公私合营公司。全行业公私合营后，对于资本家和资方代理人，则由政府采取全部包下来的政策，根据其特长安排适当的工作。当时，将个别企业的公私合营称为"吃苹果"，将全行业的公私合营称为"吃葡萄"，前者是一个个地吃，后者是一串串地吃。

全行业公私合营后，在企业利润的分配上，则不再实行"四马分肥"，而是采取定息的办法，即通过核定私营企业的资产，将其总资产额按照当时银行的利率，每年付给一定的利息。比如，某私营企业的总资产为100万元，当年银行的年利率为5%，也就是说，国家每年付给这家企业的股东5万元的利息，付息时间为10年。

全行业公私合营后，企业的生产资料由原来单个企业公私合营的公私共有，转归国家支配。资本家丧失了"三权"，即对生产资料的支配权、管理权、人事调配权。资本家虽然还对生产资料有所有权，但已不能买卖生产资料，其所有权只是在一定时期内起领取定息凭证的作用。这时企业基本上属于社会主义性质的了。

1955年底和1956年初，掀起了资本主义工商业改造高潮。到1955年12月上旬为止，仅据上海、天津、北京、武汉、广州、重庆等城市和江苏、浙江、安徽三省的不完全统计，私营工业中有30多个行业，2000多个工厂，私营零售商业中有10多个行业，3000多家商店，已经政府批准实行了全行业公私合营。

1956年1月，首都北京各个区日夜锣鼓喧天，爆竹声接连不断；各大街上的私营厂、店，家家都挂上红幛，到处张灯结彩，庆祝公私合营的游行队伍一队接着一队。仅1月10日这一天，全市就有17963户私营工商业走上了全行业公私合营的道路。1956年1月15日，北京天安门广场举行集会，在郊区农民代表报告实现农业合作化的喜讯之后，工商界代表乐松生在天安门城楼，向毛泽东报告了首都已实现全行业公私合营的喜讯。

继北京之后，全国各大城市和50多个中等城市，于1956年1月底全部实现了全行业的公私合营。在这一年的第一季度末，除西藏等少数民族地区外，全国各地基本上实现了全行业的公私合营。

为什么能够在如此短的时间里完成对资本主义工商业的社会主义改造？

第一，经过抗美援朝、土地改革、镇压反革命等一系列的政治运动，以及总路线公布后广泛深入的社会主义前途的宣传教育，人们的政治觉悟普遍提高，"跟共产党走，走社会主义道路"已是大势所趋、人心所向。特别是经过"五反"运动后，人民政府和工人阶级已完全有可能控制资本主义工商业的局面，资本家实际上已丧失了控制企业的权力。这是能够顺利实现公私合营的一个重要条件。

第二，随着第一个五年计划的实施，社会主义国营经济进一步壮大，社会主义经济与资本主义经济相比已占优势地位，为对资本主义工商业的社会主义改造奠定了坚实的物质基础。与此相反，资本主义经济的力量则在削弱。1954年以来，私营工商业的利润大大下降，在生产方面也遇到了很多的困难，实际上离开国家的支持已很难生存下来了，只有接受社会主义改造这一条道路了。

第三，1955年我国农业合作化运动进入高潮，到1955年底，已有不少省市实现了初级形式的合作化。与此同时，统购统销政策在全社会实行，粮食、棉花、油料及其他重要的农产品的收购均被纳入了统购统销的范围，这就进一步割断了私人资本主义与农村的联系，它再也不能从农村收购到原料，其产品也不可能直接销售到农村，资产阶级已失去了存在和发展的基础，不得不接受改造。

第四，从资产阶级本身来看，在民主革命时期他们曾有与共产党合作的经历，新中国成立后，又经过国家资本主义的实践，受到了社会主义前途的教育，政治觉悟有了进一步的提高，他们中越来越多的人认识到在中国只能走社会主义道路，只能接受改造。当时，党和政府采取了多种措施做资本家的思想工作。例如，通过做资本家子女、家属的工作，使他们懂得劳动光荣的道理，并通过他们做资本家的工作。更主要的是，绝大多数的民族资本家是爱国的，短短几年他们从中国的变化中认识到共产党的力量，认识到只有共产党才能使中国强大起来。

当然，还有一个原因，就是对资本主义工商业通过和平赎买的政策，有偿而不是无偿地将其转变为国营企业。这在社会主义各国中是从未有过的举措。尽管付给资本家的定息并不是很高，但年5%的定息已大大超过了一般私营企业的股息红利。对于资方人员，政府也是采取"包下来"的政策，做了全面的人事安排。据1957年的统计，全国拿定息的70万私方人员和10万资本家代理人，全部安排了工作。据几个大城市的调查，安排直接参加生产经营的占40%—65%，安排做管理人员的占35%—40%。

对于部分资产阶级上层分子，由于他们在工商界具有较大的代表性，国家还安排了他们担任政治职务。据 1957 年底的统计，他们中担任全国人大代表的有 70 人，全国政协委员 65 人，部长、副部长 7 人，大专院校校长 2 人，副省长 7 人，北京、上海和天津三大城市的副市长 4 人及正副局长 24 人，正副厅长 35 人。例如，中国最大的民族资本家荣毅仁先生就担任了上海市副市长。

对于手工业的合作化，在过渡时期总路线提出以后，也是采取积极引导、稳步前进的方针。组织形式是由手工业生产合作小组、手工业供销合作社到手工业生产合作社，步骤是从供销入手，由小到大，由低到高，逐步实行社会主义改造。农业合作化的猛烈发展，也影响了手工业的合作化速度。中共中央在 1955 年底提出要求：在两年内基本完成手工业合作化。实际上，由于改变了过去按行业分期、分批、分片改造的办法，采取手工业全行业一起合作化的办法，到 1956 年底，参加合作社的手工业人员已占全体手工业人员的 91.7%。

1956 年 9 月，在中国共产党第八次全国代表大会上，刘少奇代表中共中央正式宣布："改变生产资料私有制为社会主义公有制这个极其复杂和困难的历史任务，现在在我国已经基本上完成了。我国社会主义和资本主义谁战胜谁的问题，现在已经解决了。"[1]这就意味着，从 1953 年过渡时期总路线提出算起，仅用了 3 年的时间，中国就完成了新民主主义向社会主义的转变。到这时，中国的社会主义经济制度基本建立。

社会主义改造尽管也有一些不足，如：农业合作化运动初级

---

[1]《刘少奇选集》下卷，人民出版社 1985 年版，第 218—219 页。

社向高级社转变太快，农业社建立的同时没有解决分配上的平均主义问题等；资本主义工商业改造中改造要求过急、工作过粗、改变过快、形式过于简单划一等。但在当时复杂、困难、深刻的社会变革中，没有引起社会震荡，经济不但没有下降反而有了很大增长，这不能不说是一个伟大的创造和了不起的奇迹。

《论十大关系》几个问题的探讨

长期以来,在当代中国的历史书写中,1956年常常被视为中国社会主义建设的"良好开端",而毛泽东于这年4月发表的《论十大关系》,被认为是"良好开端"的一个重要标志。那么,这十个方面的关系是在什么样的背景下提出的?如何理解其主题思想?它与中共八大确定的经济建设方针有什么关联?笔者试图就此作一点简单的梳理。

一、《论十大关系》形成的背景

1955年夏,在农业合作化运动速度问题上,由于对如何判断当时农村的形势的着眼点不同,毛泽东与主管农业合作化运动的中央农村工作部部长邓子恢之间发生了分歧。邓子恢主张稳步发展,而毛泽东提出要加速发展,并由此导致毛泽东认为邓子恢和中央农村工作部存在右倾保守思想,在领导农业合作化运动上如同"小脚女人"走路,不但自己走不快,还埋怨别人走快了,于是决定采取措施开展对所谓"小脚女人"的批判。中共中央先后于这年5月召开华东、中南、华北十五省党委书记会议,7月召开全国各省、市、自治区党委书记会议,10月召开扩大的中共七届六中全会,这些会议的主题都是对"小脚女人"即右倾保守思想进行批判。通过采取这些措施，农业合作化运动迅速进入高潮。根据不完全统计，到1955年底，全国已有农业生产合作社190多万个，比秋收以前的65万个增加了近2倍；入社农户已经达到7000多万户，占总农户的60%左右。这样，原计划需要15年才能完成的农业社会主义改造即将大大提前。随着农业社会主义改造的快速进行，手工业和资本主义工商业社会主义改造的速度也大大加快。进入1956年后，各地相继宣布完成了农业、手工业和资本主义工商业的社会主义改造任务，消灭了生产资料的私有制，进入社会主义。

社会主义改造在批判右倾保守思想后的迅速加速促使毛泽东认为，社会主义制度将在中国基本建立，要发挥这种先进制度的优越性，就必须加快社会主义建设的速度，使中国的生产力水平迅速赶上甚至超过发达资本主义国家。同时又使他感到，既然农业、手工业、资本主义工商业的社会主义改造，通过克服右倾保守思想，速度可比原计划大大加快，那么，在社会主义建设问题上是否也同样需要克服右倾保守思想，是否也同样可以加快发展速度？

1955年11月24日，在中共中央政治局召集的关于资本主义工商业社会主义改造问题会议上，毛泽东说：在我们党内，特别是领导机关，总是思想落后于实际情况。这种落后的情况是相当严重的。当然，我们一提出问题，很快就可以解决。右，是我们很突出的一个东西。反右，我想中央各部门、地方各级党委都是值得注意的。从这许多事情看来，我们可以得出一个结论，我们的思想落后于实际情况。[1]他还说,帝国主义眼前还不敢发动战争,我们要趁着这个机会,加快社会主义改造,加快我国的发展。[2]在毛泽东看来,党内普遍存在右倾保守思想,不但表现在社会主义改造速度问题上,而且表现在各项建设事业上。

此前的1955年9月,毛泽东亲自编辑了《中国农村的社会主义高潮》一书。这本书搜集了一批各地办合作社的典型,毛泽东还为其中一些材料亲笔写下了按语。同年12月,毛泽东再次对这本书进行编辑,对书稿作了一些增删,随后交人民出版社公开出版。毛泽东还分别在这年9月和12月为这本书写了序言。他在第二次为该书所写的序言中说:农业合作化比原计划大大加快"这件事告诉我们,中国的手工业和资本主义工商业的社会主义改造,也应当争取提早一些时候去完成,才能适应农业发展的需要。这件事告诉我们,中国的工业化的规模和速度,科学、文化、教育、卫生等项事业的发展的规模和速度,已经不能完全按照原来所想的那个样子去做了,这些都应当适当地扩大和加快"。他还说:"现在提到全党和全国人民面前的问题,已经不是批判在农业的社会主义改造速度方面的右倾保守思想的问题,这个问题已经解决了。现在的问题,不是在这些方面,而是在其他方面。这里有农业的生产、工业(包括国营、公私合营和合作社营)和手工业的生产,工业和交通运输的基本建设的规模和速度,商业同其他经济部门的配合,科学、文化、教育、卫生等

---

[1] 中共中央文献研究室编:《毛泽东年谱(1949—1976)》第2卷,中央文献出版社2013年版,第470—471页。

[2] 薄一波:《若干重大决策与事件的回顾》上卷,中共中央党校出版社1991年版,第408页。

项工作同各项经济事业的配合等等方面。在这些方面，都是存在着对于情况估计不足的缺点的，都应当加以批判和克服，使之适应整个情况的发展。""现在的问题是经过努力本来可以做到的事情，却有许多人认为做不到。因此，不断地批判那些确实存在的右倾保守思想，就有完全的必要了。"[1]

这就是说，毛泽东编辑这本书，固然希望就此进一步把农业合作化运动的高潮引向深入，但更主要的，还是想通过对农业合作化过程中"右倾思想"的批判，解决工业、商业、交通运输、教育科学文化各项事业中的他认为也存在的"右倾保守思想"问题，由农业合作化运动高潮带动各项建设事业发展的高潮。从1955年夏批判所谓"小脚女人"起，毛泽东在确立社会主义制度和进行社会主义建设问题上急于求成的倾向明显表露出来，而农业合作化运动高潮的迅速到来，又使他相信，早日完成社会主义改造和加快工业化的速度是能够实现的，关键的问题是克服各种"右倾保守思想"。

按照毛泽东批评右倾保守思想的精神，1956年元旦，《人民日报》发表题为《为全面地提早完成和超额完成五年计划而奋斗》的社论，明确提出"又多、又快、又好、又省"的口号。社论说，农业和资本主义工商业的社会主义改造突破了原来计划的指标向前猛进，这就给予了可能，也提出了要求，使以发展重工业为中心的社会主义工业化的工作提早完成和超额完成五年计划。农业生产的大发展，要求交通运输、工业、商业都加快发展。而农业、工业、商业的发展，又要求文化、教育、科学、

---

[1] 毛泽东：《〈中国农村的社会主义高潮〉序言》，《人民日报》1956年1月12日。

卫生等工作也加快发展。社论进而提出,在工业、文教事业的面前,就摆着一个问题:要又多、又快、又好、又省地发展自己的事业。[1]

在这篇社论中,急于加快社会主义建设的思想已经跃然纸上。这也是可以理解的。随着社会主义改造高潮的到来,即将实现新民主主义向社会主义的转变,新的社会制度即将建立,人们曾对这种新制度寄予了无限美好的憧憬。然而,中国经济文化落后的现状并没有随着新制度的建立而迅速改变,要使新制度真正体现其优越性,就必须加快各项建设事业的发展速度,迅速提高生产力水平和人民生活水平。而当时人们又认为,社会主义制度建立后将极大地解放生产力,极大地调动广大人民群众的建设热情,因此,各项建设事业实现更快的发展速度又是可能的。

在农业合作化即将完成的情况下,如何加快农村各项建设事业的发展就成了毛泽东接下来重点思考的一个问题。中国共产党在全国执政前,长期以农村作为革命的中心,广大干部对于农民相对比较了解,对农村工作似乎也比较得心应手,因而各项全国性的工作也习惯于先在农村展开。如同通过加快农业合作化速度,带动整个社会主义改造高潮的到来一样,为了克服经济建设中存在的右倾保守思想,毛泽东决定通过加快农业生产和农村社会的发展,来解决整个经济建设的速度问题。1955年11月间,他先后在杭州和天津同华东、中南、华北十四个省的省委书记以及内蒙古自治区党委书记,就全国农业发展问题交换了意见,共同商定了加快农业和农村发展的十七条意见(简称"十七条")。

---

[1]《为全面地提早完成和超额完成五年计划而奋斗》,《人民日报》1956年1月1日。

同时，他还在《中国农村的社会主义高潮》第二篇序言中宣布："在三个五年计划完成的时候，即到1967年，粮食和许多其他农作物的产量，比较人民共和国成立以前的最高年产量，可能增加100%到200%。文盲可以在较短的时间内（例如七年至八年）加以扫除。许多危害人民最严重的疾病，例如血吸虫病等等，过去人们认为没有办法对付的，现在也有办法对付了。总之，群众已经看见了自己的伟大的前途。"[1]

1956年1月，毛泽东又在同各省、市、自治区的负责人商量之后，将"十七条"扩充为"四十条"，形成了《一九五六年到一九六七年全国农业发展纲要（草案）》，简称《农业发展纲要四十条》。1月23日，《农业发展纲要四十条》经过中共中央政治局通过，于1月25日提请最高国务会议讨论通过后以草案的形式公开发表。《农业发展纲要四十条》的中心，"就是要求在农业合作化的基础上，迅速地、大量地增加农作物的产量，发展农、林、牧、副、渔等生产事业"[2]，并且要求在12年内，把粮食每亩的平均产量，提高1倍以上；基本上消灭普通的水灾和旱灾；显著地收到水土保持的功效，基本上消灭水土冲刷的灾害；凡是有水源可以利用的地方，基本上做到每一个乡或者几个乡建设起一个小型的水力发电站；在一切可能的地方，基本上消灭危害农作物最严重的虫害和病害；基本上消灭危害人民最严重的疾病；等等。这些指标即便没有后来"大跃进"和人民公社化运动

---

[1] 毛泽东：《〈中国农村的社会主义高潮〉序言》，《人民日报》1956年1月12日。
[2] 廖鲁言：《关于1956年到1967年全国农业发展纲要的说明》，《人民日报》1956年1月26日。

的失误，许多也是在12年内难以完成的。这个纲要一方面反映了当时人们希望迅速改变我国农村落后面貌的强烈愿望，另一方面也反映了人们在社会主义建设问题上急于求成的倾向。

从批评农业合作化运动中的"小脚女人"开始，毛泽东就将批判右倾保守思想，作为推进各项工作大发展的重要方式。1956年1月2日，他在中共中央召开的知识分子问题会议上所作的讲话中，专门讲到了反右倾保守思想的问题。毛泽东说：有两种领导方法，一种是使我们的事业进行得比较慢一些，比较差一些；另一种是使我们的事业进行得比较快一些，好一些。我们的党，我们的政府，我们的各个部门，都必须执行促进生产力发展的任务。所以，就要反对右倾保守。这个右倾保守，现在是相当地存在于各个方面。两种方法中间，我们不选择那种落后的、使事业办得坏的方法，而要采取第二种方法，就是使事业办得更快些，更好些，又多，又快，又好，又省，使我们的领导机关促进事业发展，使我们的上层建筑适合这个经济基础，适合生产力的发展。[1] 毛泽东同时也提到，在反对右倾保守思想时，也应该注意不要搞那些没有根据的行不通的事情，各部门计划指标也要放在可靠的基础上，本来可以做的不做，是不好的，但无充分根据的行不通的就叫盲目性，就是"左"倾冒险。尽管如此，他认为盲目性当前还不是主要的倾向，当前需要克服的是右倾保守思想。

这年1月25日，毛泽东在第六次最高国务会议的讲话中又指出：过去几个月来社会主义改造的速度大大超过了人们的预

---

[1] 中共中央文献研究室编：《毛泽东年谱（1949—1976）》第2卷，中央文献出版社2013年版，第513页。

料，目前我们国家的政治形势已经起了根本的变化。去年夏季以前在农业方面存在的许多困难情况现在已经基本上改变了，许多曾经被认为办不到的事情现在也可以办了。我国的第一个五年计划有可能提前完成或者超额完成。1956年到1967年全国农业发展纲要的任务，就是在这个社会主义改造和社会主义建设的高潮的基础上，给农业生产和农村工作的发展指出一个远景，作为全国农民和农业工作者的奋斗目标。农业以外的各项工作，也都必须迅速赶上，以适应社会主义革命高潮的新形势。我国人民应该有一个远大的规划，要在几十年内，努力改变我国在经济上和科学文化上的落后状况，迅速达到世界上的先进水平。[1]

从上述讲话中可以看出，毛泽东批判右倾保守思想的目的，在于通过批判右倾保守思想从而推进农业合作化运动高潮的到来这样的方式，促进我国建设事业的大发展。在他看来，一旦克服右倾保守思想，原来设想要十几年才能完成的社会主义改造，只用几年的时间就实现了，因此经济建设中一旦克服右倾保守思想，同样可以实现高速发展。同时，他感到，现在中国的社会主义制度已经建立起来了，而且"农业和手工业由个体的所有制变为社会主义的集体所有制，私营工商业由资本主义所有制变为社会主义所有制，必然使生产力大大地获得解放。这样就为大大地发展工业和农业的生产创造了社会条件"[2]。但中国依然是一穷二白，在工业上、科学技术上远远落后于发达资本主义国家，这种状况如果不尽快改变，并在较短的时间里达到世界先进水平，实

---

[1]《毛泽东文集》第七卷，人民出版社1999年版，第2页。
[2]《毛泽东文集》第七卷，人民出版社1999年版，第1页。

在与先进的社会制度不相称。革命战争和社会改造取得的巨大成功，增强了毛泽东的信心，他认为，实现经济社会的快速发展是完全可能的。

二、《论十大关系》的形成过程

1955年11月7日起，刘少奇为起草中共八大政治报告，逐一找中央各部门负责人谈话。至1956年3月8日，刘少奇共约谈了32个国家部委（包括国务院直属局）负责人。这年1月12日，毛泽东从外地回到北京。随后不久，国务院副总理薄一波向他汇报工作时，偶然谈及刘少奇正在听取国务院一些部委的汇报，此事引起了毛泽东的兴趣，对薄说："这很好，我也想听听，你能不能替我也组织一些部门汇报？"[1]于是，从1956年2月14日至4月24日，其间毛泽东总共听取了43天的汇报。

对于这次听取各个经济部门的汇报，被认为是毛泽东"建国后乃至在他一生中所作的规模最大、时间最长、周密而系统的经济工作调查"[2]。他自己后来也说："那么十大关系怎么出来的呢？我在北京经过一个半月，每天谈一个部，找了三十四个部的同志谈话，逐渐形成了那个十条。如果没有那些人谈话，那个十大关

---

[1] 薄一波：《若干重大事件与决策的回顾》上卷，中共中央党校出版社1991年版，第466页。

[2] 中共中央文献研究室编：《毛泽东传（1949—1976）》，中央文献出版社2003年版，第483页。

系怎么会形成呢？不可能形成。"[1]就在听取汇报的过程中，毛泽东对经济建设中的一些重要关系开始进行归纳，同时也对如何加快社会主义建设发表自己的看法。

2月16日，毛泽东听取第一、第二、第三机械工业部汇报，在讲到好大喜功的问题时说：好大喜功好像是坏事，历来骂汉武帝好大喜功，可不名誉哩。木船变轮船，马车变汽车、火车，都是好大喜功，不加区别地说好大喜功都不好是不妥当的。[2]第二天在继续听取这几个部汇报时他又说：去年由于农业合作化、资本主义工商业改造迅速发展，反过来推动了建设。知识分子问题也是这期间提出来的，干部也是知识分子问题，高级知识分子要搞一百万嘛。搞建设，想缩短犯主观主义的时间。看样子三个五年计划可能加快，三个五年计划变成两个五年完成，甚至还要缩短，这是可能的。[3]

2月25日，毛泽东听取重工业部汇报时再次讲到发展速度问题。他说：我国建设能否超过苏联头几个五年计划的速度？我看是可以赶上的，工业也可以超过。中国有两条好处，一曰穷，二曰白，一点负担没有。美国在华盛顿时代，也是白，所以发展起来是很快的。要打破迷信，不管中国的迷信，外国的迷信。我们的后代也要打破对我们的迷信。我国工业化，工业建设，完全应

---

[1] 中共中央文献研究室编：《毛泽东传（1949—1976）》，中央文献出版社2003年版，第471页。

[2] 中共中央文献研究室编：《毛泽东年谱（1949—1976）》第2卷，中央文献出版社2013年版，第531页。

[3] 中共中央文献研究室编：《毛泽东年谱（1949—1976）》第2卷，中央文献出版社2013年版，第532页。

该比苏联少走弯路。我们不应该被苏联前几个五年计划的发展速度所束缚。我们有可能超过它,理由有四:国际条件不同;国内条件不同;技术水平不同;中国人口多,农业发展快。同样,即使在技术发展方面,在现代技术发展方面,也可以超过苏联,有社会主义的积极性,群众路线,少搞官僚主义。[1]

4月19日,毛泽东将边听取汇报边思考的问题归纳为三个关系,提出三个关系都必须很好地解决,即沿海与内地关系,轻工业与重工业关系,个人与集体关系。他指出:真想建设内地,必须充分利用沿海;真想建设重工业,就必须建设轻工业;真想搞好集体所有制,就必须搞好个人所得。[2]

第二天,毛泽东在听取国家计委主任李富春关于第二个五年计划的汇报时,提出了五个关系。他说:重工业是重点是无可争论的。但如果把轻工业建设投资比重定得不恰当,轻工业定低了,就是立志不想搞重工业。要搞重工业就要适当增加轻工业的投资。除了轻工与重工,沿海与内地,个人与集体,地方与中央几个关系,还有经济与国防的关系。减少些国防,多搞些工业,正是为了国防。[3]

4月24日,毛泽东继续听取李富春关于第二个五年计划的汇报,他根据两个多月来听取经济部门汇报的情况,归纳了六大

---

[1] 中共中央文献研究室编:《毛泽东年谱(1949—1976)》第2卷,中央文献出版社2013年版,第537页。

[2] 中共中央文献研究室编:《毛泽东年谱(1949—1976)》第2卷,中央文献出版社2013年版,第562页。

[3] 中共中央文献研究室编:《毛泽东年谱(1949—1976)》第2卷,中央文献出版社2013年版,第563页。

矛盾，即六大关系。一是轻工业与重工业：为了发展重工业，就必须注意在轻工业上多投些资。二是沿海与内地：为了建设内地，就必须充分利用沿海。三是国防、行政与经济、文化：要尽可能地减少国防和行政的费用，来扩大经济和文教的建设。四是个人与集体：要发展集体利益就必须照顾个人利益。增加工人工资，正是为了提高工人的积极性，达到增产。农民中有两重关系，即国家与合作社，社与社员，必须照顾社员的收入能年年增加，才能提高社员增产的积极性。五是地方与中央：分权正是为了集权，不注意地方，削弱地方的权限，对中央是不利的。六是少数民族与汉族：搞好少数民族的工作，对汉族大有好处。少数民族虽然人口只占十四分之一，而土地却占百分之五六十。毛泽东说：这几个矛盾如果调整得好，工作就会搞得更好些，犯错误也犯在这些矛盾上。如斯大林就在第四个矛盾上犯了错误，东欧兄弟国家在第一个矛盾上犯了错误。[1]

就在毛泽东开始听取各个经济部门汇报之际，1956年2月，苏联共产党举行第二十次全国代表大会。在大会闭幕前，赫鲁晓夫作了题为《关于个人崇拜及其后果》的秘密报告，揭露了斯大林在领导苏联社会主义建设中的严重错误，以及对他个人崇拜所造成的严重后果，在苏联国内和国际上都引起极大的震动。这时，中国的社会主义改造即将基本完成，必须把工作重心转移到经济建设和文化建设上来。毫无疑问，在中国这样一个贫穷落后、人口众多的国家建设社会主义，是一个十分困难和复杂的问

---

[1] 中共中央文献研究室编：《毛泽东年谱（1949—1976）》第2卷，中央文献出版社2013年版，第566页。

题。因此，如何以苏联为鉴戒，寻找一条适合自己国情的建设道路，尽快把中国建设成为一个强大的社会主义国家，就成为中国共产党和全国人民面临的一个重大课题。

1956年3月至4月，中共中央政治局和书记处相继召开一系列会议，讨论苏共二十大及其影响。毛泽东认为，赫鲁晓夫的秘密报告，一是揭了盖子，二是捅了娄子。一方面，赫鲁晓夫"破除了那种认为苏联、苏共和斯大林一切都是正确的迷信，有利于反对教条主义。不要再硬搬苏联的一切了，应该用自己的头脑思索了。应该把马列主义的基本原理同中国革命和建设的具体实际结合起来，探索在我们国家里建设社会主义的道路"[1]。另一方面，秘密报告无论在内容上还是方法上都有严重错误，主要是不恰当地全盘否定斯大林。他还说，苏共二十大给中国的教益，"最重要是要独立思考，把马列主义的基本原理同中国革命和建设的具体实际相结合。民主革命时期，我们吃了大亏之后才成功地实现了这种结合，取得了新民主主义革命的胜利。现在是社会主义革命和建设时期，我们要进行第二次结合，找出在中国怎样建设社会主义的道路"[2]。他表示，这个问题几年前他就开始考虑，先在农业合作化问题上考虑怎样把合作社办得又多又快又好，后来又在建设上考虑能否不用或者少用苏联的拐杖，不像第一个五年计划那样照搬苏联的一套，自己根据中国的国情，建设

---

[1] 中共中央文献研究室编：《毛泽东年谱（1949—1976）》第2卷，中央文献出版社2013年版，第550页。

[2] 中共中央文献研究室编：《毛泽东年谱（1949—1976）》第2卷，中央文献出版社2013年版，第557页。

得又多又快又好又省。[1]苏共二十大特别是赫鲁晓夫的秘密报告，不但揭开了斯大林问题的盖子，使中共破除了对苏联的迷信，也增强了毛泽东的自信，认为中国共产党不但能走出一条不同于苏联的革命道路，也完全可以走出一条不同于苏联的社会主义建设道路。

4月25日，有各省、市、自治区党委书记参加的中共中央政治局扩大会议召开。这次政治局扩大会议的原定议题是讨论农业生产合作社等问题，但"谁也没有料到毛泽东要在这次会上发表《论十大关系》的讲话，他讲了以后，会议便集中讨论这篇讲话"[2]。这次会议毛泽东所讲的十大关系，是在此前他所归纳的六大关系的基础上，增加了党与非党的关系、革命与反革命的关系、是非关系、中国与外国的关系。

5月2日，毛泽东在最高国务会议第七次会议上，又一次对十大关系作了系统的阐述，并且着重谈到了"百花齐放、百家争鸣"问题，斯大林问题，中国共产党和民主党派的关系问题，犯人的改造问题等。

对于《论十大关系》基本思想，毛泽东在报告的开头就明确提出："最近两个月来，政治局分别听取了中央的经济、财政三十四个部门的工作汇报，交换了一些意见，政治局又讨论了几次，综合起来，有十个问题，十个矛盾。提出这十个问题，都是为着一个目的，为着调动一切积极因素，动员一切可用的力量，

---

[1] 吴冷西：《回忆主席与战友》，人民出版社2016年版，第29页。
[2] 中共中央文献研究室编：《毛泽东传（1949—1976）》，中央文献出版社2003年版，第483页。

来多、快、好、省地建设社会主义。"[1]很显然，毛泽东之所以搞这一次调研并形成这样一个报告，就是试图在社会主义改造基本完成之后，调动一切积极因素，加快社会主义建设的速度，在尽可能短的时间里把中国建设成为一个社会主义强国。而且毛泽东认为，通过社会主义改造必将极大地解放生产力，而苏共二十大及赫鲁晓夫的秘密报告所揭露出来的问题，说明中国完全可以少走苏联曾走过的弯路，而走出一条多快好省的社会主义建设道路，因此，他说："最近苏联方面暴露了他们在建设社会主义过程中的一些缺点和错误，他们走过的弯路，你还想走？过去我们就是鉴于他们的经验教训，少走了一些弯路，现在当然更要引以为戒。""我们要学的是属于普遍真理的东西，并且学习一定要与中国实际相结合。"[2]毛泽东认为，只有把这十大关系即十个矛盾解决好了，中国才能走出一条比苏联更快更好的社会主义建设道路。

《论十大关系》提出的前五个关系，主要是经济建设问题。毛泽东在论及各种关系时，其着眼点主要是如何加快发展速度的问题。例如，关于重工业和轻工业、农业的关系问题，报告肯定，过去在处理这方面关系上，没有犯多大错误，比苏联和一些东欧国家做得好些。报告同时强调，现在的问题，就是还要适当地调整重工业和农业、轻工业的投资比例，更多地发展农业、轻

---

[1] 目前能看到的《论十大关系》一文有两个版本，一是 1965 年作为中央文件发表的版本，一是 1976 年 12 月 26 日由《人民日报》公开发表的版本，这两个版本内容有所不同，其中后一个版本被收入 1977 年出版的《毛泽东选集》第五卷和 1999 年出版的《毛泽东文集》第七卷。此处引文出自 1965 年的版本。

[2] 《毛泽东文集》第七卷，人民出版社 1999 年版，第 23、42 页。

工业。这样，一是可以更好地供给人民生活的需要，二是可以更快地增加资金的积累，因而可以更多更好地发展重工业。毛泽东说："你对发展重工业究竟是真想还是假想，想得厉害一点，还是差一点？你如果是假想，或者想得差一点，那就打击农业、轻工业，对它们少投点资。你如果是真想，或者想得厉害，那你就要注重农业、轻工业，使粮食和轻工业原料更多些，积累更多些，投到重工业方面的资金将来也会更多些。"[1]可见，毛泽东这里所考虑的还是如何加快重工业发展的问题。

关于沿海工业和内地工业的关系。报告指出：为了平衡工业发展的布局，内地工业必须大力发展。在这两者的关系问题上，最近几年对于沿海工业有些估计不足，对它的发展不那么十分注重。过去朝鲜在打仗，国际形势还很紧张，不能不影响对沿海工业的看法。现在可能有十年或者更长一点的和平时期。好好地利用和发展沿海的工业，可以更有力量来支持和发展内地工业。毛泽东说："好好地利用和发展沿海的工业老底子，可以使我们更有力量来发展和支持内地工业。如果采取消极态度，就会妨碍内地工业的迅速发展。所以这也是一个对于发展内地工业是真想还是假想的问题。如果是真想，不是假想，就必须更多地利用和发展沿海工业，特别是轻工业。"[2]

关于经济建设和国防建设的关系。报告认为：经过抗美援朝战争和几年的整训，军队加强了，装备也有所改进。今后如何发展，可靠的办法就是把军政费用降到一个适当的比例，增加经济

---

[1]《毛泽东文集》第七卷，人民出版社1999年版，第25页。
[2]《毛泽东文集》第七卷，人民出版社1999年版，第26页。

建设费用。只有经济建设发展得更快,国防建设才能有更大的发展。毛泽东说:"这里也发生这么一个问题,你对原子弹是真正想要、十分想要,还是只有几分想,没有十分想呢?你是真正想要、十分想要,你就降低军政费用的比重,多搞经济建设。你不是真正想要、十分想要,你就还是按老章程办事。"[1]

关于国家、生产单位和生产者个人的关系。报告提出:国家和工厂、合作社的关系,工厂、合作社和生产者个人的关系,这两种关系都要处理好。国家和工厂、国家和工人、工厂和工人,国家和合作社,国家和农民,合作社和农民,都必须兼顾,不能只顾一头。无论只顾哪一头,都是不利于社会主义,不利于无产阶级专政的。

关于中央和地方的关系。毛泽东于这年2月14日听取主管重工业的国务院第三办公室汇报时就曾说:"我去年出去了几趟,跟地方同志谈话。他们流露不满,总觉得中央束缚了他们,地方同中央有些矛盾,若干事情不放手让他们管。他们是块块,你们是条条,你们无数条条往下达,而且规格不一,也不通知他们。他们的若干要求,你们也不批准,约束了他们。"3月2日,他在听取地方工业部汇报时又说:"苏联有一个时期很集中,也有好处,但缺点是使地方积极性减少了。我们现在要注意这个问题。地方政权那么多,不要使他们感到无事可做。"[2]因此,毛泽东在《论十大关系》中认为,应当在巩固中央统一领导的前提下,

---

[1]《毛泽东文集》第七卷,人民出版社1999年版,第26页。
[2]中共中央文献研究室编:《毛泽东年谱(1949—1976)》第2卷,中央文献出版社2013年版,第528、540页。

扩大一点地方的权力，给地方更多的独立性，让地方办更多的事情。中国面积大人口多情况复杂，有中央和地方两个积极性，比只有一个积极性好得多。要发展社会主义建设，就必须发挥地方的积极性，省市也要注意发挥地、县、区、乡的积极性，都不能框得太死。在毛泽东看来，只有发挥了中央和地方两个方面的积极性，"这对我们建设强大的社会主义国家比较有利"[1]。

由此可见，毛泽东的这篇报告，核心是论述在社会主义改造基本完成、中国已经跨进社会主义的情况下，如何避免苏联在建设问题上走过的弯路，加快中国经济发展，走出一条有别于苏联的社会主义建设道路。其中所论及的不论是前五个经济关系还是后五个政治关系，毛泽东之所以强调要处理好这些关系，正如他在报告最后所说的那样："总之，我们要调动一切积极的因素，直接的因素，间接的因素，直接的积极因素，间接的积极因素，为建设伟大的社会主义国家而奋斗！"[2]

三、《论十大关系》与八大关于经济建设的指导思想

不少论著认为，毛泽东的《论十大关系》成为1956年9月召开的中共八大的指导思想，其中一条重要的依据，是刘少奇1958年5月在中共八大二次会议上的政治报告中说："同年四月，毛泽东同志在党的中央政治局扩大会议上做了关于'十大关系'的报告"，"这个报告的总的精神，就是要把一切积极因素都调动

---

[1]《毛泽东文集》第七卷，人民出版社1999年版，第31页。
[2] 见1965年作为中共中央文件下发的《论十大关系》。

起来，把一切可用的力量都调动起来，为尽快地把我国建设成为现代化的富强的社会主义国家而奋斗。党中央委员会向第八届全国代表大会第一次会议的工作报告，就是根据毛泽东同志关于处理十大关系的方针政策而提出的"。[1]

《论十大关系》尽管涉及十个方面的问题或者说十大矛盾，但其重点无疑是前五大关系即关于经济建设问题的论述。对于中共八大与《论十大关系》之间的关联，不妨先看看八大通过的《关于政治报告的决议》中有关经济建设方针的表述。该决议指出：必须继续坚持优先发展重工业的方针，"在优先发展重工业的同时，我们必须根据原料、资金的可能和市场的需要，积极发展轻工业"。"必须用更大的力量发展农业。""为了促进国民经济在全国范围内的普遍发展，必须正确地解决工业和其他经济事业的布局问题。在内地和近海地区的关系上，既须继续把工业重点合理地移向内地，发展内地的经济事业，又须充分利用和合理发展近海地区的经济事业，特别是应当充分利用近海原有的工业基地来迅速推进内地新的工业基地的建设。在中央和地方的关系上，既须发挥中央各经济部门的积极性，又须发挥地方的积极性；既须纠正地方经济事业中盲目发展的偏向，又须纠正对地方经济事业注意不够和限制过多的偏向。""必须使国家建设和人民生活改善这两个方面得到适当的结合，也就是使国民收入中积累和消费的比例关系得到正确的处理。"[2]很显然，中共八大关于经

---

[1] 中共中央文献研究室编：《建国以来重要文献选编》第11册，中央文献出版社1995年版，第300页。

[2] 《中国共产党第八次全国代表大会关于政治报告的决议》，《人民日报》1956年9月28日。

济建设的这些基本指导思想，与毛泽东的《论十大关系》有着密切的关联，也可以说是以《论十大关系》为指导的。

当然，中共八大在经济建设指导方针上还有一个很重要的思想，那就是既反对右倾保守又反对急躁冒进。对此，八大通过的《关于政治报告的决议》中强调："由于我国生产力获得了解放，由于我国有丰富的人力和物力的资源，有最广阔的国内市场，有以伟大的苏联为首的社会主义各国的支援，只要我们能够正确地处理上述各方面的问题，发扬全国人民的积极性，就有可能高速度地发展我国的生产力。如果对于这种可能性估计不足，或者不努力把这种可能性变为现实性，那就是保守主义的错误。但是，我们也必须估计到当前的经济上、财政上和技术力量上的客观限制，估计到保持后备力量的必要，而不应当脱离经济发展的正确比例。如果不估计到这些情况而规定一种过高的速度，结果就会反而妨碍经济的发展和计划的完成，那就是冒险主义的错误。党的任务，就是要随时注意防止和纠正右倾保守的或'左'倾冒险的倾向，积极地而又稳妥可靠地推进国民经济的发展。"[1]反右倾保守是毛泽东发表《论十大关系》前一再强调的主张。毛泽东认为，要调动一切积极因素，实现经济社会的又快又好发展，尽快把我国建成一个强大的社会主义国家，就必须处理好这十个方面的关系。

实际上，毛泽东在形成《论十大关系》的时候，关注的重点恰恰是如何通过反对右倾保守加快发展速度的问题。5月3日，

---

[1]《中国共产党第八次全国代表大会关于政治报告的决议》，《人民日报》1956年9月28日。

周恩来在国务院司、局长以上干部会议上传达毛泽东关于十大关系讲话的报告。周恩来在传达中说:"上个月,中共中央召集各省、市委书记开了一次会。在那次会议上,毛主席谈了十个方针的问题。昨天,在最高国务会议上,主席又重复讲了这十条方针。这十条方针与政府工作有很大关系,所以现在要快一点作个传达。主席报告的总题目是'调动一切力量为社会主义服务'。就是说,对于一切可用的力量、一切积极的因素,我们都要把它调动起来,为社会主义服务,并且还要把无用的化为有用,把消极的变成积极。主席讲的十条方针,就是十种关系,也是十种矛盾。就是说,我们要很好地处理这种关系、克服这种矛盾而前进。"[1]整个传达中不见有反急躁冒进的内容。同年8月,朱德撰写了《我对主席指示的十大关系的体会和想到的一些意见》,其中也没有这方面的内容。朱德说:"毛主席一九五六年四月二十五日在中央政治局扩大会议上所讲的十大关系问题,关系到国内外的各个方面,是具体贯彻党在过渡时期总路线的方针和政策、运用马克思列宁主义观察问题和分析问题的典范。把这十大关系、十大矛盾解决了,就能够动员一切力量、调动一切积极因素,为我国社会主义建设服务。"[2]从周恩来的传达和朱德的文章来看,毛泽东关于十大关系的报告的主旨就是如何调动一切积极因素为社会主义服务,目的就是加快社会主义建设的速度。

其实,中共八大政治报告起草之时关于经济建设指导思想恰

---

[1] 周恩来:《在国务院司、局长以上干部会议上传达毛泽东关于十大关系讲话的报告(节录)》,《党的文献》2007年第3期。
[2] 朱德:《我对主席指示的十大关系的体会和想到的一些意见》,《党的文献》2007年第3期。

恰是反对右倾保守。1955年12月5日，中共中央政治局召开有各省、市、自治区和中央党政军各部门负责人参加的座谈会，由刘少奇传达毛泽东关于召开中共八大的指示。刘少奇在讲话提纲中写道："各方面的潜力还是很大，事业的进行还可以快，事情还可以多办。""（八大）中心思想，反对右倾保守主义，提前完成社会主义建设和改造的计划。""要利用目前世界休战的时期，加快速度来完成我国的总任务。那时不论和战都好办得多。未完成而战困难更多。""一切工作要求办得又多、又快、又好。""以前反盲目冒进，反贪多、贪大、贪快，是对的，但出了毛病，把干部和群众的积极性也反掉了。"[1]据参与起草工作的邓力群回忆："大概在一九五六年四五月间，一次刘少奇开会回来，大约是晚上十点多钟了，打电话找我和陈伯达等去他那里，刘少奇非常高兴。他说：主席做了调查，讲了十大关系，十大关系应当成为起草八大政治报告的纲。"[2]不论是毛泽东关于八大的指示，还是《论十大关系》，中心思想都是如何加快发展速度问题。这说明，至少在毛泽东发表《论十大关系》之时，中共八大政治报告关于经济建设指导思想的论述上，只有反右倾保守而无反急躁冒进的内容。

然而，自从1955年夏天毛泽东开展对右倾保守思想的批判，提出不但要加快农业合作化的速度，而且也要加快整个工业化的规模和速度，加快科学、文化、教育、卫生等各项事业的规模

---

[1] 中共中央文献研究室、中央档案馆编：《建国以来刘少奇文稿》第7册，中央文献出版社2008年版，第476—408页。
[2] 中共中央文献研究室编：《毛泽东传（1949—1976）》，中央文献出版社2003年版，第511页。

和速度之后，经济建设领域急躁冒进的思想迅速抬头，国民经济比例有失调的危险，这引起了负责经济工作的周恩来、陈云等中央领导人的注意，他们从1956年春开始领导了经济工作中的反冒进。对于反冒进，毛泽东并不怎么认同。1956年4月下旬，毛泽东在中共中央政治局会议上主张追加20亿的基本建设投资，但与会的大多数人不赞成。据胡乔木回忆："会上尤以恩来同志发言最多，认为追加预算将造成物资供应紧张，增加城市人口，更会带来一系列困难等等。毛泽东最后仍坚持自己的意见，就宣布散会。会后，恩来同志又亲自去找毛主席，说我作为总理，从良心上不能同意这个决定。这句话使毛主席非常生气。不久，毛主席就离开了北京。"[1]胡乔木在其回忆中没有讲到此次政治局会议的具体时间，查中共中央文献研究室编撰的《毛泽东年谱（1949—1976）》得知，1956年4月下旬毛泽东多次出席政治局会议。4月22日，毛泽东主持政治局扩大会议，主要讨论修改中国共产党章程的问题；4月25日再次主持政治局扩大会议，发表《论十大关系》的讲话；4月26日、27日、28日、29日连续四天主持政治局扩大会议，26日的会议年谱上没有内容记载，27日和28日的会议主持讨论文艺工作和"百花齐放、百家争鸣"问题，29日的会议年谱上无内容记载。因而暂时无法断定胡乔木提及的这次政治局会议具体是哪一天，但至少可以说明，当时毛泽东所考虑的仍是如何通过追加投资去加快发展速度的问题。

1956年6月20日，《人民日报》发表由中宣部起草、经刘

---

[1] 中共中央文献研究室编：《周恩来传（1898—1976）》下卷，中央文献出版社2008年版，第1109页。

少奇审改的《要反对保守主义,也要反对急躁情绪》的社论,指出:在反对保守主义之后,发生了一种值得严重注意的新情况,这就是最近一个时期在有些工作中又发生了急躁冒进的偏向,有些事情做得太急了,有些计划定得太高了,没有充分考虑到实际的可能性。急躁情绪之所以成为严重的问题,是因为它不但存在在下面的干部中,而且首先存在在上面各系统的领导干部中,下面的急躁冒进有很多就是上面逼出来的。不难看出,这篇社论提出的观点与毛泽东当时的主张并不完全一致。因为从表面上看,社论对急躁冒进和右倾保守两种观点都作了批评,但从字里行间不难看出,文章的重心是在强调反冒进。当时,中宣部将起草好后的稿子交给了刘少奇,刘少奇改完后批示:"主席审阅后交乔木办"。但毛泽东接到此稿后,批了3个字:"不看了"。后来毛泽东曾说:那篇社论写好后曾送给我看,我在清样上写了"不看了"三个字,骂我的东西我为什么要看。[1]

当然,尽管当时毛泽东并不赞成反冒进,但也没有对反冒进表示明确反对,也正因为如此,在准备中共八政治报告时,报告的起草者才将反冒进的思想写进中共八大政治报告和关于政治报告的大会决议之中。据邓力群回忆:"1956年8月中旬,八大政治报告第一稿出来后,刘少奇请薄一波来提意见,一波同志来了以后,说这个报告里只反右倾保守,不反急躁冒进,是片面的,应该加上既反右倾保守,又反急躁冒进。我们吸取一波同志的意见加上了,通过的时候也是这两方面都照顾到了。"[2]后来邓力群

---

[1]吴冷西:《回忆领袖与战友》,新华出版社2006年版,第63页。
[2]邓力群:《我为少奇同志说些话》,当代中国出版社1998年版,第66—67页。

还说:"八大一次会议的政治报告,原来一直是按照毛泽东同志论十大关系的思想起草的,反对的就是右倾保守的倾向,到了陈云同志、周恩来同志提出,五六年我们的经济建设出现了冒进,才在八大报告中写进了反冒进的内容,到定稿时确定了既反保守又反冒进这么一个方针。"[1]可见,中共八大关于经济建设的基本指导思想,既以《论十大关系》为指导,也集中了全党的智慧。如果认真贯彻八大关于经济建设的方针,特别是既反保守又反冒进,注重国民经济的综合平衡发展,就有可能避免后来发生"大跃进"这样的失误。

---

[1]《〈关于建国以来党的若干历史问题的决议〉起草过程和主要内容的介绍——邓力群1981年7月7日、8日在驻京部队师以上干部大会上的讲话》,《教学参考资料》1981年第17期。

庐山会议转向的原因分析

"大跃进"运动之所以持续三年之久，1959年夏召开的庐山会议极为关键。这次会议原本是纠"左"的，在会议快要结束时，彭德怀给毛泽东写了一封反映"大跃进"问题的信，结果引起了毛泽东的不满，会议的主题也就从纠"左"变为"反右倾"，并在庐山会议后启动新一轮"大跃进"。直到1960年底，由于国民经济遭到严重困难，"大跃进"才不得不停止，转而对国民经济进行调整。那么，如果彭德怀不写这封信，是否纠"左"就能够坚持下去，"大跃进"就能够中止，所谓"三年暂时困难"就不会出现？为什么彭德怀这封不过是反映问题的信，却使会议的主题发生根本性的转变？庐山会议后期主题的转变，以下几个因素至关重要。

一、庐山会议前对"左"的纠正有限

客观而论，毛泽东既是"大跃进"和人民公社化运动的积极倡导者，也是中共领导人中较早发现"大跃进"和人民公社化运动中存在许多问题者。1958年8月北戴河会议后不久，毛泽东曾到天津找河北省保定地区的一些县委书记谈话，了解"大跃进"和人民公社化运动的情况，事后他还让中共河北省委组织调查组对徐水县进行了调查,并听取了中共河北省委对调查情况的汇报。他通过调查了解,发现很多人"急急忙忙往前闯",脑子中有一大堆的混乱思想,认为有必要让各级干部冷静下来。

为了解决"大跃进"和人民公社化运动中出现的一些问题,1958年11月2日至10日,中共中央在郑州召开有部分中央领导人和省委书记参加的会议,史称第一次郑州会议,由此开始了半年多的纠"左"工作。会议开始后,毛泽东多次找到会的省委书记谈话,做高级干部的"降温"工作。会上,毛泽东提醒那些头脑发热的高级干部说,苏联搞了四十年的社会主义,还没有宣布进入共产主义,中国才搞几年的社会主义,不要那么急急忙忙地宣布过渡。毛泽东还号召各级干部联系中国社会主义革命与建设,认真读斯大林的《苏联社会主义经济问题》和《马克思恩格斯列宁斯大林论共产主义社会》两本书,以"使自己获得一个清醒的头脑"。

第一次郑州会议之后,中共中央政治局又于11月21日至27日在武昌召开扩大会议。毛泽东在讲话中指出,破除迷信,不能把科学当作迷信破除。凡是迷信,一定要破除,凡是真理一定要保护。必须老老实实,不要弄虚作假,要压缩空气。对于人民公社和向共产主义过渡问题,毛泽东强调:全民所有制和集体所有制两种形式必须分清,不能混淆。社会主义和共产主义又是一个界限,也必须分清,不能混淆。

在第一次郑州会议和武昌会议的基础上,1958年11月28日至12月10日,中共八届六中全会在武昌召开,全会通过了《关于人民公社若干问题的决议》,《决议》强调:农业社变为人民公社,不等于已经把农村中的集体所有制变成了全民所有制,要在全国农村实现全民所有制，还需要一个相当长的时间；由集体所有制变为全民所有制，并不等于社会主义变成共产主义，由社会主义变为共产主义，比集体所有制变为全民所有制，需要经过更长的时间。企图过早地否定按劳分配的原则而代之以按需分配的原则，企图在条件不成熟的时候勉强进入共产主义，无疑是一个不可能成功的空想。这次会议之后，各地开展了人民公社的整顿工作。

接着，中共中央于1959年2月27日至3月5日在郑州再次召开政治局扩大会议，重点研究人民公社问题，史称第二次郑州会议。毛泽东在讲话中强调，在分配中要承认队与队、社员与社员的收入有合理的差别，穷队和富队的伙食和工资应当有所不同。公社应当实行权力下放，三级所有，三级核算，并且以队的核算为基础，在社与社、队与队之间要实行等价交换。随后，毛泽东多次致信给各级党委，强调要下决心去纠正人民公社化运动中的"共产风"。

同年3月25日至4月1日，中共中央在上海召开政治局扩大会议，为即将召开的中共八届七中全会做准备。上海会议检查了中共八届六中全会以来人民公社的整顿情况，讨论了公社整顿中提出的问题。会议还讨论了1959年的国民经济计划草案。有的中央委员提出应利用即将召开的二届全国人大一次会议的机会，公开修改过去宣布的过高指标，但由于当时"大跃进"的问题尚未充分暴露，许多人对高指标仍有一种难以割舍的情结，这个建议未能为会议所采纳。八届七中全会通过的1959年计划中，只降低了基本建设投资，其他的高指标大都未变。

1959年第二季度，国民经济中比例失调造成的严重后果进一步暴露出来。首先是农业生产情况很不好，夏收粮食、油料大幅度减产，蔬菜、肉类等副食品短缺。其次是钢铁生产上不去，1959年头四个月按计划应该生产钢600万吨，实际只完成336万吨。由于"以钢为纲"，其他工业部门特别是轻工业被挤占，日用品生产下降，许多商品库存减少，造成供应紧张。针对这种形势，1959年5月中旬，中共中央和毛泽东根据陈云的建议，将1959年的钢产量指标由1800万吨降为1300万吨。同时，中共中央还调整了农村政策，决定恢复社员的自留地，允许社员饲养家畜家禽，鼓励社员充分利用屋旁、路旁的零星闲散土地种庄稼和树木，不征公粮，不归公有。中共中央还明确指出，这种大集体当中的小私有，在一个长时期内是必要的。允许这种小私有，实际上是保护社员在集体劳动时间以外的劳动果实，并不是"发展资本主义"。

在中共中央和毛泽东的领导下，第一次郑州会议之后半年多的时间，农村人民公社经过几个月的整顿，逐渐剥去了一些空想色彩，刹住了急于向全民所有制和共产主义过渡的势头，"共产风"得到了初步的遏制，许多混乱不清的政策问题得到了明确，党同农民的关系有了改善；工业领域一些过高的指标降了下来，取消商品生产和商品交换的做法被中止。所有这些都是值得肯定的。

但是，在对庐山会议前的纠"左"工作进行充分肯定的同时，也应看到当时对"左"倾错误的纠正其实相当有限，尤其是没有从根本上认识到"大跃进"和人民公社化运动本身的问题。经济建设必须遵循其自身的客观规律，虽然毛泽东在这个过程中也强调"价值法则是一个伟大的学校"，但他所批评的是那种急急忙忙取消等价交换、混淆集体所有制与全民所有制界限的做法，而没有认识到通过群众运动的方式搞经济建设，不但不能实现经济的"跃进"式发展，反而会造成国民经济各部门间比例的失衡；也没有认识到在生产力水平还不具备改变生产关系的情况下，就建立以"一大二公"为主要特征的人民公社，本身既违背经济规律，也违背了社会发展规律。所以，庐山会议前半年多时间的纠"左"，不是纠正指导思想上的"左"，而是纠正一些具体问题的"左"。当时，中共中央领导层特别是作为主要领导人的毛泽东，对总路线、"大跃进"和人民公社仍是充分肯定的，认为这是探索中国自己的社会主义建设道路中了不起的创造，问题主要是基层干部在贯彻执行这"三面红旗"的过程中出现了偏差，如有的指标提得过高，刮了一阵"共产风"，过早把集体所有制转变为全民所有制等。只要把这些问题解决了，就可以取得新的更大的"跃进"，人民公社就可以巩固，多快好省建设社会主义的总路线的优越性就能更好地发挥。

还应该看到，"大跃进"是在不断批评反冒进的过程中逐步发展起来的。1956年的反冒进，本是得到了中央领导层多数人赞成，可以说是中共中央领导集体作出的决策，但由于毛泽东在这个问题上一开始就有保留意见，到反右派斗争快结束的时候，他认为反冒进给群众运动泼了冷水，挫伤干部群众快速建设社会主义的积极性，于是从中共八届三中全会开始，一再对反冒进进行批评，而原本主张反冒进的领导人只得再三作检讨。毛泽东批评反冒进实际上是对中央集体决策的否定，也在一定程度上破坏了党内的民主生活，助长了个人说了算的现象和个人崇拜的发展，这就使得领袖的个人意志已经取代了中央的集体决策，一些正确的意见很难反映到中央并被采纳。因此,当时纠"左"的程度取决于毛泽东对于"三面红旗"的认知态度,当毛泽东认为应当纠"左"的时候,于是全党上下进行纠"左",而毛泽东认为应当"反右倾"的时候,于是全党又紧跟他开展"反右倾"。

二、对形势的不同看法促成会议的转向

众所周知,庐山会议主题的转变起因于 7 月 14 日彭德怀给毛泽东的那封信。这封 3000 字的长信分为两个部分:一是认为"1958 年大跃进的成绩是肯定无疑的";二是谈及"如何总结工作中的经验教训"。长信在肯定总路线、"大跃进"和人民公社化运动成绩的前提下,着重指出 1958 年以来工作中的问题,特别是全民炼钢浪费了一些人财物力,是"有失有得",提出应当总结发生这些问题的经验教训。信中认为:"现时我们在建设工作中所面临的突出矛盾,是由于比例失调而引起各方面的紧张。就其性质看,这种情况的发展已影响到工农之间、城市各阶层之间和农民各阶层之间的关系,因此也是具有政治性的。"对于前一阶段工作中出现的问题,信中指出:客观原因是对社会主义建设工作不熟悉,没有完整的经验,处理经济建设中的问题没有像处理政治问题那样得心应手。主观原因是在思想方法和工作作风方面有不少问题,突出的是"浮夸风气较普遍地滋长起来","犯了不够实事求是的毛病";同时也由于"小资产阶级的狂热性"影响,从而使"一些左的倾向有了相当程度的发展,总想一步跨进共产主义"。信中还说:"纠正这些左的现象,一般要比反掉右倾保守思想还要困难些。""要彻底克服,还是要经过一番艰苦努力

的。""系统地总结一下我们去年下半年以来工作中的成绩和教训,进一步教育全党同志,甚有益处。其目的是要达到明辨是非,提高思想,一般的不去追究个人责任。"[1]

这封信中引起毛泽东不满的主要有两段话。一段话是:"在全民炼钢铁中,多办了一些小土高炉,浪费了一些资源(物力、财力)和人力,当然是一笔较大损失。但是得到对全国地质作了一次规模巨大的初步普查,培养了不少技术人员,广大干部在这一运动中得到了锻炼和提高。虽然付出了一笔学费(贴补二十余亿)。即在这一方面也是有失有得的。"另一段话是:"小资产阶级的狂热性,使我们容易犯左的错误。在一九五八年的大跃进中,我和其他不少同志一样,为大跃进的成绩和群众运动的热情所迷惑,一些左的倾向有了相当程度的发展,总想一步跨进共产主义,抢先思想(指抢先于苏联进入共产主义——引者注)一度占了上风,把党长期以来形成的群众路线和实事求是作风置诸脑后了。"[2]毛泽东在庐山会议批判彭德怀时表示,信上说"有失有得",把"失"放在"得"的前面,反映了彭的灵魂深处的问题。还说彭在信中讲"小资产阶级的狂热性",主要锋芒是向着中央领导,是"反中央、攻击中央"。[3]

毛泽东之所以对彭德怀信中的"有失有得"不满,一个重要的原因是彭德怀对"大跃进"的批评超越了他所能接受的程度。

---

[1] 中共中央文献研究室编:《建国以来重要文献选编》第12册,中央文献出版社1996年版,第444—446页。

[2] 中共中央文献研究室编:《建国以来重要文献选编》第12册,中央文献出版社1996年版,第442—443、445页。

[3]《黄克诚自述》,人民出版社1994年版,第256页。

1958年初,毛泽东曾写了一篇很重要的文章——《工作方法六十条(草案)》,其中提出:"要使干部学会善于区别九个指头和一个指头,或者多数指头和少数指头。"他说:"我们的工作,除非发生了根本路线上的错误,成绩总是主要的。"对工作中的缺点与失误,不能采取"攻其一点或几点,尽量夸大,不及其余"的做法。[1]在毛泽东看来,对待1958年的"大跃进"和人民公社,也应当是这样。多快好省建设社会主义的总路线,以高速度为核心的"大跃进",以及为向共产主义过渡创造条件的人民公社,虽然也存在一些问题,但这"三面红旗"本身是正确的,它使中国找到了快速建设社会主义、加快向共产主义过渡的有效途径,问题是一些干部在具体的执行过程中过急过快,发生了偏差。因此,"大跃进"和人民公社化运动成绩是主要的,是九个指头;"共产风"、浮夸风等问题客观存在,应当纠正,但与所取得的成绩比,只是一个指头,只要把工作中的一些具体问题解决了,就能够实现更大的跃进。而彭德怀信中说大炼钢铁"有失有得",在毛泽东看来,将"失"放在前面,使用的就是"攻其一点,不及其余"的做法,反映出彭在"灵魂深处"对"三面红旗"的反对,这恰是一向对"三面红旗"给予高度评价的毛泽东所不能认可的。

庐山会议的主题原本是纠"左",可是,由于彭德怀的这封信却导致会议主题转变为"反右倾",并在随后启动新一轮的"大跃进",造成了比上一轮"大跃进"更严重的后果。后来有人假设,如果彭德怀不写这封信,会议的结局也许是另一种

---

[1]《毛泽东文集》第七卷,人民出版社1999年版,第357—358页。

情形。然而,历史是不能假设的。实际上,庐山会议前期的纠"左"很有限,而且纠"左"的目的也是为了更好地"大跃进"。因此,即使没有发生彭德怀上书的事件,庐山会议也不可能对已经发生的"左"倾错误从根本上加以纠正。彭德怀之所以向毛泽东写信,就是鉴于庐山会议对存在的问题的严重性估计不足,对一年多的经验教训分析、总结不够,以及对会议中存在的"护短"现象感到很担忧,又觉得有些话不便在小组会上讲,如果这些问题引起毛泽东的重视,由毛泽东"再从新提一提两条腿走路的方针,这些问题就可轻而易举地得到纠正"[1]。所以,庐山会议后半段固然中断了纠"左"的进程,但庐山会议前期并没有真正解决纠"左"的问题,即使彭德怀不写这封信,会议如期结束,"大跃进"也不会中止,人民公社的问题也难以真正解决,国民经济的困难局面仍会出现。当然,经济困难的程度可能会有所不同,因为庐山会议后的新一轮"大跃进",实际上带有某种赌气性质。

在彭德怀写这封信之前,毛泽东对形势的估计比较乐观,认为工作中虽然存在一些问题,但并不是很严重。6月13日,毛泽东在中南海颐年堂主持召开中央政治局会议,研究工农业生产和市场问题。他在讲话中说:"许多问题是料不到的。谁知道吹'共产风'?根本不管价值法则、等价交换,一办公社,'共产风'就吹出来了,没有料到。现在落实到一千三百万吨钢,我也没有料到。许多事情是料不到的。粮食那么紧张,去年大丰收,今年大紧张,也没有料到。要随时注意新问题,发现新问题。虽然出

---

[1]《彭德怀自述》,人民出版社1981年版,第275页。

了这么多乱子,但是最大的成绩是自从去年北戴河会议以来,各级党委注意搞经济了。"他还说:"我到井冈山,头一仗就是打败仗。这是一个好经验,吃了亏嘛。"[1]毛泽东的意思很清楚,不要因为在"大跃进"中国民经济的综合平衡受到一些影响,在人民公社化运动中出现"共产风"的问题,就否定"大跃进"和人民公社,出现的问题主要是没有经验造成的。

庐山会议开始后,毛泽东提出了会议需要讨论的18个问题,其中第二个问题是关于对形势的看法,实际上也是如何评价前一阶段的"大跃进"。在6月29日的讲话中,毛泽东说:国内形势是好是坏?大形势还好,有点坏,但还不至于坏到"报老爷,大事不好"的程度。八大二次会议的方针对不对?我看要坚持。总的说来,像湖南省一个同志所说的,是两句话,"有伟大的成绩,有丰富的经验"。"有丰富的经验",说得很巧妙,实际上是:有伟大的成绩,有不少的问题,前途是光明的。基本问题是:(一)综合平衡;(二)群众路线;(三)统一领导;(四)注意质量。四个问题中最基本的是综合平衡和群众路线。要注意质量,宁肯少些,但要好些、全些,各种各样都要有。农业中,粮、棉、油、麻、丝、烟、茶、糖、菜、果、药、杂都要有。工业中,要有轻工业、重工业,其中又要各样都有。去年"两小无猜"(小高炉、小转炉)的搞法不行,把精力集中搞这"两小",其他都丢了。去年大跃进、大丰收,今年是大春荒。现在形势在好转,我看了四个省,河北、河南、湖南、湖北,大体可以代表

---

[1] 中共中央文献研究室编:《毛泽东传(1949—1976)》,中央文献出版社2003年版,第948—949页。

全国。今年夏收估产普遍偏低,这是一个好现象。

他又说:"今年这时的形势和去年这时的形势比较,哪个形势好?去年这时很快地刮起了'共产风',今年不会刮,比去年好。明年'五一'可以完全好转。去年人们的热情是宝贵的,只是工作中有些盲目性。有人说,你大跃进,为什么粮食紧张?为什么买不到头发夹子?现在讲不清楚,促进派也讲不清楚。说得清楚就说,说不清楚就硬着头皮顶住,去干。明年东西多了,就说清楚了。""去年许多事情是一条腿走路,不是两条腿走路。我们批评斯大林一条腿走路,可是在我们提出两条腿走路以后,反而搞一条腿了。在大跃进形势中,包含着某些错误,某些消极因素。现在虽然存在一些问题,但是包含着有益的积极因素。去年形势本来很好,但是带有一些盲目性,只想好的方面,没有想到困难。现在形势又好转了,盲目性少了,大家认识了。"[1]

7月10日,毛泽东召集各小组组长开会并发表长篇讲话,着重谈对形势的看法,"对党内越来越多地提出的不同意见已表现出不满,并且同右派进攻联系起来"[2]。他说:"对形势的认识不一致,就不能团结。要党内团结,首先要思想统一。党外右派否定一切,说我们'人心丧尽了','修天安门前面的工程(指在天安门广场修建人民大会堂和历史博物馆——引者注),如秦始皇修万里长城';说'过去历代开创的时候,减税薄赋,现在共产党年年加重负担'。所谓丧尽了,就是不仅资产阶级、地主,而

---

[1]《毛泽东文集》第八卷,人民出版社1999年版,第76—77页。
[2] 中共中央文献研究室编:《毛泽东传(1949—1976)》,中央文献出版社2003年版,第971页。

且农民、工人都不赞成了。天津有些局长、科长议论,去年大跃进是'得不偿失'。是不是这样?有些同志缺乏全面分析,要帮助他们认识。得的是什么?失的是什么?比如说,为什么大跃进之后又发生市场大紧张。不要戴帽子,不要骂一顿了事。""党内要团结,就要把问题搞清楚。有人说总路线根本不对。所谓总路线,无非是多快好省,多快好省不会错。过去搞一千九百项基建,现在安排七百八十八个,这还不是合乎多快好省的方针的?一千八百万吨钢不行,现在搞一千三百万吨,还是多快好省。去年粮食没有翻一番,但增加百分之三十左右是有的(1957年的粮食产量为3901亿斤,1958年是4000亿斤,实际增加99亿斤,增长2.5%——引者注)。多快是一条腿,好省又是一条腿。"

对于前一阶段的成绩和错误的问题,毛泽东说:"我们把道理讲清楚,把问题摆开,也不戴帽子,什么'观潮派''怀疑派''算账派''保守派'等等,都不戴。总可以有百分之七十的人在总路线下面。世界上的将军没有一个没打过败仗的。在三仗中打两个胜仗、一个败仗就是好的,有威信。两败一胜就差一些。打了败仗,可以取得经验。要承认缺点错误。从局部来讲,从一个问题说,可能是十个指头,九个指头,七个指头,或者三个指头、两个指头。但从全局来说,还是九个指头和一个指头的问题。要找问题,可以找几千几万件不对头的。但是从总的形势来说,就是这样:九个指头和一个指头。"[1]

---

[1] 中共中央文献研究室编:《毛泽东传(1949—1976)》,中央文献出版社2003年版,第971—973页。

从这些讲话中可以看出，毛泽东认为，"大跃进"和人民公社虽然也有缺点和不足，存在这样那样的问题，但与取得的成绩相比，只是一个指头，成绩无疑是九个指头。毛泽东此时的态度是："'左'的错误要批评，但不应总是抓住不放；对热心搞'大跃进'的同志，应该是既批评又鼓励，不要挫伤他们的积极性；现已经批了9个月的'左'，差不多了；应赶快抓生产，争取1959年的跃进。"[1]

很显然，彭德怀信中对"大跃进"和人民公社的评价，与毛泽东所说的"九个指头和一个指头"有着相当大的差距，特别是其中所说的"有失有得"，在毛泽东看来实际上是对社会主义建设总路线、"大跃进"和人民公社的否定，这恰恰是他所不能接受的。而且在毛泽东看来，彭德怀主要负责军事工作，又没有参与已进行了半年多的纠"左"，现在，纠"左"取得了很大成效，对"大跃进"和人民公社的问题也有了足够的重视，"彭德怀等不是跟他一道去纠正工作中的缺点错误，实际上是对大跃进和人民公社表示怀疑和反对，是对他和党中央的领导'下战书'，因而是右倾的表现"[2]。

8月16日，也就是中共八届八中全会的闭幕式上，毛泽东说：这次庐山会议解决了一个大问题。总结经验应该这样总结法才好，就是锋芒对着右倾。从1958年11月起，落实指标，反对"共产风"，不断地批评，就产生了一种右的倾向。"而我们这几

---

[1] 薄一波：《若干重大决策与事件的回顾》下卷，中共中央党校出版社1993年版，第851页。
[2] 胡绳主编，中共中央党史研究室著：《中国共产党的七十年》，中共党史出版社1991年版，第432页。

位犯错误的同志,他们不仅不在北戴河对那种高指标提出意见,也不在去年十一月郑州会议提意见,也不在十二月武昌会议提意见,也不在今年一月中央政治局扩大会议提意见,也不在今年二月底三月初第二次郑州会议上提意见,也不在今年三月底四月初上海会议、中央全会上提意见,而到庐山会议来提意见。他这个气候搞得不好。问题都解决了,或者剩下尾巴,情况好转了,我说,这些同志不会观察形势。他们为什么在那个长时间不提意见,而在这个时候提呢?这是因为他们自己有他们的一套。""等到问题大部分解决了的时候,他们来提,就是认为这个时候如果不提,就没有机会了。再过几个月,时局更好转,他们就不好办事了,他们的扩大队伍、招收党员的目的就不能实现了。"[1]毛泽东的上述讲话,可以说从一个角度对庐山会议为什么从反"左"一下转为反右作了注解。毛泽东认为,从第一次郑州会议以来的大半年里,他一直致力于纠"左",这方面的"问题都解决了,或者剩下尾巴,情况好转了",因而对彭德怀写信的动机产生质疑。

毛泽东对彭德怀的不满,其实不仅仅是7月14日的这封信,还与此前彭在小组会上的发言的内容不无关系。如彭说:"解放以来,一连串的胜利,造成群众的头脑发热,因而向毛主席反映情况只讲可能和有利的因素。在大胜利中,容易看不见、听不进反面东西。""要找经验,不要埋怨,不要追究责任。人人有责,人人有份,包括毛泽东同志在内。我也有一份,至少当时没有反对。""现在是不管党委集体领导的决定,而是个人决定;第一

---

[1] 中共中央文献研究室编:《毛泽东传(1949—1976)》,中央文献出版社2003年版,第1006—1007页。

书记决定的算,第二书记决定的就不算。不建立集体威信,只建立个人威信,是很不正常的,是危险的。""毛主席和党中央在全国人民心目中威信之高,是全世界找不到的。但滥用这种威信是不行的。去年乱传毛主席的意见,问题不少。"[1]

正如中共中央文献研究室编撰的《毛泽东传(1949—1976)》所评论的:"如果没有彭德怀那封信,事情也许不会发展到如此激烈的程度。这样看起来,事情似乎带有一定的偶然性。但是,由于毛泽东的'左'的指导思想没有从根本上得到改变,纠'左'纠到一定程度,即超越他可能允许的范围时,就会提出反右的问题,这又是不可避免的。"[2]

虽然毛泽东在会议一开始,就对形势问题定了调,即"有伟大的成绩,有不少的问题,前途是光明的",但从彭德怀的信中看出,与会人员对形势的估计存在明显的分歧。在此前后,党内党外对"大跃进"和人民公社化运动存在的不少否定性意见,也反映到了毛泽东那里。

1959年5月,当讨论第二次郑州会议、上海会议巩固人民公社的方针时,中共江西省委党校80多个县委一级干部通过大鸣大放,一些人表达了对人民公社的否定性意见。例如:有人认为人民公社建立太快了,是早产儿;有人认为人民公社违背客观规律,是根据上级指示人为的产物,搞人民公社根本没有条件;有人认为人民公社没有合作社优越,缺点大于优点,公社是空架

---

[1]《彭德怀传》编写组:《彭德怀传》,当代中国出版社1993年版,第588—590页。
[2] 中共中央文献研究室编:《毛泽东传(1949—1976)》,中央文献出版社2003年版,第1010页。

子，是金字招牌；"共产风"是上面刮下来，中央、省、地委应负责任；有人认为工资制与供给制相结合的分配制度提得过早，应该取消；有人认为公社目前不能实行工农业并举的方针，应以农业生产为主；有人认为公共食堂不是共产主义因素，害多利少；等等。

中共中央宣传部这年6月20日编印的《宣教动态》第45期上，刊登了《否定和怀疑1958年大跃进的若干论点》一文，其中讲到，天津部分党员干部认为：1958年的全民炼钢是得不偿失，农业上粮食不够吃，市场上出现了前所未有的紧张，党的威信不如过去高了；"大跃进"是工业跃进了，农业没有跃进，政治跃进了，经济没有跃进；人民公社走得太快，对农民的觉悟估计过高，忽视了农村的现实条件，主观愿望超过了客观现实；等等。

1959年6月9日，原国家建委基本建设局副局长、时任东北协作区办公厅综合组组长的李云仲，就目前经济生活中的一些问题给毛泽东写了一封信。信中直言不讳地说，最近一年来，我们的工作中犯了"左"倾冒险主义的错误，其原因主要是在思想上忽视了两条战线的斗争，即在反对右倾保守思想的同时，忽视了"左"倾冒险主义的侵袭，在一个比较短的时期内，"左"倾冒险主义的思潮曾形成一个主流。信中列举"左"倾冒险主义的主要表现，如：将"以钢为纲"变成"以钢为一切"，全民大搞土法炼铁的运动是一条失败的经验，国家经济力量的消耗太大了；去年的公社化运动，在生产关系的变革即所有制问题上，可能是跑得太快了，其结果是"一平、二调、三抽款"；等等。

中国人民解放军总政治部秘书处这年6月24日编印的《政

治工作简报》上有一份材料说：据第42军政治部和海南军区政治部报告，少数营团干部对经济生活的紧张表示抵触和不满，认为经济紧张是全面的，长期不能解决；说人民公社成立太快了、太早了，不合乎规律，工人、农民和军官都对成立公社有意见，公社的优越性是宣传出来的；"全民炼钢"的口号是不对的，"小土群"可以不搞，1070万吨钢的指标也可以不提，钢的指标是领导主观主义地规定的。

国务院秘书厅党委办公室7月9日编印的第25期《秘书厅学习简报》中说，秘书厅的有些干部在学习中共中央关于压缩社会购买力的紧急指示过程中，对人民公社有这样的议论：（1）建立人民公社的条件不成熟；（2）人民公社所有制与我国目前的生产力水平不太适应；（3）人民公社实行供给制与工资制相结合的分配制度，不适应我国目前生产力发展水平和群众觉悟，吃饭不要钱也不符合按劳分配原则；（4）人民公社的发展太快太猛了；（5）人民公社是群众运动搞起来的，但政策没有跟上去，有的有了正确政策，但在执行中又发生了偏差。

社会上出现的这些对"大跃进"和人民公社的否定性意见，联系到彭德怀信中所反映的问题，说明党内党外对总路线、"大跃进"和人民公社认识很不一致。毛泽东认为，右倾思想并不只是在彭德怀等个别人的思想中存在，而是一种不可忽视的社会思潮，如果不对其进行批判，右倾思想就可能向全社会蔓延开来，从根本上动摇"三面红旗"。因此，"这封信对毛主席起了强刺激作用，免不掉又要亢奋失眠。主席自己在会上说，吃了三次安眠药睡不着。在神经过度兴奋的状态下，仔细琢磨的结果，就把这封信和党内外各种尖锐的反对意见，都联系起来；把彭总当作了代表人物,而且是在中央政治局里的代表人物。认为他的矛头是指向中央政治局和主席的,于是认为路线斗争不可避免"[1]。

7月16日,毛泽东将彭德怀的信以"彭德怀同志的意见书"为标题,批示印发给与会人员讨论,并在中央政治局常委会的范围内提出,要"评论这封信的性质"[2];同时决定将会期延长,并通知留在北京主持有关方面工作的一些领导人上山来参加讨论。"毛泽东原来估计,彭德怀的《意见书》印发后,会引起一些人的批评和反对"[3],但与会人员在讨论彭德怀信的过程中,却出现了另一种情况,"一些人基本赞同信中的意见。他们认为,这封信总的精神是好的,对于推动会议深入讨论,促使大家思考问题,有积极作用。应该在肯定成绩的前提下,把过去工作中的缺点和错误讲深讲透,这样才有利于总结经验教训,改进以后的工作。彭德怀敢于反映自己的意见,这种精神值得大家学习。信的缺点主要是一些提法和词句斟酌不够,容易引起误会,但不必计较和争论。也有一些人对彭德怀的信持不同意见,认为对错误'认识过迟'的说法,不符合实际。从北戴河会议到现在,许多重大问题都已得到解决,并非认识过迟。认为这封信'实际上会引导到怀疑党的总路线的正确性,怀疑去年大跃进和伟大的群众运动,以及所取得的伟大胜利是否可靠'"[4]。

---

[1]《黄克诚自述》,人民出版社1994年版,第252页。
[2]中共中央党史研究室:《中国共产党历史》第二卷(1949—1978),中共党史出版社2011年版,第544页。
[3]苏维民:《杨尚昆谈新中国若干历史问题》,四川人民出版社2010年版,第80页。
[4]中共中央党史研究室:《中国共产党历史》第二卷(1949—1978),中共党史出版社2011年版,第544页。

或许是历史的巧合,彭德怀上书的第四天,即 7 月 18 日,赫鲁晓夫在波兰的一个农业合作社发表了一通关于苏联历史上的公社的议论。赫鲁晓夫说:"可以理解,把个体经济改造为集体经济,这是个复杂的过程。我们在这条道路上曾碰到过不少困难。在国内战争一结束之后,我们当时开始建立的不是农业劳动组合,而是公社。""看来,当时许多人还不太明白:什么是共产主义和如何建设共产主义。""公社建立了,虽然当时既不具备物质条件,也不具备政治条件——我们是指人民群众的觉悟。""许多这样的公社都没有什么成绩,于是党走了列宁所指出的道路。它开始把农民组织在合作社中,组织在农业劳动组合中,在那里人们集体地工作,但是按劳取酬。"赫鲁晓夫这些话虽然表面上是总结苏联历史上公社失败的原因,但显然是对中国的人民公社含沙射影的攻击。美国的《纽约时报》对此借题发挥,说赫鲁晓夫这番话,是迄今为止一位苏联领袖对公社的想法所作的最直率的公开批评。彭德怀上庐山之前,即 1959 年 4 月下旬至 6 月上旬,率中国军事友好代表团访问东欧各社会主义国家,曾与赫鲁晓夫有过接触,这使毛泽东进一步对彭德怀批评"大跃进"和人民公社不满,以至于认为彭德怀是"里通外国",与赫鲁晓夫一道向"三面红旗"发动进攻,必须加以回击。

7 月 21 日,张闻天在小组会上就"大跃进"和人民公社问题作了长篇发言。张闻天不但明确支持彭德怀信中的基本观点,而且对"大跃进"以来发生的严重问题作了理论上的分析,强调要多从观点、方法、作风上,去探讨缺点和错误产生的原因。他在发言中说,胜利容易使人头脑发热,骄傲自满,听不得不同意见,民主空气很重要。张闻天说:"主席常说,要敢于提不同意见，要舍得一身剐，不怕杀头等等，这是对的。但是，光要求不怕杀头还不行。人总是怕杀头的，被国民党杀头不要紧，被共产党杀头还要遗臭万年。所以，问题的另一面是要领导上造成一种空气，环境，使得下面敢于发表不同意见，形成生动活泼，能够自由交换意见的局面。""这个问题对我们当权的政党非常重要。我们不要怕没有人歌功颂德，讲共产党英明、伟大，讲我们的成绩，因为这些是客观存在的事实。怕的是人家不敢向我们提不同意见。决不能因为人家讲几句不同意见，就给扣上种种帽子。""总之，民主风气很重要。"张闻天的这番话，很有针对性，也很有见地，说明他对当时存在的问题是有过认真思考的。彭德怀信中提及的"小资产阶级的狂热性"的问题，几乎是与会者均不赞同的。但张闻天说："这个问题不说可能更好点，说了也可以，究竟怎样，可以考虑。但是，刮'共产风'恐怕也是小资产阶级狂热性。"[1]张闻天的发言，"引起了毛泽东的特别注意"[2]，由此"怀疑党内有人在刮风"[3]。

7月22日，毛泽东找几个人谈话。有人对毛泽东说，现在很需要他出来讲话，顶住这股风，不然队伍就散了；还说，彭德怀的信是对着总路线，对着毛泽东的。这番话直接促使毛泽东下决心"反右倾"。当天晚上，毛泽东与刘少奇、周恩来商量准备第二天开大会。7月23日，毛泽东在大会上发表长篇讲话，对彭德

---

[1] 张闻天选集传记组编：《张闻天庐山会议发言》，北京出版社1990年版，第20、21、33页。

[2] 中共中央文献研究室编：《毛泽东传（1949—1976）》，中央文献出版社2003年版，第983页。

[3] 苏维民：《杨尚昆谈新中国若干历史问题》，四川人民出版社2010年版，第80页。

怀信中提出的观点逐一批驳,庐山会议的主题也就由纠"左"转变为"反右倾"。正如杨尚昆后来所回忆的:"庐山会议从纠'左'转向反右,彭德怀的《意见书》是'导火索',看来事情带有偶然性,其实不然。会议前期,大家思想并没有敞开,对形势的估计一直存在分歧,一些不同意见遭到压制。毛泽东原来估计,彭德怀的《意见书》印发后,会引起一些人的批评和反对,而实际情况却是得到了不少人的同情和支持。毛泽东怀疑党内有人在刮风;一些'左'派人物感到批评'三面红旗'的人越来越多,会使人泄气,担心'左'派队伍守不住阵地,有人就到毛泽东那里去告状,要求毛泽东出来讲话。与此同时,从中央到地方都不断传来对'三面红旗'的尖锐批评;在国外,赫鲁晓夫和东欧国家的一些领导人,也连续发表批评中国'大跃进'和人民公社的讲话和文章。这一切都使毛泽东感到形势严重,必须进行反击。"[1]

三、"历史旧账"是庐山会议转向的重要因素

人们在谈及这段历史时往往提出这样的假设:如果在庐山会议上向毛泽东写信的是另一个人,信中的内容与彭德怀的信相同,后果怎样?会不会产生庐山会议后期那样大的风波?笔者以为,如果这样的话,首先要看写信的人在党内的影响怎样,如果不是彭德怀这样个性鲜明并且影响大、地位高的人写信,可能不会引起这样大的风波,信的内容也不会引起毛泽东如此强烈的反感;如果是与彭德怀地位、影响相当但与毛泽东没有"历史

---

[1] 苏维民:《杨尚昆谈庐山会议》,《百年潮》2008年第1期。

旧账"的人写这样的信，也会引起毛泽东的不快但态度可能会有所不同。当然，这样的假设是无法将历史现象解释清楚的。因为写信反映情况的恰恰就是彭德怀，而在过去战争年代，毛泽东与彭德怀之间确实曾经在某些问题上产生过分歧，也发生过一些误解，如下这些所谓的"历史旧账"，不能不在一定程度上影响了庐山会议的转向。

一是1932年的江口会议。1932年1月上旬，中共苏区中央局在瑞金召开会议，研究讨论攻打江西中心城市问题。会前，中共临时中央指示中共苏区中央局，攻打城市的决心不能动摇，如南昌一时不能夺取，至少要在抚州、吉安、赣州中选取一个攻占。在讨论过程中，不少人认为抚州及其周围有敌军10个师，吉安及其周围有敌军5个师，只有赣州的守军较少，且同周围其他军队的联系不密切。于是，会议就转到讨论如何打赣州的问题。毛泽东不同意打赣州，但与会人员中，赞成打赣州的占了多数。毛泽东乃又建议能否听一听前线指挥员的意见。项英说，在第一次苏维埃代表大会时，已问过彭德怀能不能将赣州打下来，彭告诉他，赣州守军马崑旅估计有6000人，地方靖卫团2000人，共8000人，如有时间，蒋介石又不来增援，是可以打下的。[1]于是，会议没有采纳毛泽东的意见，作出了打赣州的决定。1月10日，中央革命军事委员会发布攻打赣州的训令，并由彭德怀任前敌总指挥，负责攻城。

2月6日，攻打赣州的战役正式开始。由于赣州三面环水，城池坚固，守军依城垣固守待援，担任主攻的红三军团先后四次

---

[1]《彭德怀自述》，人民出版社1981年版，第173页。

爆城进攻,均未能奏效。攻城期间,敌人援军偷渡赣江进入城内,却未引起中革军委的高度重视,注意力仍放在全力攻城上。3月7日,赣州守敌和城外援军突然内外夹击攻城部队,红三军团处于腹背受敌的境地。在这种情况下,毛泽东建议起用刚刚由原国民党第二十六路军起义部队编成的红五军团,掩护攻城部队撤出。历时一个月的赣州之役就此结束。

1932年3月中旬,中共苏区中央局在赣县的江口圩召开扩大会议(史称"江口会议"),讨论攻打赣州的经验教训和红军今后的行动方针。会上,毛泽东指出攻打赣州是错误的,主张红军主力向敌人力量比较薄弱、党和群众基础较好、地势有利的赣东北发展。在赣江以东、闽浙沿海以西、长江以南、五岭山脉以北广大地区发展革命战争,建立根据地。[1]但有人认为,红军攻打赣州是依据中央和中央局的决议,在政治上是正确的;胜败乃兵家常事,现在虽从赣州撤围,并不是不再打赣州了;红军还是要执行中央的"进攻路线",要夺取中心城市的。会议没有接受毛泽东的意见,而是决定红军主力"夹赣江而下",向北发展,相机夺取赣江流域的中心城市或较大城市;以红一、红五军团组成中路军,以红三军团、红十六军等组成西路军,分别作战。[2]在江口会议上,"彭德怀同意、支持了中央局多数人的意见,为此曾与毛泽东争论得面红耳赤,甚至拍了桌子"[3]。

---

[1] 中共中央文献研究室编:《毛泽东年谱(1893—1949)》上卷,人民出版社、中央文献出版社1993年版,第368页。

[2] 中共中央文献研究室编:《毛泽东传(1893—1949)》,中央文献出版社1996年版,第282页。

[3] 彭德怀传记组:《彭德怀全传》(一),中国大百科全书出版社2009年版,第232页。

二是1935年的会理会议。遵义会议后,毛泽东为了摆脱国民党军队的围追堵截,指挥红军四渡赤水,随后在贵州、云南、四川采取兜大圈子、机动作战的方针,一时部队极为疲劳,减员很多。林彪当时对毛泽东这种战术有意见,认为这是"走弓背路",说:"这样会把部队拖垮的,像他这样领导指挥还行?!"[1]林彪还给中革军委写信,建议毛泽东、朱德、周恩来随军主持大计,由彭德怀任前敌指挥,迅速北进与红四方面军会合。5月11日,也就是在会理会议的前一天,林彪又打电话给彭德怀,认为此地不能久留,提出要由彭德怀指挥全军迅速北进。彭德怀当时回答说:"我怎能指挥北进,这是中央的事。"不料此事为毛泽东知道后,误以为林彪给中央写信是彭德怀鼓动所致,对彭产生了不满。

第二天,中共中央政治局在会理城外的铁厂召开扩大会议。会议由张闻天主持,毛泽东在发言中说,从3月下旬我们又往返两次渡赤水,调动了敌人,弄得他们疲于奔命,让老蒋在贵阳惊慌失措,感到岌岌可危。我们南下威逼贵阳,又狠将了他一军,为给自己保驾,他又急调滇军出援。滇军一出来,我们这盘棋就活了,争取了主动,有了现在这样的局面。说到这里,毛泽东大声说,可是却有人对于新的作战方针、多跑些路有意见,发牢骚,还给中央写信,要求改换领导,这是右倾机会主义行为。会前彭德怀正在指挥攻打会理城,是突然接到通知来参加会议的,连早饭也没有来得及吃,没想到毛泽东提出这个问题,于是在发言中说:"我军采取穿插战术,从贵阳城之西北绕至城东,然后又从南向西进,摆脱了敌人四面包围形势,顺利地渡过金沙江,把所有

---

[1]《聂荣臻回忆录》上,战士出版社1983年版,第252页。

敌军抛在后面,这是很大的胜利。"彭德怀的话还没有讲完,毛泽东厉声说:"彭德怀同志,你对失去中央苏区不满,是在困难面前动摇,是右倾。林彪给中央写信,是你鼓动起来的……"毛泽东的话音刚落,会上一直低头不语的林彪抬起头来说:"我给中央写信,没有什么想法,主要因为老跑路,心里烦得慌……"毛泽东打断林彪的话说:"你是个娃娃,懂得什么!"[1]

对于林彪给中革军委写信一事,彭德怀事先并不知情,"觉得毛泽东对他的批评与实际情况不符,但考虑到大敌当前应以团结为重,不宜计较个人得失,特别维护中央领导威信尤为重要"。他在第二次发言中批评林彪:"遵义会议才刚刚换了领导,你给中央写信提出改变前敌指挥,当然是错误的,特别提出我,则更不适当,我也不能胜任。"并且表示,"我们应当坚决拥护新领导,在新领导指挥下继续北上,争取早日与四方面军靠近"。最后,彭德怀声明:"林彪给中央写信,事先我不知道,更不是我鼓动他写的。"[2]对于这件事,在庐山会议批判彭德怀时,林彪自己作了澄清,说那封信与彭无关,他写信时彭不知道。尽管如此,此事对毛泽东与彭德怀的关系所产生的负面影响已无可挽回。彭在其自述中说:"在这二十四年中,主席大概讲过四次,我没有去向主席声明此事,也没有同其他同志谈过此事。从现在的经验教训来看,还是应当谈清楚的为好,以免积累算旧账。"[3]

---

[1] 彭德怀传记组:《彭德怀全传》(一),中国大百科全书出版社2009年版,第300—301页。
[2] 彭德怀传记组:《彭德怀全传》(一),中国大百科全书出版社2009年版,第300—302页。
[3] 《彭德怀自述》,人民出版社1981年版,第200页。

三是1937年的十二月会议。1937年11月底，王明从莫斯科回国。12月9日至14日，中共中央政治局召开会议，听取王明对共产国际指示的传达，讨论抗战形势和国共关系诸问题。毛泽东自第二次国共合作实现之后，不厌其烦地一再强调，要警惕右倾投降危险，要保持在统一战线中的独立性。王明在十二月会议的发言中虽然也讲到了保持红军独立性、保障党的领导问题，但其重心却是强调"一切为了抗日，一切经过抗日民族统一战线，一切服从抗日"，要求全党充分认识抗战爆发后国民党的进步，对国民党不能用过去的眼光看待，要尽量地帮助其进步。王明也认为，共产党不能投降国民党，两党谁也不能投降谁，但现在中共的力量还与国民党不对等，要坚持抗战和取得抗战的最终胜利，主要靠国民党的力量，"没有力量，空喊无产阶级领导是不行的"，空喊领导只有吓走国民党。由于王明长期在共产国际工作，并且是其领导成员之一，又有机会亲见斯大林和共产国际总书记季米特洛夫，加之抗日民族统一战线还刚刚建立，蒋介石在全民族抗战之初也曾作出某些进步的表示，于是会议"讨论中许多同志在一时难以分辨是非的情况下，不同程度地同意和拥护了王明的主张"[1]，而彭德怀也是这"许多同志"中的一个。他在自述中曾这样说："当时，我没有真正认识到毛泽东同志路线的正确性，而是受了王明路线的影响，在这些原则问题上模糊不清。""在会上并没有支持毛泽东同志的正确路线，也没有拥护或反对王明的错误路线，是采取了一种模棱两可的态度。"[2]

---

[1] 张培森主编：《张闻天年谱》上卷，中共党史出版社2000年版，第529页。
[2] 《彭德怀自述》，人民出版社1981年版，第224—226页。

战争年代毛泽东和彭德怀之间虽然产生过某些分歧甚至误解，但双方都以革命事业为重，在相当长的时间内并没有影响到他们之间的关系，而且毛泽东还对彭德怀委以重任。但在庐山会议后期，一些人在批判彭德怀等人的过程中，却把这些问题变成了历史旧账，他们将历史上彭德怀与毛泽东之间曾发生的某些分歧，算成了彭德怀一贯反对毛泽东的证据，从而也影响了庐山会议后期对彭德怀等人的定性。

全民族抗战爆发后，朱德和彭德怀率八路军总部前往山西，此后彭德怀一直坚持在华北抗日第一线，直到 1943 年 10 月因准备参加中共七大才回到延安。1945 年初，薄一波提议召开一次华北工作座谈会，以总结华北工作的经验教训。这个建议得到了中共中央的采纳。2 月 1 日，华北工作座谈会正式召开，参加会议的人员为华北各解放区来延安的高级干部。在华北工作座谈会的前期，"会上的讨论是热烈的、健康的"，但"开了一段时间后，突然有个大'转变'。约有十几位在中央和其他地区工作的同志，如李富春、陈毅等同志，来参加会议。康生也来了。康生气势汹汹地对彭德怀同志说：你在抗战开始时执行的是王明路线。你不懂根据地建设的规律，不发动群众。你组织的百团大战，过早地暴露了我军力量，把日军力量大部吸引过来，帮了国民党蒋介石的忙。他还闪烁其词地影射某根据地某某人就是追随彭德怀的。在批判中，首先集中火力攻百团大战，几乎全场一致"，"从此把座谈会变成了批判会，把意见完全集中到彭德怀同志身上。讨论、批评的内容，也突破了华北的工作，变成对彭德怀同志历史问题的'清算'"。[1]

当时,对彭德怀的批判主要集中在三个方面:一是工作指导上的问题。如:抗战之初毛泽东提出应以独立自主的山地游击战为战略方针,彭德怀则认为应进行独立自主的运动游击战;1940年打百团大战"暴露了自己的力量","引起了敌人的重视";1943年发表关于民主教育问题的谈话使用了"自由、平等、博爱"的口号。二是民主作风不够,坚持己见,批评人过于严厉、尖锐、讽刺,个人英雄主义。三是对毛泽东的态度问题。如:在1937年的十二月会议上没有支持毛泽东;在根据地讲话、作报告引用毛泽东的话少;等等。当时,有的批评不但上纲上线,而且还带有人身攻击,如:彭德怀原来的名字叫彭得华,被指责为志在"得中华";1928年领导平江起义后上井冈山不是觉悟高而是"入股革命";在华北工作期间"闹独立性",有些问题本来应该中央说却自己说,而且还说得有错误;对那些生活上不能艰苦朴素现象进行批评"太过分",在这个问题上"有些虚伪";等等。

华北座谈会并没有作出结论,会议所涉及的问题后来不了了之,但这次会议却与庐山会议的转向存在某种历史关联。对于那些并非实事求是的批评,彭德怀没有违心地作检讨,但这并不等于说他对这次会议所遭受的不公正批评已完全释然。在庐山会议的小组发言中,他曾提及华北座谈会的问题,并"说了几句不该说的话"[2],如他说:"华北会议骂了我40天的娘,难道庐山会议

---

[1] 薄一波:《七十年奋斗与思考》上卷,中共党史出版社1996年版,第367页。
[2] 薄一波:《七十年奋斗与思考》上卷,中共党史出版社1996年版,第372页。

骂你20天的娘还不行？"[1]这样的话传出之后，难免引起毛泽东的不快。

在庐山会议认定的以彭德怀为首的所谓"右倾机会主义反党集团"中，张闻天名列第二。张之所以被牵涉进去，除了7月21日作了明确支持彭德怀观点的发言外，"历史旧账"也有一定的影响。

张闻天是中共六届四中全会后原中共临时中央的重要干部。1931年9月成立中共临时中央政治局时，以博古为总负责人，张闻天等为临时中央政治局常委。1933年1月张闻天进入中央苏区，随即参加了博古组织的所谓反"罗明路线"的斗争，随后分管政府工作。"由于较多地接触与了解实际情况，张闻天在理论与实践的冲突中逐渐觉察了错误"，并提出了一些比较正确的理论观点和方针政策。[2]特别是1934年1月下旬召开的第二次全国苏维埃代表大会（简称二苏大）上，博古采取"一箭双雕"之策，让张闻天取代毛泽东担任中华苏维埃共和国人民委员会主席（相当于政府总理）一职，一方面将张闻天从中共临时中央政治局排挤出去，另一方面又在政府中架空了毛泽东（时任中华苏维埃共和国中央执行委员会主席，相当于国家主席）。但也正因为如此，使毛泽东和张闻天有了更多的接触，也有了更多的共同语言，他们共同合作在遵义会议上改变了中共中央的领导格局。

在遵义会议至中共六届六中全会前的这段时间里，毛、洛

---

[1] 薄一波：《若干重大决策与事件的回顾》下卷，中共中央党校出版社1993年版，第880页。
[2] 程中原：《张闻天传》，当代中国出版社1993年版，第158页。

之间的合作是成功的，这体现在他们取得了与张国焘分裂主义斗争的胜利，实现了从国共对抗到国共合作的转变，共同抵制了抗战初期王明在统一战线上的右倾主张。但是，他们之间在个人性格、工作方式、教育背景等方面又有明显的差异。据曾长期在毛泽东身边工作的胡乔木回忆，即便是"毛洛体制"刚刚形成的长征时期，他们之间就有了一些矛盾。张闻天曾下令，所有人都要几点钟起床，到时候吹号。毛泽东习惯于在夜里工作，早上起不了床，就发脾气说："哪里来的新兵？朱总司令也没有禁止过我！"还有一次，毛泽东在会上交给张一份文件。张闻天说，这事会上不谈。毛泽东将文件扔到地上，认为开会不能讨论问题。而且毛泽东"讲话海阔天空，一讲可以讲很多，讲了很多道理。张闻天则喜欢刻板的工作方式，开会要有准备，有议程，按事先计划进行。列宁下过命令，开会发言不能超过五分钟，一位工程师发言长了，被他制止。张闻天也学了这种办法"。毛泽东非常不习惯这种开会方法，经常在会上转移话题。[1]

杨尚昆也认为，毛泽东与张闻天之间的分歧，"恐怕是从长征后期就开始了"。前文已经提及，遵义会议之后，毛泽东根据国民党军的部署与调动情况，指挥中央红军四渡赤水。著名的《长征组歌》中便有这样两句歌词："毛主席用兵真如神，四渡赤水出奇兵。"可是，当时的红军指战员怎能想到这是"出奇兵"呢？因为部队围绕赤水河来回兜圈子，整天走路，不但十分疲劳，而且减员严重。"在这种打圈圈情况下，很多人就跟洛甫反映说，这样不打仗又死那么多人，是不行的。对这种打法洛甫也

---

[1] 萧扬：《胡乔木谈毛泽东与张闻天》，《炎黄春秋》2011年第8期。

不了解。彭德怀也不了解，因此也跟他讲，其实毛对彭不了解是最不高兴的。这里还有王稼祥军事方面对毛有意见，他又不跟毛直接讲，就跟洛甫讲，洛甫就跟毛讲，毛就发脾气。"在随后的会理会议过程中，有人说张闻天到过彭德怀所在的红三军团司令部，同彭作过交谈。其实张并没有到过红三军团，当然也不存在张与彭联合起来反对毛泽东的问题。杨尚昆认为："这根本是个冤枉，毛主席却一直深信不疑。我以为毛同张的疙瘩那个时候就结下了。"[1]

今天看来，毛泽东发动延安整风的根本目的，当然是要从根本上解决党内长期存在的教条主义问题，从而真正做到将马克思主义与中国的具体实际结合起来。而在党内高级干部中，在毛泽东看来，身上教条主义特征比较明显的，无疑是1931年1月中共六届四中全会之后进入中央领导层，且有留苏经历的王明、博古、张闻天等人。王明虽然是党内集教条主义之大成者，但由于1931年11月他就到了莫斯科工作，没有像博古、张闻天等人那样与毛泽东发生过直接的冲突，所以毛泽东在酝酿延安整风之初，应当说一开始并没有将王明作为教条主义的主要对象。博古虽然自王明离开上海后被指定为中共临时中央总负责人，成为中共中央事实上的总书记，但自遵义会议之后，他在党内已不负重要责任。全民族抗战爆发后，博古任中共中央长江局委员兼组织部部长、中共中央南方局常委兼组织部部长，1941年1月任中共中央党报委员会主任兼解放日报社和新华通讯社社长。毛泽东所批评并下决心要解决的教条主义，当时固然是党内比较普遍的现

---

[1] 张培森：《杨尚昆1986年谈张闻天与毛泽东》，《炎黄春秋》2009年第3期。

象，但其矛头所指无疑也涉及具体的个人，张闻天恐怕就是当时毛泽东心目中教条主义的主要代表人物。

1941年5月19日，毛泽东在延安高级干部会议上作《改造我们的学习》的演讲，用胡乔木的话说，"用语之辛辣，讽刺之深刻，情绪之激动，都是许多同志在此以前从未感受过的"[1]。杨尚昆则说："毛主席说了很多挖苦的话，什么'言必称希腊'，中国的实际一点不懂，没有调查研究，等等。实际上是指的洛甫，我们都听得出来。"[2] 1941年9月中共中央政治局会议之后，张闻天带领一个调查组到晋西北的兴县、陕北的米脂等地进行农村调查，实际上离开了中央领导岗位。抗战胜利后张闻天到东北做地方工作，先后担任中共合江省委书记、中共中央东北局常委兼组织部部长等职。1950年以后，先后担任驻苏大使和外交部常务副部长。由于张闻天的这种经历，他在7月21日关于党内民主作风的那番话，"有婉曲的弦外之音，有坦诚的直言讽谏"[3]，而毛泽东又何尝听不出他发言的矛头所指？

由于彭德怀信中对"大跃进"和人民公社的批评，超越了毛泽东所允许的"一个指头"的底线，于是，毛泽东形成了一种印象——彭德怀在许多关键时刻不能与自己保持一致，并且得出他与彭的关系是"三分合作七分不合作"的结论。结果，庐山会议后期对彭德怀的批判，主要集中在清算他与毛泽东"不合作"的历史旧账上。这种算账导致的结果是，彭德怀等人被错误地打成

---

[1] 胡乔木：《胡乔木回忆毛泽东》，人民出版社1994年版，第192页。
[2] 张培森：《杨尚昆1986年谈张闻天与毛泽东》，《炎黄春秋》2009年第3期。
[3] 程中原：《张闻天传》，当代中国出版社1993年版，第672页。

"右倾机会主义分子",并且决定在全党范围内开展大规模的"反右倾"斗争。

对于这个问题,胡绳主编的《中国共产党的七十年》中有一段中肯的分析:"毛泽东认为,从郑州会议以来,中央一直在领导全党努力纠正'左'倾错误,而彭(德怀)、张(闻天)并未参与这种努力。在毛泽东看来,大跃进和人民公社的方向是正确的。他始终没有放弃对大跃进和人民公社的若干空想的执着追求。他认为一九五八年成绩是主要的,缺点错误属于工作中的问题,只是十个指头中的一个指头。而且他认为到上海会议作出关于人民公社十八个问题的决定,人民公社'共产风'的问题已经大体解决;到一九五九年五月提出钢指标降为一千三百万吨,已经'完全反映了客观实际的可能性'。庐山只需要在这个基础上统一认识,通过一个调整指标的决定,大家照此去工作,形势就会好转。而彭德怀等却要求进一步深入纠'左',要求从指导思想上清理'左'倾错误的根源。因此,毛泽东认为,彭德怀等不是跟他一道去纠正工作中的缺点错误,实际上是对大跃进和人民公社表示怀疑和反对,是向他和党中央的领导'下战书',因而是右倾的表现。由于对彭、张过去积有不满,更加重了毛泽东看到他们的信和发言记录后产生的怀疑和猜疑。"[1]

对于庐山会议及随后开展的"反右倾"斗争的后果,中共中央党史研究室编著的《中国共产党历史》(第二卷)将其归纳为三个方面:政治上使阶级斗争扩大化的错误在理论和实践上进一

---

[1] 胡绳主编,中共中央党史研究室著:《中国共产党的七十年》,中共党史出版社1991年版,第377页。

步上升,并延伸到党内,伤害了许多同志;经济上打断了第一次郑州会议以来纠"左"的进程,使"大跃进"和人民公社化运动中许多已经暴露出来、有待纠正的"左"倾错误重新发展起来;在组织上严重破坏了党内民主生活,使个人崇拜和个人专断的不良倾向在党内进一步发展。[1]庐山会议最直接的后果,就是在"反右倾"的口号之下启动新一轮的"大跃进",使"共产风""浮夸风"等"左"倾错误再度泛滥,使生产力再度遭受极大破坏,致使国民经济已经出现的困难非但未能克服反而日趋严重。

---

[1] 中共中央党史研究室:《中国共产党历史》第二卷(1949—1978),中共党史出版社 2011 年版,第 554 页。

"大跃进"造成的困局与应对

由于对建设社会主义经验不足和急于求成，1958年轻率地发动了"大跃进"运动，结果欲速则不达，造成国民经济比例严重失调。1959年上半年，曾对"大跃进"运动中的"左"倾错误有所纠正，但1959年7、8月间召开的庐山会议中断了纠"左"的进程，并且启动新一轮的"大跃进"，使国民经济遇到极其严重的困难。为了摆脱困境，1960年底，中共中央决定对国民经济实行"调整、巩固、充实、提高"的八字方针，随后制定了"农业六十条"，关、停、并、转了一大批企业，精减了大量的城镇人口。到1962年，国民经济调整初见成效，共和国从严重的经济困难中走了出来。

一、"大跃进"运动的简要经过

1956年社会主义改造基本完成后，意味着先进的社会主义制度在中国基本确立。然而，中国原本是一个经济文化十分落后的国家，经过新中国成立以来全国人民的共同奋斗，经济建设和各项事业取得了巨大成就，但经济落后的面貌还没有根本性的改变，生产力水平还很低下，这使人们产生了强烈的赶超意识。1956年8月30日，毛泽东在中共八大预备会上的讲话中风趣地说:"你有那么多人,你有那么一块大地方,资源那么丰富,又听说搞了社会主义,据说是有优越性,结果你搞了五六十年还不能超过美国,你像个什么样子呢?那就要从地球上开除你的球籍!"[1]因此,要使社会主义应有的优越性充分发挥出来,就必须快速发展社会主义的生产力,在经济建设上取得比资本主义更快的发展速度。

虽然新中国成立之后各项建设事业取得了巨大的成绩,与旧中国一穷二白的情况相比取得了巨大的进步,但与发达资本主义国家相比,甚至与苏联东欧一些社会主义国家相比,生产力水平与人民生活水平仍有很大的差距。毫无疑问,社会主义应当比资本主义的生产力水平更高,更具有现代化,但生产力水平的提高需要一个过程。随着社会主义制度的建立,我国出现了先进的社会制度与落后的社会生产力之间的强烈反差,当时人们还没有意识到社会主义建设的长期性与艰巨性,也没有意识到我国建立的社会主义还仅仅处在初级阶段。很显然,要使社会制度与生产力水平相适应,就应当快速发展生产力,因此,按部就班搞建设不行,四平八稳地发展太慢,必须打破常规,实现生产力的高速发展。

当年,我国建立的是高度集中的计划经济体制。这种体制有利于调集国家资源,集中力量办大事,也有利于优先发展重工业,特别是与国家安全密切相关的军事工业。但与这种体制相关联的便是物资供应的短缺。由于实行严格的计划经济管理,生产单位所需要的物资供应由上级调拨,这样需求总会大于供应;计

---

[1]《毛泽东文集》第七卷,人民出版社1999年版,第89页。

划经济从理论上讲可以避免生产的无序与浪费，但任何周密的计划也不可能包罗万象，必然会导致某些产品的短缺。同时，在计划经济条件下，企业并不是真正独立的生产经营单位，无须自负盈亏，致使企业的预算约束软化，这必然造成企业扩张冲动和投资饥渴，盲目追求高速度和扩大企业规模，在这种情况下，容易产生急躁冒进情绪与生产计划上的高指标。可以说，这是"大跃进"运动产生的体制原因。

1957年9月，扩大的中共八届三中全会在北京召开。这次会议对后来发动"大跃进"产生了重要影响。会议听取和讨论了邓小平关于整风运动的报告、陈云关于改进国家行政管理体制问题和关于农业增产问题的报告、周恩来关于劳动工资和劳保福利问题的报告，并基本通过了《一九五六年到一九六七年全国农业发展纲要（修正草案）》（即《农业发展纲要四十条》）以及其他几个有关的规定（草案）。

会议最后一天，毛泽东发表题为《做革命的促进派》的讲话。这个讲话除了对前一阶段的反右派运动进行总结外，第一次对1956年的反冒进作了措辞较为严厉的批评，认为反冒进扫掉了多、快、好、省的口号，扫掉了"农业发展纲要四十条"，扫掉了促进委员会，对这几项东西要恢复。讲话还提出了一些对后来的"大跃进"产生了重要影响的社会发展目标，如：中国要变成世界第一个高产的国家，争取用半个世纪搞到亩产两千斤；用三个五年计划或者更多一点的时间，钢产量达到两千万吨；要使中国变成四无国——一无老鼠，二无麻雀，三无苍蝇，四无蚊子；等等。

10月26日，中共中央发出《关于组织全民讨论〈一九五六年到一九六七年全国农业发展纲要（修正草案）〉的通知》，要求就"农业发展纲要四十条""在全民中展开一次讨论，即在农村、工厂、机关、学校、部队和街道居民中展开一次大辩论，目的在认清方向，坚定信心，人人努力，改造中国"[1]。在这种气氛下，全国农村迅速兴起大规模的农田水利建设和积肥运动，一些地方开始提出某些不切实际的高指标。通过发动群众实现经济社会超常规发展的"大跃进"运动，其序幕在农村率先拉开。

1957年11月，毛泽东到莫斯科参加十月革命胜利40周年庆典及各国共产党和工人党代表会议。在莫斯科期间，苏联领导人赫鲁晓夫曾告诉毛泽东，在以后的15年中，苏联在主要工业产品总产量和人均产量方面，将赶上并超过美国。受此影响，在各国共产党、工人党莫斯科会议上，毛泽东表示：苏联15年后可以超过美国，中国将用15年在主要产品方面赶上或超过英国。

自从"十五年赶超英国"的目标提出来后，毛泽东认为，目前党内的右倾保守思想还没有克服，仍存在与"多快好省"相对立的"少慢差费"问题，而这个问题之所以出现，又是受了此前反冒进的影响。于是，他力图通过批评反冒进，使主张反冒进的人转变思想，统一党内对建设规模和速度问题的认识。1958年1月、3月和4月，中共中央在南宁、成都和武汉相继召开会议，毛泽东讲话的主要内容都是批评反冒进，并且措辞一次比一次严厉。与此同时，各种报刊也纷纷发表文章，指责反冒进"给当时正在蓬勃发展的群众高潮泼了一瓢冷水"，强调社会主义建设的

---

[1] 中央档案馆、中共中央文献研究室编：《中共中央文件选集（1949年10月—1966年5月）》第26册，人民出版社2013年版，第314页。

新高潮又已经来到,"应当接受以往的经验教训,采取正确的态度和正确的方法"[1]。在对反冒进的一片指责声中,许多地方提出要用5年、6年、7年的时间去完成原定12年的《农业发展纲要四十条》提出的指标,地方工业在今后五年内要实现几倍的增长,各行各业都提出自己的"跃进"计划,以高指标为重要特征的"大跃进"在全国城乡被发动起来。

1958年5月,中共八大二次会议召开。这次会议正式通过了"鼓足干劲,力争上游,多快好省地建设社会主义"的总路线。这条总路线反映了人们希望迅速改变中国经济文化落后面貌的强烈愿望,但忽视了客观经济规律,在实际工作中,"快"就成了总路线的核心,由于一味求快,总路线变成高速度的代名词。随着这次大会的召开,"大跃进"浪潮席卷全国。

毫无疑问,每个爱国的中国人都希望自己的国家早点强大起来。在"大跃进"过程中,全国人民以迅速改变中国贫穷落后面貌的信心和决心,发挥出了前所未有的干劲。当时,人们将钢铁产量作为衡量一个国家工业化程度甚至发展水平的主要依据,"大跃进"的重要目标是"超英赶美",也就是要在较短的时期内主要工业产品特别是钢铁的产量赶上和超过英美等发达资本主义国家。一开始提出"十五年赶上英国",随着"大跃进"发动并进入高潮,赶超英国的时间一再被缩短,这年6月提出要在两年内实现赶超英国的目标,于是提出"以钢为纲"的口号。1958年8月,中共中央政治局在北戴河召开扩大会议,正式决定1958年钢产量要达到1100万吨,对外宣布是比1957年的535万吨翻一

---

[1]《打破旧的平衡,建立新的平衡》,《人民日报》1958年2月28日。

番,即实现 1070 万吨。可是,在北戴河会议召开时,全国只生产了 450 万吨钢,尚有 600 多万吨的任务没有完成。显然,这是正规的钢铁企业按常规进行生产所无法实现的,因此,北戴河会议明确提出要来一个大炼钢铁的群众运动。1958 年 10 月,全国参加"小土群"(即小型、土法冶炼、群众运动)炼钢铁的劳动力达到 6000 万人,12 月更增加到 9000 多万人。

1958 年 12 月 21 日,新华社正式宣布:"据冶金工业部 12 月 19 日为止的统计,今年全国已经生产钢 1073 万吨,比 1957 年的钢产量 535 万吨增加了一倍挂零。"[1] 1070 万吨钢的任务虽然勉强完成,但付出了巨大的代价。为了全力保钢,当时提出的口号是"停车让路,首先为钢",时称"钢铁元帅升帐",要求各部门、各地方必须将钢铁生产放在首位,打乱了正常的生产、工作秩序。同时,其他部门也因为给"钢铁元帅""停车让路",致使工农业比例、工业与交通运输业的比例、工业内部各部门间的比例严重失调。在"大炼钢铁"的群众运动中,不但造成了巨大的浪费,也对生态环境造成了很大的破坏。特别是农村大量青壮年劳动力被抽调去从事钢铁生产,农业生产的劳动力严重不足,不但许多本已成熟的庄稼未能及时收回,造成丰产不丰收,而且许多地方冬小麦未能及时下种,成为 1959 年粮食产量大幅度下降的重要原因。

在农业生产上,"大跃进"最初表现为开展大规模的农田水利建设、深翻土地、农具改革、合理密植等,虽然取得了一定

---

[1]《一年之间钢产加番,在世界钢铁史上写下辉煌的一章》,《人民日报》1958 年 12 月 22 日。

的成效，但也出现了严重的形式主义和瞎指挥与强迫命令，深翻土地以为翻得越深越好，合理密植变成种子越下越多。随后则表现为大放各种高产"卫星"，出现了亩产数千斤的小麦，亩产几万斤甚至十几万斤的水稻，浮夸风盛行。由于高指标和浮夸风的影响，一些人想当然地认为我国的生产力已经有了惊人的发展，要求有更高形式的生产关系与之适应。北戴河会议通过了《中共中央关于在农村建立人民公社问题的决议》，决定在农村大办人民公社，并且明确提出要利用人民公社的形式，探索出一条过渡到共产主义的有效途径。于是，在未做认真试验、未做广泛调查研究的情况下，全国农村一哄而起，将农业生产合作社合并成"一大二公"的人民公社，并在分配上实行所谓供给制加工资制的分配方式，在生活上建立公共食堂。北戴河会议后仅一个月的时间，全国农村就基本实现了人民公社化，导致"一平（平均主义）二调（无偿调拨）"的"共产风"盛行，严重挫伤了农民的积极性。

北戴河会议后，对于"大跃进"和人民公社化运动中出现的"共产风"、浮夸风等问题，毛泽东已经有所觉察。从1958年11月上旬开始，他先后主持第一次郑州会议、武昌会议、中共八届六中全会上海会议、中共八届七中全会、第二次郑州会议。这些会议有的是中央全会，有的是中央政治局扩大会议。会议的内容是强调要遵循价值规律，不要提那些根本实现不了的高指标，不要急于向共产主义过渡，要着力纠正"共产风"等问题。

为了进一步总结经验教训，1959年7月，中共中央政治局在庐山召开扩大会议。会议过程中，政治局委员彭德怀为会议未能彻底解决前一阶段中存在的问题而忧虑，于是就给毛泽东写了一封信,在肯定1958年成绩的基础上,指出了"大跃进"以来工作中的严重问题及其原因。彭德怀的出发点是好的,内容实事求是,做法也符合组织原则。但这封信却引起了毛泽东的不满,进而决定召开中共八届八中全会,批判"右倾思想",错误地将彭德怀、黄克诚(中央书记处书记、解放军总参谋长)、张闻天(中央政治局候补委员、外交部第一副部长)、周小舟(中共湖南省委第一书记)打成"反党集团",并决定在全党范围内开展"反右倾"斗争。庐山会议在政治上使党从中央到基层的民主集中制遭到严重损害,经济上打断了纠正"左"倾错误的进程,使错误延续了更长的时间。

庐山会议的主题原本是纠"左",但后来发生了"反右倾"的逆转。如果彭德怀不写那封信,庐山会议是否能完成纠"左","大跃进"的错误能否纠正?历史的发展有其必然性也有其偶然性,但偶然性是必然性的反映。如果没有彭德怀那封信,庐山会议或许不会发生如此强烈的逆转。但应该看到的是,庐山会议之前及这次会议前期的纠"左"是有限度的,只是纠正一些具体工作中"左"的做法,而且纠"左"的目的是为了更好地"跃进",并没有完成指导思想上的纠"左",更不可能意识到"大跃进"与计划经济体制之间的必然联系。即使彭德怀没有写那封信,经济上的"大跃进"也不会停止。正因为"左"的指导思想没有从根本上得到改变,因此,当纠"左"纠到一定程度,即超越毛泽东可能允许的范围时,就会提出反右的问题,从这个角度来看,庐山会议出现这样的结局又具有其必然性。

庐山会议之后,又开始新一轮的"大跃进"。如果说,1958年的"大跃进"是为了"超英赶美",那么,庐山会议后进行的新一轮"大跃进"则是为了回击所谓"右倾机会主义者"的进攻,以此证明"大跃进"和人民公社的正确性。结果,不但使庐山会议前的纠"左"努力付诸东流,而且使以高指标、瞎指挥、浮夸风和"共产风"为主要标志的"左"倾错误再度泛滥起来。由于"大跃进"和人民公社化运动中的"左"倾错误,加之遭受比较严重的自然灾害,从1959年起,我国粮食产量连年下降,国民经济比例严重失调,人民生活水平也大幅度降低。

二、国民经济面临的严重困难

1958年至1960年的两度"大跃进",其主观愿望无疑是想迅速改变我国贫穷落后的面貌,以比较快的经济发展速度赶上并超过主要的发达资本主义国家,在两种社会制度的对比中显示出社会主义的优势,把我国建成一个强大的社会主义国家,并尽早实现人类美好的共产主义理想。但是,它在强调人的主观能动性的同时,忽视和违背了客观规律,采取群众运动的方式向自然界开战,在明知不可能的情况下,不能实事求是地面对现实,硬着头皮去完成毫无意义的高指标。结果,欲速则不达,给我国经济社会发展带来了严重的后果。

1960年的"大跃进"实际上带有很大的赌气性质,由于"右倾机会主义分子""非难人民公社,非难大办钢铁,非难大跃进,企图动摇总路线,散布悲观情绪"[1],因此,有必要用事实证明

---

[1] 中共中央文献研究室编:《建国以来重要文献选编》第12册,中央文献出版社1996年版,第497页。

总路线是正确的,"大跃进"是可以实现的,人民公社是有无限优越性的。于是,人们不顾国民经济已经遇到严重困难的客观事实,再次提出超越生产能力的高指标,发动新一轮的"大跃进"。如果说1958年的"大跃进",是人民群众带着迅速建设一个强大的新中国的美好愿望而自觉自愿地投入到运动中的话,那么1960年的"大跃进",则在很大程度上是在"反右倾"的政治压力之下而展开的。以高指标为特征的"大跃进",实际上是以钢为中心的重工业的片面冒进。某一工业部门在一定时期一定条件下,有一个比较高的发展速度也是可能的。但这种高速度,一则不可能持久,二则是要以牺牲其他部门经济的发展为代价,而后者又直接影响到前者,其结果只会是由单兵冒进变成全军受挫,全面受困。

要实现高指标,在当时生产力水平和科学技术条件下,就只能是一方面新建和扩建企业,另一方面直接加大现有企业的生产任务。这两方面都必须大规模增加劳动力。1958年和1960年两度"大跃进"的后果之一,就是职工人数和城镇人口猛增,三年时间全国职工人数翻了一番。职工人数增加,工资水平也相对增加,国家支出也迅速增加,但财政收入却没有相应增加,导致出现严重的财政赤字,为此只能靠多发票子来弥补。到1961年,全国市场货币量比1957年增加了1倍,但同期的工农业总产值却只增加了14.7%,市场货币流通大大超过了商品流通的正常需要。社会购买力同商品可供应量的差额,1960年高达74.8亿元。虽然当时职工的工资水平很低,但由于职工人数增多,工资总额还是大幅度上涨,市场上过多的货币没有相应的物资供应来实现回笼,导致物价上涨。如果以1957年物价总指数(假定是100)

为基准，那么1958年物价总指数为100.2，1959年为100.8，1960年为104.5，1961年为122.0。物价上涨，必然导致人民生活水平降低。

职工队伍急剧膨胀，用于农业生产的劳动力就相应减少了，影响农业生产。1957年全国用于农业生产第一线的劳动力约为1.53亿人，1960年减少到1.35亿人，"大跃进"以来的三年间共减少了1800万人，这必然影响农业生产特别是粮食生产。可同期职工人数和城市人口的大幅度增长，使城镇商品粮的供应大量增加。

然而，当时农村的形势也极不乐观。1959年至1961年，我国农业连年遭受大面积自然灾害。所谓"三年暂时困难"虽然主要是"人祸"造成的，但也不能排除天灾的因素。中国是一个自然灾害频发的国家，几乎年年都会发生自然灾害，只是受灾的面积和程度有所区别而已。在1958年至1962年的五年中，1958年、1959年和1962年属于比较正常的年份，但受灾面积均超过了总播种面积的20%。1960年的受灾面积为总播种面积的35.5%，1961年的受灾面积更是达到了总播种面积的37.4%。1960年和1961年全国受灾面积均超过总播种面积的35%，其中成灾面积分别为总播种面积的18.78%和21.97%，这是1949年以来受灾面积和成灾面积最大的两年。应当说1959年至1961年连续三年遭受较大面积的自然灾害，是造成这几年粮食总产量下降的一个重要原因。

正如刘少奇在调整国民经济的过程中一再所说的，这几年的严重困难是"三分天灾，七分人祸"。造成国民经济出现严重困难的原因，主要还是工作中的失误，造成国民经济比例严重失调，从而严重地影响到人民生活水平。在工业与农业的比例关系上，由于"大办工业"，从中央到人民公社一级上马大批的工矿企业，大量的农村青壮年劳动力被抽调去从事钢铁或其他工业生产，农业生产连年下降；在工业内部，由于搞"以钢为纲"，把大量资金、物质、人员用在钢铁生产上，特别是采取群众运动的方式"大炼钢铁"，其他行业都必须为钢铁生产"停车让路"，不但使与之相配套的一些重工业部门不堪重负，而且还严重冲击和挤占了轻工业。同时，由于"大跃进"和人民公社化运动以来"共产风"、浮夸风、生产瞎指挥风、强迫命令风和干部特殊化风盛行，以及分配上的平均主义，严重挫伤了农民生产积极性。人民公社化运动以来，粮食和其他主要农产品产量连年下降。1958年全国粮食产量为4000亿斤，1959年为3400亿斤，1960年为2875亿斤。1958年棉花产量为196.9万吨，1959年为170.9万吨，1960年为106.3万吨。1960年油料作物产量为3405万担，比1957年的7542万担减少一半以上；生猪1960年底存栏数8227万头，比1957年的14590万头减少56%。这些农牧业产品的产量，大都退到了1951年的水平，油料作物的产量还不及1951年的一半。

  为了保证城镇居民的最低商品粮供应，不得不加大对农民粮食的征购量，实行高征购。1958年到1960年的三年间，每年粮食征购量都在1000亿斤以上。这三年粮食征购量及与粮食总产量的比重分别是：1958年征购1175亿斤，占29.4%；1959年征购1348亿斤，占39.7%；1960年征购1021亿斤，占35.6%。过高的粮食征购量，是以降低农民口粮为代价的。为了保证城镇居民的最低粮食需要，不得不从农民口中挤出粮食。按人口平均计算，全国农村粮食消费量，1957年为409斤，1959年为366斤，1960年为264斤。过低的口粮，加之没有自留地和家庭副业来弥补口粮的不足，农民又要在公共食堂吃"大锅饭"，致使农村发生大面积的饥荒。据河北省3.5万多个生产队1960年4月的统计，社员平均吃粮水平达到1斤（以旧制16两为1斤，下同）以上的，有7759个，占21.7%；12两以上1斤以下的，有21292个队，占59.6%；半斤以上12两以下的有5316个队，占14.9%；不到半斤的有1346个，占3.8%；最少的只吃3.4两。

尽管中国农民作出了如此大的牺牲，但并没有换来城市居民生活的改善。相反地，1958年以来，城市居民的生活水平也连年下降，粮食供应日益紧张。1960年全国粮食产量为2870亿斤，比上年减少530万斤，减少15.6%，虽然征购量高达35.6%，但当年销售却大于库存620万吨，国家库存粮食比1957年减少了1180万吨，按人均每年需要粮食250公斤计算，这年国家大约差2400万人的粮食。1960年以后，交通沿线的国家粮食库存越挖越空。1960年6月上旬，中共粮食部党组向中共中央报告说：京、津、沪和辽宁的大工业城市的粮食库存非常薄弱。北京只够销7天；天津只够销10天；上海已经没有库存，只能靠外贸部门的出口大米过日子；辽宁10个主要城市只够销八九天。1960年9月底，全国82个大中城市的库存粮食比上年同期减少了近一半，还不到正常库存的1/3。

1960年，城市居民的消费水平比1959年下降了13.6%；其中人均主要食品消费量与上年相比：粮食下降了12.3%；食油由4.5斤下降到3.7斤，下降18%；猪肉由6斤下降到3.1斤，下降了48%。供应情况较好的北京，1960年4月15日，猪牛羊肉全部库存只有361万斤,看起来这个数字不小,但北京当时有400多万人口,人均库存还不到1斤。到1961年,情况更为严重。1至4月北京实际购进肉食783万斤,比1960年同期下降了58.4%;4月末库存150万斤,比1960年同期下降了62.9%,已无法保证市民每人每月4两肉的供应,发给居民的肉票无法兑现。由于后续货源无望,从1961年6月至1962年2月,北京不得不停发居民肉票。1961年,全国八大城市的猪羊牛肉消费水平是:重庆每人每年5斤为最高;上海3.6斤;北京、武汉2斤;天津、广州1.7斤;西安1.3斤;沈阳0.6斤。鸡蛋的消费水平是:天津、广州、沈阳基本无货供应;武汉最高,每人每年半斤;其他城市每人每年不足半斤。

由于片面地"以钢为纲"优先发展重工业,不但工农业比例严重失调,工业各部门间的比例失调也很严重。由于轻工业要为"钢铁元帅""停车让路",加之农业为轻工业提供的原料减少,致使1960年棉纱、棉布、卷烟、糖的产量都要低于1958年,其他轻工业产品产量也都不同程度下降,造成市场商品极度匮乏。以沈阳市为例,1960年同1956年相比,20种主副食品的个人消费水平,有15种下降。1960年3月该市供应居民的副食品只剩下"七大件":每人3两油,1斤咸白菜,15块豆腐,1斤酱油,半斤酱,2两醋和食盐。在用的方面,据沈阳市的典型调查,5户居民中有1户缺铁锅,7户中有1户缺苇席,有的居民没有锅就用面盆烧饭。当时,严重供应不足的日用品有铁锅、灯泡、饭碗、菜刀、笼屉、各种瓦盆、铝锅、饭勺、剪刀、锁、镜子、电池、自行车零件、水桶、木梳、苇席、橡皮、扫把等几十种。

1960年前后严重困难局面出现后,以前一向为人们所称道的社会风气也大受影响,社会上偷盗抢劫现象明显增多,青少年犯罪大幅度上升,新中国成立后基本绝迹的暗娼土妓也在一些大中城市重新出现,社会治安明显不如"大跃进"之前。

三、为克服严重困难采取的措施

要使国民经济摆脱困境,就必须下大力气进行调整。1960年9月30日,中共中央批转了国家计委党组《关于1961年国民经济计划控制数字的报告》。该报告强调必须更好地贯彻执行"两条腿走路"的方针,把农业放在首要地位,使各项生产、建设事业在发展中得到调整、巩固、充实和提高,争取国民经济在更加牢固的基础上更好地继续"跃进"。这个报告第一次完整地提出了"调整、巩固、充实、提高"八个字,并将之作为调整国民经济的重要指导思想。

1960年12月24日至1961年1月13日,中共中央在北京召开工作会议,主要讨论1961年的国民经济计划,同时总结各地农村人民公社整风整社试点的经验。

1月13日,毛泽东在中央工作会议上发表讲话。他在讲话中说:现在看起来,社会主义建设不要那么急。十分急了办不成,越急就越办不好,不如缓一点,波浪式向前发展。他强调:"不要图虚名而招实祸。我们要做巩固工作,提高产品质量,增加品种、规格,提高管理水平,提高劳动生产率。"[1]毛泽东的这个讲话,可以说是对"大跃进"运动教训的深刻总结,不论在当时还

---

[1]《毛泽东文集》第八卷,人民出版社1999年版,第237页。

是现在，都是有指导意义的。他还强调要大兴调查研究之风，要把1961年搞成调查研究之年、实事求是之年。随后，他亲自组织了三个调查组，分别前往浙江、湖南、广东三省农村调研。

中央工作会议结束的第二天，中共八届九中全会又在北京召开。八届九中全会批准对国民经济实行"八字方针"，并且指出："一九六一年应当适当地缩小基本建设的规模，调整发展的速度，在已有的胜利的基础上，采取巩固、充实和提高的方针。这就是说，应当努力提高产品的质量，增加产品的品种，加强生产中的薄弱环节，继续开展群众性的技术革新运动，节约原材料，降低成本，提高劳动生产率。"[1] 从这时起，持续三年的"大跃进"终于刹车，国民经济由此进入调整期。

"大跃进"运动是在农业领域率先发动的，而1959年起国民经济发生严重困难，最突出的表现却是农业歉收、粮食短缺。因此，在调整国民经济的过程中，农业的恢复和发展就显得更为迫切。

1960年10月，中共中央决定在农村开展整风整社，以克服群众反映强烈的"共产风"等问题。1960年秋天，受中共中央委托，周恩来主持起草了《中共中央关于农村人民公社当前政策问题的紧急指示信》（简称《紧急指示信》）。这年11月3日，毛泽东对《紧急指示信》作了几处重要修改。当天，中共中央用电报将《紧急指示信》发给了生产大队、生产队党总支和党支部以上各级党的组织。《紧急指示信》的主要内容是：三级所有，队

---

[1] 中共中央文献研究室编：《建国以来重要文献选编》第14册，中央文献出版社1997年版，第85页。

为基础,是现阶段人民公社的基本制度,必须加强生产队的基本所有制,坚持生产小队的小部分所有制;坚决反对和彻底纠正"一平二调"的错误;允许社员经营少量的自留地和小规模的家庭副业;坚持各尽所能、按劳分配的原则;有领导有计划地恢复农村集市,活跃农村经济;等等。这是庐山会议以来在农村政策上一个历史性的文件,它标志着农业领域的纠"左"已迈开了实际步伐。

1961年3月,中共中央决定在广州和北京分别召开工作会议,研究农村人民公社问题。不久,毛泽东和中共中央又决定将这两个会议合并在广州召开。这次中央工作会议经过认真的讨论,制定并通过了《农村人民公社工作条例(草案)》(简称"农业六十条")。"农业六十条"草案将人民公社的组织规定为公社、大队、生产队三级,减少了公社的管理层次,同时明确了公社、大队、生产队的责、权、利;强调自留地长期归社员使用,自留地的农产品,不算在集体分配的产量和口粮以内,国家不征公粮,不计统购;等等。

在广州会议结束的时候,中共中央就认真进行调查研究问题致信各中央局,各省、市、自治区党委,要求党的高中级干部联系最近几年工作中的经验教训,认真学习毛泽东的《关于调查工作》(后改题为《反对本本主义》)一文。信中指出:最近几年农业、工业方面的具体工作中发生的缺点和错误,主要是放松了调查研究工作。中共中央要求从现在起,县以上的党委领导人员,首先是第一书记,要将调查工作作为首要任务,并定出制度,造成风气。只要坚持调查研究、实事求是的作风,目前所遇到的问题就一定能够顺利地解决,各方面的工作就一定能够得到迅速的进步。

广州中央工作会议之后,从党的领袖到省、地、县各级领导机关的干部,纷纷走出机关,深入农村,宣传"农业六十条"草案,解决贯彻"农业六十条"草案时遇到的问题,全党上下大兴调查研究之风。

这次全党大调查中,中央领导同志起了很好的表率作用。广州会议一结束,刘少奇就深入湖南农村,先后在宁乡、长沙的几个生产队,就公共食堂、供给制、社员住房、山林等问题进行了历时44天的调查,其中30天时间住在农村,有时甚至是住在生产队的猪场里。4月底5月初,周恩来到了河北邯郸,重点对武安县的伯延公社进行调查。与此同时,朱德前往河南、四川、陕西、河北等省进行调查,陈云到了当年组织农民运动的上海青浦县进行调查,邓小平和彭真率5个调查组在北京郊区的顺义、怀柔做了为期一个月的调查。

在中共中央的带领下,各中央局,各省、地、县的党委也纷纷组织调查组,深入本地农村了解"农业六十条"草案的贯彻情况。在调查研究的基础上,1961年5月21日至6月12日,中共中央在北京召开工作会议。会议的一项重要成果是,修改了"农业六十条"草案中关于公共食堂和供给制的内容,决定解散公共食堂和取消供给制,同时对生产大队的山林、社员的房屋和干部纪律作出了明确规定,最后形成了《农村人民公社工作条例(修正草案)》,下发各地贯彻执行。

由于有了重大政策调整,"农业六十条"修正草案得到了广大农村干部群众的热烈欢迎,极大地调动了他们的积极性。到1962年,农村形势进一步好转,全年粮食总产量比1961年增长了125亿斤，其他经济作物也有了一定的增产，全国已有1/4的县农业总产值恢复并超过了1957年的水平。

在集中力量调整农村经济政策的同时，城乡手工业和商业政策问题也开始着手解决。1961年6月19日，中共中央发出《关于城乡手工业若干政策问题的规定（试行草案）》（简称"手工业三十五条"）和《关于改进商业工作的若干规定（试行草案）》（简称"商业四十条"）。"手工业三十五条"指出，整个社会主义阶段的手工业，集体所有制是主要的，个体所有制是社会主义经济的必要补充和助手，全民所有制只能是部分的，过多过早地过渡于生产反而不利。"商业四十条"指出，除了国营企业、供销合作社商业，农村集市贸易也是必要补充。这两个文件的制定和实行，停止了"大跃进"以来取消农村集市贸易和小商小贩，以及将集体性质的手工业和商业向全民所有制过渡的错误。

为了扭转工业交通和基本建设方面的被动局面，1961年8月23日至9月16日，中共中央在江西庐山召开工作会议，讨论工业、粮食、财贸及教育问题，通过了《中共中央关于当前工业问题的指示》，强调在今后三年内，执行"八字方针"必须以调整为中心，下最大决心把工业生产和基本建设的指标，降到确实可靠、留有余地的水平上。会议还通过了《国营工业企业工作条例（草案）》（简称"工业七十条"），提出了国营企业管理的一些指导原则，并作了具体规定，不仅恢复了被"大跃进"运动否定、打乱的工业企业规章制度和正常秩序，还建立了一些"大跃进"运动之前未曾有的制度（例如厂长领导下的总会计师负责企业财务管理的有关规定），使工业企业的管理在调整中向规范和健全的方向迈进了一步。1962年第一季度，第一批试点的中央和地方工业企业近 3000 家，都不同程度地调整了企业内部关系，改善了管理工作。

为了统一全党尤其是中高级干部的认识，进一步总结经验教训，动员全党更坚决地执行调整方针，彻底战胜面临的经济困难，中共中央决定 1962 年 1 月召开一次有县级以上党委主要负责人，以及一些重要厂矿、部队负责干部参加的扩大的中央工作会议。这次会议与会者共达 7118 人，史称"七千人大会"。

1 月 11 日至 28 日，是七千人大会的第一阶段，讨论和修改刘少奇代表中共中央提出的书面报告草稿。经过与会者反复讨论和修改，最后形成《在扩大的中央工作会议上的报告》的定稿，作为大会的正式文件。报告在列举几年来社会主义建设的成就之后，指出工作中发生的缺点和错误，主要是：指标过高，基本战线过长，使国民经济比例严重失调；人民公社工作中，犯了"共产风"和平均主义的错误；权力下放过多，分散主义倾向严重；由于高估产和建设速度过快过急，造成城市供应紧张和农业生产困难。上述缺点和错误所产生的结果，给经济生活造成了很大的损失。1 月 27 日，刘少奇在会上发表长篇讲话，对书面报告作补充说明。刘少奇认为，几年来不仅没有进，反而退了很多，出现了一个大的马鞍形，应该承认事实就是这样。成绩和错误，从全国讲，恐怕是七个指头和三个指头的关系，有的地方，缺点错误还不止三个指头。造成经济困难的原因，刘少奇借用湖南农民的话说是"三分天灾，七分人祸"。对于工作中发生错误的原因，刘少奇指出：一方面是经验还很不够，另一方面是不少领导同志骄傲自满，违反实事求是和群众路线的作风，不同程度地削弱了民主集中制原则。

1月29日至2月7日，是七千人大会的第二阶段，开展积极的批评与自我批评。1月30日，毛泽东在会上集中讲了民主集中制问题，强调不论党内党外都要有充分的民主生活，让群众讲话。有了错误，一定要作自我批评，让人批评。毛泽东作自我批评说："凡是中央犯的错误，直接的归我负责，间接的我也有份，因为我是中央主席。""第一个负责的应当是我。"[1]毛泽东关于民主集中制的讲话，实际上成为七千人大会的主调。邓小平、周恩来分别代表中央书记处和国务院作了自我批评。邓小平强调要恢复中国共产党的优良传统，除加强调查研究、实事求是、联系群众、及时纠正错误外，必须健全党的生活，包括坚持民主集中制。周恩来对几年来工作的缺点错误进行了分析，指出不切实际地规定跃进的进度，使人们只注意"多""快"，不注意"好""省"；只注意数量，不注意品种、质量；只要高速度，不重视比例；只顾主观需要，不顾客观可能性；只顾当前要求，没有长远打算，结果是欲速则不达。这些自我批评，带动了会议的批评与自我批评的开展，在分组讨论中，各大组对省委、中央局、中央国家机关及其负责人几年来的工作，提出了许多批评；一些被批评者也坦诚接受，并作自我批评。

　　七千人大会深入总结了1958年以来的经验教训，客观地分析了当时所面临的形势，开展了批评与自我批评，强调要健全民主集中制，恢复和发展党的优良传统，使党的高中级干部进一步认识到了国民经济调整的必要性，在一定程度上解放了思想，这就为1962年国民经济调整的顺利进行奠定了思想基础。

---

[1]《毛泽东文集》第八卷，人民出版社1999年版，第296页。

1962年2月21日，刘少奇在北京中南海西楼会议室主持召开中共中央政治局常委扩大会议，史称"西楼会议"。会议认为，必须确定一个恢复时期，对国民经济进行全面的大幅度的调整。刘少奇提出，现在带有非常时期的性质，要用非常的办法，把调整经济的措施贯彻下去。陈云在会上对当前的经济形势及克服困难的办法发表了系统性的意见，得到刘少奇等人的赞同。

1962年5月7日至11日，中共中央在北京召开工作会议（简称"五月会议"）。会议的中心议题是讨论西楼会议以来形成的文件，落实调整国民经济计划的部署，重点讨论中央财经小组提出的《关于讨论一九六二年调整计划的报告（草案）》。这个报告全面、深入地分析了国民经济形势，认为国民经济存在着粮食供应紧张、职工人数大大超过目前经济水平等八个方面的重要情况，需要对整个国民经济进行大幅度的调整，下最大决心，坚决拆掉那些用不着的架子，收掉那些用不着的摊子，进一步精减职工，首先维持简单再生产，然后实现扩大再生产。会议在深入分析形势和统一认识的基础上，对大幅度调整经济作出四项重要决策：一是进一步缩小基本建设规模，二是降低重工业产品的指标，三是对现有的企业实行"关、停、并、转"，四是大幅度精减职工和城镇人口。

经过七千人大会、西楼会议和五月会议，进一步统一了全党的思想认识，坚定了对国民经济进行大调整的决心，推动了国民经济调整的进行。随后，基本建设项目被大批下马，对没有生产任务或者任务严重不足的企业，采取关、停、并、转。特别是大刀阔斧地进行精减职工的工作。全国职工人数，从1961年1月到1963年6月两年半的时间里，共减少了1887万人，总数从 1960 年年底的 5043.8 万人，下降为 3183 万人。从 1961 年 1 月至 1963 年 6 月，全国城镇人口共计减少了 2600 万人。周恩来当时说，下去这么多人，等于一个中等国家搬家，这是史无前例的。

在经济领域进行调整的同时，还开展了政治关系和知识分子政策的调整。毛泽东在 1961 年 6 月 12 日中央工作会议上的讲话中认为，1959 年的"反右倾"犯了扩大化的错误，不应该把"反右倾"斗争搞到群众中去，提出要对几年来批判和处分错了的干部、党员甄别平反。根据毛泽东的指示精神，开展了由农村到各界的甄别平反工作。1962 年 4 月，中共中央发出《关于加速进行党员、干部甄别工作的通知》，指出："凡是在拔白旗、反右倾、整风整社、民主革命补课运动中批判和处分完全错了和基本错了的党员、干部，应当采取简便的办法，认真地、迅速地加以甄别平反。"[1]到 1962 年 8 月，全国有 600 多万党员、干部和受到错误处理的群众得到平反。毛泽东在 1959 年 8 月就提出给"右派分子"分期分批摘掉帽子。这一工作随后开始分批进行，到 1962 年大部分被划为"右派分子"的人都摘掉了帽子，在一定程度上使这部分人的政治处境和工作、生活安排有所改善。

1962 年 3 月，在广州同时举行全国科学工作会议与全国话剧、歌剧和儿童剧创作座谈会。会议期间，周恩来发表了《论知识分子问题》的讲话，实质上恢复了 1956 年知识分子问题会议上对我国知识分子阶级状况所作的基本估计。陈毅在讲话中宣布

---

[1] 中共中央文献研究室编：《建国以来重要文献选编》第 15 册，中央文献出版社 1997 年版，第 361 页。

给广大知识分子"脱帽加冕",即脱"资产阶级知识分子"之帽,加"劳动人民知识分子"之冕。3月27日,周恩来在二届全国人大三次会议政府工作报告中又重申:我国的知识分子的状况,已经同解放初期有了很大的不同。知识分子中的绝大多数,都积极地为社会主义服务,接受中国共产党的领导,并且愿意继续进行自我改造。毫无疑问,他们是属于劳动人民的知识分子。

1961年7月和9月,中共中央下发了《关于自然科学研究机构当前工作的十四条意见(草案)》(简称"科学十四条")和《教育部直属高等学校暂行工作条例(草案)》(简称"高教六十条")。1962年4月,中共中央又批准印发了《关于当前文学艺术工作若干问题的意见(草案)》(简称"文艺八条")。这些条例明确规定了科学研究机构、高等学校和文艺部门的根本任务和中心工作。上述科学、教育、文艺条例,实际上都是围绕这样两个问题:如何处理好党同知识分子的关系;科学与文艺工作中如何贯彻"百花齐放、百家争鸣"的方针。这些条例的颁布,使党与知识分子的紧张关系得到了缓和。

由于下决心调整国民经济,并采取了一系列切实可行的措施,1962年国民经济开始好转。这年粮食总产量达到3200亿斤,比1961年的2950亿斤增产250亿斤,增产8.5%;生猪存栏数达到9997.2万头,比1961年增加2245.2万头,增加32.4%;羊的存栏数由1961年的12386.9万头,增加到13464.6万头,增加8.7%;其他经济作物也有了一定的发展,全国已有1/4的县农业总产值恢复到和超过了1957年的水平。1962年国家财政收支平衡,结余8.3亿元,结束了连续四年赤字的状况。城乡人民生活也开始略有上升,1962年全国城乡居民每人平均粮食(贸易粮)

消费量为330斤,其中城镇居民368斤,农村居民322斤,分别比1961年增加12斤、8斤和14斤;全国城乡居民每人平均猪肉消费4.4斤,其中城镇居民7.6斤,农村居民3.8斤,分别比1961年增加1.6斤、4斤和1斤。这些数据虽然在今天看来微不足道,但在当时却有着特别重要的意义,它意味着中国经济已渡过最困难的时期,开始走向复苏和好转,新中国终于从"三年暂时困难"的阴影中走了出来。

"四清"运动的起因与过程

1961年前后的国民经济调整时期，部分农村出现了各种形式的包产到户，党的领导人对当时的阶级斗争形势作了脱离实际的估计，认为包产到户就是分田单干，就是走资本主义道路，乃决定在农村开展一场社会主义教育运动，以解决农村两条道路谁战胜谁的问题。1963年至1966年"文化大革命"爆发前的几年时间里，社会主义教育运动全面展开，社教运动的主要内容也由开始时的清账目、清仓库、清财物、清工分的小"四清"，发展成为清政治、清经济、清组织、清思想的大"四清"。

一、"四清"的动因

引导农民走集体化道路，是我国农业发展的必然要求。在中国，没有农民的集体化，就不能完成社会主义改造，也就不能真正确立社会主义制度。但是，自从实现合作化尤其是建立人民公社以来，集体生产与社员个人积极性发挥之间的矛盾，却一直是一个难以协调的老大难问题。集体化后，分配中的平均主义制约着集体化优越性的充分发挥，严重损害了广大农民的劳动热情，也长期困扰着广大农村基层干部。

1956年下半年，即在全国基本实现农业合作化不久，就曾发生过少数社员因入社后收入降低而闹社、退社的事件。为此，1957年下半年进行了一场全国规模的农村社会主义教育运动，即社会主义与资本主义两条道路的大辩论，制止了闹社、退社风，使退社的社员重新回到合作社，一些解散了的合作社也得以恢复。但是，因为这次社会主义教育运动是通过"大鸣、大放、大辩论"的方式，采取的是政治手段而非经济手段来巩固合作社——退了社的农民是在强大的政治压力下回到合作社的——而没有改革合作社不合理的管理体制，造成社员闹社、退社的根源——合作社内部分配上的平均主义"大锅饭"问题仍然存在。

更重要的是，这场大辩论是在反右派斗争进入高潮后展开的，反右派运动本身就存在严重的扩大化倾向，这就不能不对这场社会主义教育运动产生影响。在两条道路的大辩论中，由于对当时的农村形势没有进行客观的分析，将农民对合作社的意见归结为这些农民想"走资本主义道路"，这不但混淆了社会主义和资本主义的界限，将一些原本与资本主义搭不上界的东西，牵强附会地当作资本主义对待，而且也容易将农民的思想认识问题、农民对集体生产管理的不同意见，扣上"走资本主义道路"的大帽子，同时还逐渐形成了一旦农村和农业生产上出了问题，就大抓阶级斗争、从资本主义思想上找原因的思维定式。

庐山会议后，针对部分干部群众对农村人民公社所谓"优越性"的怀疑，中共中央再次提出要在农村开展整风整社，进行一次社会主义教育运动。1960年5月15日，中共中央发出了《关于在农村开展"三反"运动的指示》，要求在农村中深入开展一场反贪污、反浪费、反官僚主义的运动，以达到"普遍提高干部的政治思想水平，改善他们的工作作风，进一步密切党和广大群众的联系；同时，对隐藏在我们队伍中的坏分子加以清理，以纯洁我们的组织"的目的。[1]

1961年1月1日，中共中央批转了中共河南省信阳地委《关于整风整社和生产自救工作情况的报告》。信阳地委在报告中将此前信阳地区出现的粮食减产和农村人口大量饿、病和非正常死亡，归结为坏人当权和地方封建势力的破坏，因而提出要像新中国成立初期搞土地改革一样大搞整风运动，进行民主革命的补课；在运动中，要充分发动群众，夺取领导权，组织社员代表大会，一切权力归农民代表会；要贯彻狠、准、稳的方针，既不漏掉一个坏人，也不冤枉一个好人；组织健全"司令部"，组织强大的整风队伍。中共中央在批示中肯定了信阳的做法，认为"这是一个好文件，全国三类社（即落后社）都应照此办理"。并强调只要充分信任和依靠贫下中农，敢于揭露情况，就能迅速掀起整风整社高潮，彻底孤立和打倒"反革命势力"，彻底反掉"五风"，完全扭转三类社的局面，重新建立党的领导。

在整风整社的具体做法上，1961年1月召开的中央工作会议通过的《关于农村整风整社和若干政策问题的讨论纪要》提出，对一、二类社的整顿，主要依靠原有的组织力量，并派强的工作团去帮助。对三类社的整顿，"主要依靠上面派去的工作团，经过深入群众，扎根串连，挑选一批真正贫农下中农的积极分子，同时吸收原有组织中好的和比较好的干部参加，组成贫下中农委员会，在党的领导下主持整风整社，并且临时代行社队管理

---

[1] 中共中央文献研究室编：《建国以来重要文献选编》第13册，中央文献出版社1996年版，第378页。

委员会的职权，领导生产，安排生活"[1]。整风整社运动对于遏止农村"五风"起了一定的作用。但由于对形势的估计和整风整社的做法上存在过左的倾向，这场运动并没有从根本上解决"共产风"等"五风"问题，而且还对后来的"四清"运动产生了消极影响。

1961年11月，中共中央又一次作出在农村进行社会主义教育的决定，要求结合"农业六十条"的规定，"向农民宣传社会主义、集体主义和爱国主义；要向农民宣传工农联盟，城乡互助，以及兼顾国家、集体和个人利益的重要意义；要向农民宣传艰苦奋斗、自力更生的革命传统"[2]。这次社会主义教育运动的根本目的，在于增强广大农村干部群众克服困难的信心，巩固人民公社。由于此时严重的经济困难尚未过去，农业生产也尚未根本恢复，农村最迫切的工作是解决农民的温饱问题，因此实际上这场运动并未广泛地开展起来。

1962年9月，中共八届十中全会召开。毛泽东在会上重提阶级斗争问题，并提出在整个社会主义历史阶段中，资产阶级都将存在和企图复辟，并成为党内产生修正主义的根源，阶级斗争要年年讲，月月讲，再次提出要在城乡进行社会主义教育。

八届十中全会后的社会主义教育，是结合批判"单干风"进行的，并以此追查"单干风"的根源。中共湖南省委在1962年10月23日给中共中央的报告中说："从根本性质上看，'单干风'

---

[1] 中共中央文献研究室编：《建国以来重要文献选编》第14册，中央文献出版社1997年版，第92页。

[2] 中共中央文献研究室编：《建国以来重要文献选编》第14册，中央文献出版社1997年版，第766页。

与反'单干风'是阶级斗争,是社会主义和资本主义两条道路的斗争。""产生'单干风'的根本原因是地、富、反、坏分子捣乱,一部分富裕中农的资本主义自发倾向作怪。利用少数贫农、下中农对集体经济的暂时动摇,利用了我们工作上的缺点和错误煽动起来的,这是问题本质。"[1]中共陕西省委关于清涧县单干问题给西北局的报告中也说:"清涧县的单干活动,早在1960年就有发现,地委、县委也都曾经派人进行过调查和纠正,但是,真正纠正了的很少,有的纠了又闹,闹开了又纠。这一方面说明,农村的两条道路的斗争是很激烈的。富裕农民的自发思想和地、富、反、坏分子的破坏活动很嚣张,他们利用天灾和我们工作中的缺点、错误所造成的暂时困难,兴风作浪,企图引导农民离开社会主义道路。"[2]

在批判"单干风"的过程中,中共湖南省委对当时的形势作了相当严重的估计,认为"当前阶级斗争是激烈的,不论是农村或者是城镇,阶级敌人的破坏活动气焰很嚣张,一股反社会主义的'黑风'刮得很大","资本主义和封建势力企图复辟,牛鬼蛇神纷纷出现",从各方面威胁着集体经济和社会主义建设事业。"阶级斗争在党内的反映也是严重的,一部分党员和干部,已经变质或正在演变","有些干部包括有些领导干部,已经蜕化变为资产阶级分子,个别的基层单位已经烂掉"。湖南省委分析,问题比较严重的干部,在县委书记、县长中占6%—7%,县委部

---

[1] 黄道霞等主编:《建国以来农业合作化史料汇编》,中共党史出版社1992年版,第749页。

[2] 黄道霞等主编:《建国以来农业合作化史料汇编》,中共党史出版社1992年版,第747页。

长、区委书记、公社党委书记中占 10% 左右。[1]

1962 年 12 月下旬，湖南对全省的社会主义教育运动作了进一步的部署，决定把重点放在阶级教育上，强调要彻底揭开阶级斗争的盖子，针锋相对地展开斗争，教育干部，发动群众，大张旗鼓地刮"东风"，打击敌人，遏止"黑风"。在运动中，湖南采取先教育干部、后教育群众，先解决内部问题、后解决外部问题的办法。在教育干部上，自上而下，层层训练，第一批集中训练县、区、社三级骨干，第二批集中训练大队骨干，第三批分片训练生产队骨干。湖南社会主义教育的具体做法是：第一，召开贫农座谈会，一面大讲阶级斗争，"揭发敌情""黑风"，一面由干部向贫农交代自己的问题，听取贫农批评；第二，树立贫农优势，造成激烈的舆论，把"黑风"搞臭；第三，处理问题时划清敌我、严重与一般两个界限。

1963 年 2 月 8 日，湖南省委向中共中央、中南局报告说，社会主义教育运动所到之处，"牛鬼蛇神"很快销声匿迹，反攻倒算的地主被迫把土地交回来，搞械斗的交出了武器，赌博的交出了赌具，投机倒把的洗手不干了，有些盗窃的也主动退赃。尤其显著的是，单干的也不干了，凡是运动开展得好的地方，大部分重新组织起来了。[2]

八届十中全会后，中共河北省保定地委决定利用冬春之季的农闲时间，在全区农村继续深入开展整风整社运动，在运动中对广大农民开展社会主义教育，并决定将运动分三步进行：第

---

[1]《中共湖南省委关于社会主义教育运动情况的报告》，1963 年 2 月 8 日。
[2]《中共湖南省委关于社会主义教育运动情况的报告》，1963 年 2 月 8 日。

一步，学习、讨论八届十中全会公报和毛泽东关于阶级、形势、矛盾的讲话精神，对农村干部群众进行社会主义教育，以解决社会主义方向和"单干风"问题；第二步，宣传、讲解、学习"农业六十条"，发动群众集中解决民主办社和勤俭办社的问题，以整顿干部作风，加强人民公社的经营管理；第三步，在前两步的基础上，建立健全社队各种规章制度，并通过民主选举，健全生产队、大队领导班子，进一步巩固和发展集体经济，掀起生产高潮。根据这一决定，保定地委成立了整风整社办公室，选定了试点县，并派出了工作组。

随后，保定各县都开展了整风整社的试点工作，如定县县委就选择了阜头庄大队作为试点。在试点工作进行到第二步时，群众对干部提出了许多意见，主要的问题是干部不勤俭办社、铺张浪费，账目不清，多记工分。他们说，现在是账目不清，工分不公，钱的来踪去向不明，仓库的粮食没个数。如果不抓住这四个问题弄清，贯彻"农业六十条"就成了一句空话。

根据群众的意见，工作组和大队党支部决定发动群众对生产队的账目、工分、财物、仓库进行一次彻底的大清查，并逐项向群众作出交代。于是，以清账目、清工分、清财物、清仓库为内容的"四清"就构成了阜头庄大队整风整社的中心环节，"四清"的提法也就逐渐形成。阜头庄大队共清出粮食13879斤，现款9070元。

1963年1月，定县县委总结了阜头庄大队在整风整社中开展"四清"的经验，并将之报告了保定地委，保定地委又上报给了河北省委。省、地两级党委都对此作了充分肯定。于是，定县县委召开三级干部会议，在全县部署"四清"运动，并将"四清"

的内容正式确定为清账（收入、支出和分配账）、清工（主要是干部记工和补助工）、清财（集体财物）和清库（库存的粮、棉、油、肥等）。会后，全县训练了5.9万余名"四清"积极分子，并且有县、区、社干部参加，组成"四清"工作队，在全县范围搞起"四清"。

在得到中共河北省委同意后，保定地委决定在全地区推广定县的经验，在全区农村开展"四清"运动。

2月13日，河北省委召开电话会议，向全省推广保定"四清"的经验。到3月底，河北全省已有30%的生产队结束"四清"，大部分生产队进入"四清"阶段。4月15日至5月6日，河北省委在保定召开整风整社工作会议，对半年来的社会主义教育运动作了总结，认为通过农村社会主义教育运动，纠正了部分生产队分田到户、包产到户和过多发展个体经济的问题，整顿了基层干部的作风，加强了农村基层组织的领导核心。

但是，除湖南和河北两省外，八届十中全会后的社会主义教育运动并没有在农村广泛地开展起来。对于这种局面，毛泽东是不满意的。他后来说：我走了11个省，只有王延春、刘子厚[1]滔滔不绝地向我讲社会主义教育，其他的省就不讲，河南也是一个。三级干部会也开了，开了几次了，社会主义教育也搞了，但是没有抓住要点，方法不对。社会主义教育的要点，就是阶级、阶级斗争，社会主义教育，"四清"，依靠贫下中农，干部参加劳动这样一套。中央二月工作会议以后，情况有所改变，但是省、

---

[1] 王延春时任中共湖南省委常务书记、刘子厚时任河北省省长。

地、县三级是否都抓住了,还是一个问题。[1]毛泽东认为,这个问题尚未引起全党的注意,乃决定召开一次中央工作会议,重点讨论农村社会主义教育和城市"五反"(即反对贪污盗窃、反对投机倒把、反对铺张浪费、反对分散主义、反对官僚主义)问题。在1963年2月11日至28日的中央工作会议上,毛泽东为了提起与会者注意农村社会主义教育问题,特地批发了湖南省委关于社会主义教育运动的报告和河北省委关于整风整社运动情况的报告,并在批语中说:"两个报告各有特点,都是好文件,值得引起全国各地、中央各部门的同志们认真研究一下。"[2]

在2月25日的中央工作会议全体会上,听取刘少奇《关于反对现代修正主义的斗争问题》的报告时,毛泽东插话说:出不出修正主义,一种是可能,一种是不可能。现在有的人三斤猪肉,几包纸烟,就被收买。只有开展社会主义教育,才可以防止修正主义。当刘少奇讲到就是有可能,因此就要想一种办法来保证时,毛泽东说:根据十中全会以后社会主义教育运动情况来看,也有可能使我们大多数干部了解,使他们跟群众结合,首先是跟贫下中农结合,然后就有可能团结上中农,就可以挖修正主义的根子。[3]很明显,毛泽东进一步发动农村社会主义教育运动,是着眼于"反修""防修"的需要。

在2月28日的闭幕会上,毛泽东提出要把社会主义教育好

---

[1] 中共中央文献研究室编:《毛泽东年谱(1949—1976)》第5卷,中央文献出版社2013年版,第216—217页。
[2]《建国以来毛泽东文稿》第10册,中央文献出版社1996年版,第257页。
[3] 中共中央文献研究室编:《毛泽东年谱(1949—1976)》第5卷,中央文献出版社2013年版,第157页。

好抓一下。他说:社会主义教育,干部教育,群众教育,一抓就灵。干部教育中,要保护大多数,使百分之九十以上的同志把包袱放下来,不是洗冷水澡,也不是洗滚水澡,而是洗温水澡。然后,让他们去和贫下中农积极分子结合,经过这些积极分子去串联贫下中农。贫下中农先团结起来,然后团结富裕中农以及已经改造或者愿意改造的那些地主残余、富农分子,打击那个猖狂进攻的湖南人叫刮黑风的歪风邪气、牛鬼蛇神。各大区的党委、省委、地委、县委要注意去争取大多数的农村人口,就是贫下中农。现在又证明,我们的干部,包括生产队长以上的这些不脱离生产的以及脱离生产的,绝大多数不懂社会主义。他们之所以不懂,责任在于我们没有进行教育,没有教材,没有像"六十条"这样的东西以及阶级教育。十中全会公报是很好的一个教材。有教材了,教育的方法,还得照湖南、河北现在的办法,参考你们自己的经验,加以研究。要走群众路线,保护大多数干部,又使他们放下包袱,又解决问题。只要五个晚上,歪风邪气、牛鬼蛇神就打下去了,不要多少时间。这个教育问题,提出来还只有一两年,从"六十条"起,还只有两年,从去年七千人大会着重提出教育干部算起,则只有一年多,再有几年,我们的干部是可以教育好的,可以把牛鬼蛇神打下去。[1]

但是,毛泽东对这次会议也不满意。原因在于,在会议的最后一天,他想延长会期,专门讲社会主义教育问题,为此特地安

---

[1] 中共中央文献研究室编:《毛泽东年谱(1949—1976)》第5卷,中央文献出版社2013年版,第198—199页。

排刘子厚、王延春在第一排就座,想引起中央第一线的领导同志关注社会主义教育问题。但中央第一线的领导同志没有领会他的意图,会议如期结束。事隔三个月后,毛泽东在杭州说:二月会议的时候,我准备叫他们两人讲一讲,我也讲一讲,你们不赞成。当时为什么叫他们讲呢?无非是因为他们是从下边来的,是从群众中来的。[1]

1962年的北戴河会议和八届十中全会后,毛泽东的注意力逐渐地从对"农业六十条"的关注转移到国际"反修"和国内"防修"的问题上来。一方面,通过"农业六十条"的起草、修正,以及随之进行的贯彻落实"农业六十条"带来的农村形势的逐渐好转,毛泽东认为,农村政策的调整已经结束。在这个过程中,出现了安徽"责任田"等各式各样的包产到户,党内有相当多的人对包产到户持支持和同情态度,而毛泽东又是把包产到户与分田单干等同的。他认为分田单干实际上是代表富裕中农的利益,是要在农村走资本主义道路。加之由于严重的经济困难,个别地方出现了地主"反攻倒算"的情况,一些农村的社会治安也由于经济困难而有某些恶化,一些农村干部多吃多占的现象也有所增长,城乡投机倒把呈上升趋势。另一方面,从1958年起,中苏两党在国际共产主义运动的许多重大原则问题上出现了严重分歧,毛泽东和中共中央认为,赫鲁晓夫已演变成为"现代修正主义头子",苏联共产党正在演变为修正主义的政党。这样,毛泽东认为国内的阶级斗争已到了非抓不可的地步了。苏联共产党向修正主义政党的演化,也使毛泽东加深了中国共产党会不会出现

---

[1] 张素华:《60年代的社会主义教育运动》,《当代中国史研究》2001年第1期。

修正主义的警觉。正因为如此，他在国际上"反修"的同时，提出了国内"防修"的问题。

1962年12月，毛泽东在召集华东各省市党委第一书记谈话时，就提出要讨论国内修正主义、保卫马列主义路线的问题，并说例子各省都有。1963年4月9日，他在济南听取中共山东省委负责人汇报时说："如果我们不整风，哪个县都要出修正主义。"[1] 6月4日，毛泽东在接见越南劳动党代表团时又说："搞社会主义，我们没有经验，干部也没有经验，过去对干部进行的社会主义教育也不够，所以这次叫社会主义教育运动，提高干部和群众觉悟，我们准备用两年的时间，干部一方面工作，一方面参加劳动，是保证不出修正主义的根本问题。如果不这样做，我看再过十年二十年，也有出修正主义"。[2]

二、"前十条"和"后十条"

1963年2月中央工作会议后，各地的"四清"试点工作普遍地开展起来。

中共保定地委4月4日在给中共河北省委的报告中说，经过一个半月的时间，"四清"第二阶段基本结束，全地区6128个生产大队中，有70%以上的生产大队"四清"工作搞得彻底，"揭发了大量的铺张浪费、干部多吃多占、贪污盗窃等问题"。保定

---

[1] 中共中央文献研究室编：《毛泽东年谱（1949—1976）》第5卷，中央文献出版社2013年版，第208页。
[2] 中共中央文献研究室编：《毛泽东年谱（1949—1976）》第5卷，中央文献出版社2013年版，第230—231页。

地委认为,"损害集体经济的现象都是资产阶级思想在我们基层干部队伍中的反映;贪污盗窃、投机倒把活动实质上都是资本主义势力的复辟罪行。事实再一次证明阶级和阶级斗争确实是存在的。两条道路的斗争是激烈的"[1]。

保定地区"四清"工作的具体做法是:第一步,认真学习"农业六十条",统一政策思想,揭发"四不清"问题;第二步,对查出的问题先由个人作检讨,并进行查证,然后进行退赔处理;第三步,根据"四清"找到漏洞,建立必要的制度;第四步,按照"四清"工作的标准进行检查验收。这个报告送到毛泽东手中的时候,他正南下视察经过天津。看了报告后毛泽东当即予以肯定,说不搞"四清"怎么搞社会主义。在路过济南、南京时,他还向山东省委和江苏省委负责人推荐了这个报告。

随后不久,中共中央东北局第一书记宋任穷在给中共中央和毛泽东的报告中提出:在社会主义教育运动中,以阶级和阶级斗争的教育为中心,串联、启发贫下中农进行回忆对比,是一种联系实际的、走群众路线的好方法;要有意识地用村史、合作化史、工厂史、贫下中农和老工人的家史,对青年进行阶级教育,通过新旧社会的回忆对比,用大量的具体生动的史实,教育后代。[2]东北局的这一做法,得到了中共中央的认可。1963年5月10日,中共中央批转了这个报告,并认为报告中的这种教育方法"是普遍可行的"。

---

[1] 中共中央文献研究室编:《建国以来重要文献选编》第16册,中央文献出版社1997年版,第254页。
[2] 宋任穷:《关于农村社会主义教育两个问题的报告》,1963年4月10日。

1963年4月15日，中共河南省委向中共中央和毛泽东报告了全省开展社会主义教育运动的情况。报告中说，整个运动分三步进行：第一步是开好县的三级干部会议，第二步是开好公社的三级干部会议。这两步都是为了训练干部，组成干部队伍。第三步，在群众中开展社会主义教育，经过扎根串连，组成阶级队伍，打击敌人。全省已训练生产队以上干部和贫下中农积极分子150多万人。报告还说，仅90个县的三级干部会议揭发出来的材料，大小投机倒把活动就有10万多起，其中"千字号"的上万起，"万字号"的近千起；"反革命集团"活动1300多起；地主富农"反攻倒算"2.6万多起，反动会道门活动8000多起；巫婆、神汉、"阴阳先生"5万多人；续家谱1万多宗；买卖婚姻5万多起。"特别严重的是，不少党员、干部参与了这些活动，有的甚至是他们带头干的。"总之，"这次运动中揭发出来的大量事实，确凿地说明当前我省农村中的阶级斗争是十分激烈的"。[1]

这些报告使毛泽东坚信，农村的阶级斗争和两条道路斗争的形势已十分严峻，发动一场社会主义教育运动对于巩固农村社会主义阵地十分必要。他对东北局、河南省委的报告很重视，提议转发这些文件，并让有关负责人起草了文件的批语。经他亲自修改的中共中央关于东北局和河南省委报告的批语中说："社会主义教育是一件大事，请你们（指各中央局和各省、市、自治区党委——引者注）检查一下自己在这方面的认识和工作，检查一下是不是抓住了要点和采取的方法是否适当，查一查是否还有很

---

[1] 中共中央文献研究室编：《建国以来重要文献选编》第16册，中央文献出版社1997年版，第301—302页。

多的地、县、社没有抓住这方面的工作。如果有的话（看来一定是有的），应当在农忙间隙，在不误生产的条件下，抓住进行。上半年做不完，可以在下半年做，今年做不完，可以在明年做。特别要注意分步骤的方法、试点的方法和团结大多数、孤立极少数的政策。"[1]

随着各地社会主义教育运动的展开，毛泽东对国内阶级和阶级斗争形势的估计愈加严重起来。1963年5月9日，他在为中共中央起草的《浙江省七个关于干部参加劳动的好材料》的批语中说：如果"地、富、反、坏、牛鬼蛇神"一齐跑出来，而我们的干部不闻不问，有的人甚至敌我不分，互相勾结，被敌人腐蚀侵袭，分化瓦解，拉出去，打进来，许多工人、农民、知识分子也被敌人软硬兼施，照此办理，那就不要很多时间，少则几年、十几年，多则几十年，就不可避免地要出现反革命复辟，马列主义的党就一定会变成修正主义的党，变成法西斯党，整个中国就要改变颜色了。所以，这是一场"重新教育人的斗争，是重新组织革命的阶级队伍，向着正在对我们猖狂进攻的资本主义势力和封建势力作尖锐的针锋相对的斗争"[2]。

1963年5月2日至12日，毛泽东在杭州召集有部分中央政治局委员和各中央局书记参加的小型会议，讨论制订《中共中央关于目前农村工作中若干问题的决定（草案）》，以此作为指导正在开展的农村社会主义教育运动的纲领性文件。毛泽东在5月7

---

[1] 中共中央文献研究室编：《建国以来重要文献选编》第16册，中央文献出版社1997年版，第295页。
[2]《建国以来毛泽东文稿》第10册，中央文献出版社1996年版，第293—294页。

日的讲话中说：我们在农村中十年来没有搞阶级斗争了，只是土改搞了一次，"三反""五反"是在城市，1957年搞了一次，也不是现在这个方法。现在的方法是洗温水澡。说精神愉快，那是结果，要有点紧张，但不是所有的人都那么紧张。有些人实行了退赔，就不戴贪污分子的帽子了。吐出来就算洗了手，一不叫贪污，二不叫盗窃，伤人不要过多。要用现在这个方法，使多数人洗手洗澡，轻装上阵。要把百分之九十以上的人团结教育过来，发动群众，打击极少数贪污盗窃分子。要使多数人有敌我观念，把阶级队伍组织起来。不要性急。今年搞不完明年再搞，明年搞不完就后年。社会总是一分为二，对立的统一，没有贪污盗窃不成世界，不然辩证法就不灵了。他还说：有人有顾虑，无非是两条，一是怕耽误生产，一是怕伤人太多。要使阶级斗争和社会主义教育有利于生产，"四清""五反"的结果，一定会有利于增加生产。[1]

5月11日，毛泽东召集周恩来、彭真、各中央局第一书记、陈伯达、江华（时任中共浙江省委第一书记）、胡耀邦（时任共青团中央第一书记）等开会。在谈到如何开展"四清"运动时，毛泽东说：不要性急，横直准备搞他一年、两年，两年搞不完就三年。领导弱的地、县，要有意识地放到后面去搞，省委、地委要派人去搞。有的地方不信，就不要勉强搞。可以允许两个办法，一个搞，一个暂时不搞。这样一来，就防止了急。没有自己的经验不行。总之，这一次要搞稳一点，分期分批，一个县也要

---

[1] 中共中央文献研究室编：《毛泽东年谱（1949—1976）》第5卷，中央文献出版社2013年版，第217页。

分期分批，先搞试点，可以有先有后，允许参差不齐。还有，没有蚂蚁的地区就不要找蚂蚁。比如，一类队，一定要搞阶级斗争就不一定。那些地方，过去注意了阶级斗争，注意了社会主义教育，就不一定采取这些方法搞。但是人民内部矛盾是普遍的，那要搞多少年。至于贪污盗窃，多吃多占，自己说出来的，又退了，可以不算贪污分子。赃物赃款，不退不行，又要合情合理，退得太挖苦了也不行，使干部生活过不去也不好。可以采取自报公议的办法。处分的干部可能不到百分之一。[1]

5月12日，毛泽东在同各中央局第一书记谈话时再次强调，不要性急，要搞稳一点，不要搞乱了。他说："四清"，我们从来没搞过，过去有许多运动，搞出毛病，后边还要平反。对于干部要着重说服，说服不通的，就用实际证据再说服。没有贫下中农来说服不行，那些顽固的，你们说不行，他就是听群众的。总之，中央局要看情况，如果有人蛮干一气，你就开会，把蛮子说服，不然，那就一下子搞乱了。干部行不行，好不好，这一回是一次大考。对于百分之九十五以上的人，要实行不抓辫子，不打棍子，不戴帽子这一条。手脚不干净的要检讨。要讲清楚，第二批、第三批铺开的不算不名誉，不然他力争上游，一哄而起。就怕伤人，搞过头了。[2]

这次会议制定的《中共中央关于目前农村工作中若干问题的决定（草案）》共分十条，简称为"前十条"[因为同年9月通

---

[1] 中共中央文献研究室编：《毛泽东年谱（1949—1976）》第5卷，中央文献出版社2013年版，第225—226页。

[2] 中共中央文献研究室编：《毛泽东年谱（1949—1976）》第5卷，中央文献出版社2013年版，第226—227页。

过的《中共中央关于农村社会主义教育运动中一些具体政策的规定（草案）》也正好是十条，所以用"前十条"与"后十条"来区分这两个文件]。"前十条"所讲的十个问题是：（1）形势问题；（2）在社会主义社会是否还有阶级、阶级矛盾和阶级斗争存在的问题；（3）当前中国社会中出现了严重的尖锐的阶级斗争情况；（4）我们的同志对于敌情的严重性是否认识清楚了的问题；（5）依靠谁的问题；（6）目前农村中正确地进行社会主义教育运动的政策和方法问题；（7）怎样组织革命的阶级队伍的问题；（8）"四清"问题；（9）干部参加集体生产劳动的问题；（10）用马克思主义的科学方法进行调查研究的问题。

关于中国社会中出现的"严重的尖锐的阶级斗争"，"前十条"列举了九种情况，如：地主富农"企图复辟，反攻倒算，进行阶级报复"；被推翻的地主富农分子，千方百计地腐蚀干部，篡夺领导权，有些社队的领导权，实际上落在地主富农手里，其他机关的有些环节，也有他们的代理人；"反动分子的破坏活动"，"多处发现"；"商业上的投机倒把活动很严重"；"雇工剥削、放高利贷、土地买卖的现象，也发生了"；等等。为此，"前十条"得出结论："任何时候都不可忘记阶级斗争"。"前十条"中所讲到的这些问题，在当时部分农村确有不同程度的存在。但是，其中相当多的并不属于阶级斗争性质，而且也远没有达到如此严重的地步。"前十条"认为，在干部和党员中进行社会主义教育，进行阶级斗争，进行两条道路的斗争，"这是决定我们社会主义事业成败的根本问题"。"前十条"提出：在整个社会主义历史阶段，一直到进入共产主义前，在农村中都要依靠贫下中农。因此，要在集体经济中建立贫下中农组织。贫下中农组织的成员，要以土地改革和合作化时期的贫下中农为基础，要结合社会主义教育开展清理账目、清理仓库、清理财物、清理工分的群众运动。

"前十条"提出：社会主义教育运动的方针是"说服教育、洗手洗澡、轻装上阵、团结对敌"。要团结95%以上的干部和群众。对运动中揭发出来的坏人坏事，要有分析，区别对待，以教育为主、惩办为辅。对于贪污盗窃分子，一般不采用群众大会斗争的方式。文件还要求各级党委对社会主义教育运动有关工作要定出规划，全面部署，抓紧时机，在不误生产、密切结合生产的条件下，分期分批有步骤地进行。应该说，这些规定对于运动不至于发展成为乱批乱斗是有意义的。但是，由于运动是在对阶级斗争的形势作了脱离实际的判断的前提下，在"阶级斗争，一抓就灵"的指导思想下进行的，这就势必将本不属于敌我矛盾和阶级斗争范畴的问题，当作阶级斗争来处理，也就难以避免混淆两种不同性质的矛盾，更难以达到"把我国的社会主义建设事业大大地推进一步"的目的。

"前十条"出台后，许多地方相继进行社会主义教育运动的试点。中共湖南省委于1963年5月底6月初召开的全省三级干部会议认为，"红皮白心的生产队""不下百分之二三十"。省委决定由各级领导机关派出工作队，协助当地进行社会主义教育运动的试点，然后由点到面，分期分批地进行社会主义教育运动。会议还制定了搞好社会主义教育运动的六条标准和面上社会主义教育宣传要点十二条。会后，全省组织干部8000多人，到302个大队、3298个生产队进行第一批社会主义教育试点。试点从这年6月底开始，8月底结束。

湖南的社会主义教育试点分为三个阶段。第一阶段，"扎根串连，重新组织革命阶级队伍"。社会主义教育工作队选择"根子"的条件是：（1）出身贫苦，历史清楚；（2）立场坚定，分清敌我；（3）劳动积极，拥护集体；（4）敢说真话，办事公道。"根子"先由大队党支部提供名单，工作队深入访贫问苦，审查"根子"，然后由工作队与支部确定"根子"对象。"根子"选定后，"通过教育提高阶级觉悟，依靠他们进行串联"，建立贫下中农组织。在这个过程中，"广泛采取了谈家史、谈村史，实物展览，对比参观等办法提高群众的阶级觉悟"。接着教育干部"洗手洗澡"，开展"四清"运动。在这个过程中发现"干部队伍中的问题是普遍而严重的"，据试点的 274 个大队的统计，在 18278 名公社、大队、生产队的干部中，贪污多占的有 14816 人，占干部总数的 81%。平均每个干部贪污多占粮食 124 斤，现金 60 元，工分 54 分。同时还存在"政治上敌我不分，组织上稀里糊涂"，"政治上打击贫农，经济上剥削贫农"等问题，并有相当数量的生产大队、生产队的领导权"把持在资本主义和封建主义者手里"。通过"四清"退赔，即"四不清"干部"洗手洗澡"后，运动进入第二阶段："清理阶级，深挖敌情，再一次开展对敌斗争"。据五个试点公社的统计，"地、富、反、坏"这四类分子搞一般破坏活动的占 42.7%，搞严重破坏的占 23.2%。社会主义教育进入这一阶段后，"通过广大干部群众揭露，根据破坏的大小，采取不同的方法进行斗争，大破坏大斗争，小破坏小斗争，谁破坏斗争谁，斗准斗狠斗透"。所谓"大斗争"就是以大队或几个生产队联合起来批斗，"小斗争"就是以生产队为单位进行批斗。在斗垮"四类分子"后，清理阶级队伍，即分清贫下中农、中农、地主富农所占的比例,清出和补划"漏网"的地主、富农。社会主义教育第三阶段是规划集体生产,解决公私关系,改进生产管理。这一步主要是清退社员多占的山林、田土、集体财物等。[1]各地的社会主义教育试点基本上都是按照这样的程序进行的。

虽然"前十条"规定,社会主义教育运动和"四清"应采取"以教育为主,以惩办为辅"的方针,但在运动的过程中,在一些地方还是发生了乱打乱斗现象,导致自杀事件屡有发生。如湖北省第一批试点铺开前后死了2000多人,第二批试点开始后,仅襄阳在25天内就死了74人。广东在1963年秋冬的试点中,共发生自杀案件602起,死亡503人。[2]其实,对于这个问题,早在1963年1月中共中央发出的《关于在社会主义教育运动中严禁打人的通知》中就明确提出:"不仅在人民内部的教育运动中,绝对不允许采取打人、罚跪、捆、吊这类粗暴办法,对于有违法行为的地主、富农和贪污盗窃分子、投机倒把分子等,也应该依法惩处,而不要用打人等办法对待。"[3]但这些政策规定在实际运动中并没有很好地贯彻。另外,在退赔中,有些地方采取了"鸡生蛋、蛋生鸡"的办法,存在着打击面过宽、混淆政策界限等"左"的倾向。

有鉴于此,在1963年9月召开的中央工作会议上,制定和

---

[1]《湖南省三百零二个社会主义教育运动试点大队的一些情况》,1963年11月28日。

[2] 薄一波:《若干重大决策与事件的回顾》下卷,中共中央党校出版社1993年版,第1114—1115页。

[3] 中共中央文献研究室编:《建国以来重要文献选编》第16册,中央文献出版社1997年版,第84页。

通过了《中共中央关于农村社会主义教育运动中一些具体政策的规定（草案）》，即"后十条"。这十条是：（1）社会主义教育运动的基本方针和主要内容；（2）领导社会主义教育运动必须注意的几个问题；（3）团结95%以上的农民群众；（4）关于贫下中农组织；（5）中农问题；（6）团结95%以上的农村干部；（7）关于干部参加集体生产劳动；（8）结合社会主义教育运动，整顿农村党的基层组织；（9）对地主分子、富农分子、反革命分子和坏分子的处理；（10）正确地对待地主、富农子女的问题。"后十条"对上述问题都作了具体的政策规定。

"后十条"对前一阶段开展的社会主义教育运动给予了高度评价，认为它"对于打退曾经嚣张一时的资本主义势力和封建势力的猖狂进攻，对于巩固农村社会主义阵地和无产阶级专政，对于铲除发生修正主义的社会基础，对于巩固集体经济、发展农业生产，都有着极其重大的意义"。"后十条"规定了社会主义教育运动要抓住的五个要点，即阶级斗争、社会主义教育、组织贫下中农阶级队伍、"四清"和干部参加集体劳动，并强调："这五个问题中间，阶级斗争是最基本的。""后十条"提出，在社会主义教育运动中要依靠基层组织和基层干部，不能把基层干部看得漆黑一团，甚至把他们当作主要的打击对象。不能把基层组织和原有的干部抛在一边，工作队的任务主要是给基层干部当参谋，出主意，进行指导和帮助，启发基层干部善于分析问题，确定方针和办法，而不能包办代替。要团结95%以上的农村干部，至于对那些95%以外的、犯有严重错误的干部，也要将其同阶级敌人相区别，对他们采取教育、改造、团结的方针。

"后十条"与"前十条"相比，着重对团结95%以上的农民群众作了明确具体的规定，认为这是"进行农村社会主义教育运动所必须执行的一项根本政策"，并提出了"四个区别"的问题。"四个区别"即：（1）必须把进行复辟活动的阶级敌人同那些一时糊涂而被敌人利用的落后群众，加以区别；（2）必须把投机倒把分子同资本主义倾向比较严重的农民，加以区别；（3）在反对投机倒把的斗争中，还必须把投机倒把活动同正当的集市贸易活动、临时性的肩挑运销以及小量的贩运活动，加以区别；（4）必须把资本主义自发性势力同正当的社员家庭副业，加以区别。"后十条"指出：社会主义教育运动中，对有资本主义倾向的少数上中农，只能采取批评教育的方法，不能采取对敌斗争的方法；团结95%以上的群众，应当包括地主、富农子女中的大部分人。

1963年11月14日，中共中央发出《关于印发和宣传农村社会主义教育运动问题的两个文件的通知》，将"前十条"和"后十条"一并发给全国农村的每个党支部（"前十条"此前只发到社会主义教育运动的试点县、公社和大队），并要求"由县委、区委、公社党委领导干部负责向全体党员和全体农民宣读，要讲得明明白白，清清楚楚"。这样，社会主义教育运动在部分县、社开展起来。随后，各地组织了大批的干部深入农村宣讲两个"十条"。如河北省参加宣讲的干部达12万人。"后十条"关于社会主义教育运动的具体规定，"对于在运动中严格执行党的政策，防止扩大打击面，保证运动的正常进行，都是很重要的"[1]。但

---

[1] 薄一波：《若干重大决策与事件的回顾》下卷，中共中央党校出版社1993年版，第1114页。

是,"后十条"仍然是在"以阶级斗争为纲"的指导思想下制定的,因此,一些地方按照这两个"十条"开展的社会主义教育运动,实际上是采取对敌斗争的方式进行的。

作为山东省社会主义教育运动试点单位的曲阜县颜家村大队,其社会主义教育运动经历了"四清"和干部"洗手洗澡"、对敌斗争、组织建设、生产建设等四个阶段。在对敌斗争中,社会主义教育工作组采取的方法是:先定目标,对专政对象进行清理、分类、排队,成立大队干部、贫下中农积极分子组成的指挥部,然后将全大队的18个生产队分为4个"战区"和20个战斗小组,每个战斗小组由干部、知情者、苦主和贫下中农积极分子组成,一般5—7人,每个战斗小组斗争一个专政对象。接着,将全大队的"地、富、反、坏"四类分子分为需要斗争的"尖子"、需要在小会上批斗的对象及一般评审对象,斗争与评审相结合,再在此基础上召开对"尖子"的批斗、控诉大会。最后进行定案处理、落实监督管理工作。经过核实罪行材料,群众提出处理意见,指挥部研究定案,经县委批准,对全大队的四类分子分别做出管制、准备逮捕、群众监督改造和摘掉"帽子"的处理。

1964年2月18日,中共山东省委批转了曲阜县委关于《曲阜颜家村大队根据中央两个十条开展社会主义教育运动的情况报告》,认为报告"总结的经验很好",特别是"对敌斗争的工作做得很细致",要求各地、县"学习仿行"。这样一来,农村社会主义教育运动,已失去了其教育意义,而变成对敌斗争,这明显是将阶级斗争扩大化。

三、从小"四清"到大"四清"

社会主义教育运动启动后,各地开展运动的过程,也是对农村阶级斗争形势的估计越来越严重的过程,以至于得出了"三分之一的政权不在我们手里"的结论,并提出了要"追根子"的问题。

1964年5月15日至6月17日,中共中央召开工作会议。会上,有人提出,根据部分生产队的排查情况,坚持社会主义道路的占20%,阶级界限不明、方向不清、随大流的占50%,发展资本主义而且问题比较严重的占30%,有的已经演变为反革命的两面政权。

6月8日,毛泽东主持召开有部分中央政治局委员和各中央局第一书记参加的小型会议。会上,当刘少奇谈到要想想我们会不会出修正主义,不注意一定会出时,毛泽东说:"已经出了嘛,像白银厂,还有陈伯达调查的天津小站公社,不是已经有了吗?"当周恩来、彭真说下面被敌人掌权的不少时,毛泽东说:"我看我们这个国家有三分之一的权力不掌握在我们手里,掌握在敌人手里。"在这次会议上,刘少奇还提出了"追根子"的问题。他说:"现在下边发生的问题就是不追上边,恰恰问题就出在上边。抚宁县的农民说,四不清不仅下边有根子,上边也有根子,朝里有人好做官。这句话引起我的注意。"毛泽东说:"有意包庇坏人的就是坏人。"[1]

---

[1] 中共中央文献研究室编:《毛泽东年谱(1949—1976)》第5卷,中央文献出版社2013年版,第358页。

"追根子"的话,最早是刘少奇在1964年2月上旬提出来的。在此之前,王光美化名董朴,以工作队队员的身份,参加河北省抚宁县卢王庄公社桃园大队的社会主义教育运动试点。春节期间,王光美从桃园回京,同刘少奇谈起群众反映一些"四不清"基层干部,同公社、县和地区某些干部有牵连,上面有"根子"。刘少奇说:"犯严重'四不清'的错误,根子在哪里?封建势力和资本主义势力的腐蚀和影响是下面的根子,群众还提出上面的根子,应该切实查一下上边的根子。上面的根子,包括上级机关的蜕化变质分子和一般干部的不好作风的影响。犯有严重'四不清'错误的干部,在上面大体都有根子。"[1]

"三分之一政权不在我们手里"的估计和"追上面的根子"的提出,是党的领导人对农村形势和农村干部队伍的又一严重脱离实际的估计,它不但使社会主义教育运动的矛头直接对准了广大农村干部,而且开始针对各级领导机关的负责人,这就不能不使这场运动向着更"左"的方向发展。

1964年5—6月的中央工作会议后,中共中央决定农村的"四清"运动和城市的"五反"运动由刘少奇指挥。这年7—8月,刘少奇前往全国各地,了解社会主义教育动态,并提出了要集中力量打歼灭战的问题。7月2日,他在河北提出,社会主义教育运动一条重要经验,是集中优势兵力打歼灭战,这样能够确实解决问题,锻炼干部,又出经验。8月16日,他在给毛泽东的信中建议把各县社会主义教育工作队集中到地委,省委工作队分

---

[1] 中共中央文献研究室编:《刘少奇年谱(1898—1969)》下卷,中央文献出版社1996年版,第588页。

到地委，在省委、地委的领导下集中搞一个县，一个县可以集中工作队员上万人；中央各机关也抽出人来组成工作队，在北京进行初步训练的准备后，分到各大区的若干省，再分到几个县，由省委领导。这样，工作队力量集中，领导加强，便于打歼灭战和掌握运动的火候，使运动能搞深搞透有更多的保证，也可少出乱子。毛泽东复信说，集中力量打歼灭战的办法，"觉得很好，完全赞成"，并提出要"照此办理，迅速实行"[1]。于是，全国各级机关和部分高等院校抽调了大批的干部、师生组成工作队，分赴农村开展社会主义教育运动，总人数在100万以上。仅河北一个省1964年11月就集中了10万多名干部（包括1.5万名大专院校师生），经过训练后，在11个重点县和天津市的一个郊区进行"四清"。其中集中在新城一个县的工作队员即达1.5万人。湖南的社会主义教育运动也在这年年底大搞"人海战术"，湖南省委决定将原集中在4000个大队的8万多名工作队员，抽调3.2万人集中到640个大队，使每个大队的工作队员由20人增加到50人。

从1964年8月起，在刘少奇的主持下，中共中央进行了"后十条"的修改工作。"后十条"修改前，毛泽东提出两点意见，第一是不要把基层干部看作漆黑一团，第二是不要把工作队员集中在一个点上。很明显，对刘少奇提出的集中兵力打歼灭战的做法，毛泽东一开始是"完全赞成"的，但不久他就改变了看法。因为这期间毛泽东在同中共中央华北局第一书记李雪峰和华北各省、市委的书记谈话时，发现他们并不赞成"大兵团作战"的方法，说一万多人集中在一个县，搞的是"倾盆大雨"，而且拖的

---

[1]《建国以来毛泽东文稿》第11册，中央文献出版社1996年版，第132页。

时间会太长。

1964年9月18日，中共中央印发了刘少奇主持修改的《中共中央关于农村社会主义教育运动中一些具体政策的规定（修正草案）》（即第二个"后十条"）。与第一个"后十条"相比，第二个"后十条"突出的地方主要在于：（1）增加了毛泽东提出的搞好社会主义教育运动的六条标准（即：一是要看贫下中农是否真正发动起来；二是干部中的"四不清"问题是否真正解决；三是干部是否参加劳动；四是一个好的领导核心是否建立起来；五是发现有破坏活动的"地、富、反、坏"分子是将矛盾上交，还是发动群众认真监督、批评，展开恰当的斗争，并留在那里就地改造；六是要看是增产还是减产）。（2）提出要把发动群众放在第一位，是不是发动群众，是不是放手发动贫下中农，是彻底或者不彻底进行社会主义教育运动的根本分界线。（3）改变了第一个"后十条"提出的依靠基层组织和基层干部、工作队主要是给基层干部当参谋出主意的提法，强调每一个点开展社会主义教育运动，都必须有上面派的工作队。整个运动都由工作队领导。（4）提出民主革命不彻底的地区，都必须认真地进行民主革命的补课工作。土地改革时漏划的地主、富农，必须查出来，没收他们过多的房屋和家具，分配给生活困难的贫下中农或收归集体。（5）规定整个社会主义教育运动分为两个阶段：第一阶段主要是解决"四清"问题和对敌斗争问题；第二阶段主要是组织建设。

第二个"后十条"下发前后，中共中央还出台了一系列的加剧社会主义教育运动"左"倾的措施。

1964年9月1日，中共中央转发了《关于一个大队的社会主义教育运动的经验总结》，认为这是"在农村进行社会主义教育的一个比较完全、比较细致的典型经验总结"。该总结是这年 7 月 5 日王光美在中共河北省委工作会议上所作的报告,主要是介绍她在抚宁县桃园生产大队蹲点搞社会主义教育运动的经验,所以又被称为"桃园经验"。"桃园经验"的主要内容是:"四清"与"四不清"的斗争,"确实是包含着严重的阶级斗争";桃园大队党支部"打着共产党旗号,办的国民党的事","基本上不是共产党",这个党支部书记把持的政权,"基本上是一个反革命两面政权";工作组进村后,"先搞扎根串连","然后搞'四清'","再搞敌对斗争";对基层组织和基层干部,"又依靠,又不完全依靠;又依靠,又要独立思考,全面分析",在情况还未搞清的时候,就决定"一切依靠基层组织"是错误的;群众没有发动起来的时候,要强调敢不敢发动群众是敢不敢革命的问题,在群众发动起来,又有过激情绪时,要注意掌握火候,强调实事求是;犯严重"四不清"错误的干部,封建主义和资本主义势力的腐蚀和影响,是下面的根子,所以"错在干部,根子在地、富",这些干部"大体上在公社、区、县都有靠山、有根子",不解决上面的问题,"四清"搞不彻底;搞"四清",已经不是保定地委原来提的那样,清工、清账、清财、清库,现在要解决政治上、经济上、思想上、组织上的"四不清";民主革命和社会主义革命不彻底,要补课。

  对于王光美的报告,陈伯达极力主张发给各级党委和所有工作队,并得到了刘少奇的认可。8 月 19 日,刘少奇在给毛泽东的信中说:"王光美同志的这个报告,陈伯达同志极力主张发给各地党委和所有工作队的同志。王光美在河北省委的记录稿上修改了两次,我也看了并修改了一次。现代中央拟了一个批语,请中央审阅，如果中央同意，请中央发出。这个报告确实很长，但不难读，各地同志和工作队同志愿意要这种详细的材料，不愿意压缩过多。"刘少奇代拟的批语说：这个报告"是在农村进行社会主义教育的一个比较完全、比较细致的典型经验总结"，"是有普遍意义的"。但是，各个地方，各个大队的情况，各不相同，一切要从实际出发。"桃园大队的经验只能作参考，不要把它变成框框，到处套用。"[1] 8月22日，毛泽东将这件事批给邓小平处理。8月27日，他又作出批示："我是同意陈伯达和少奇同志意见的。"[2] 显然，刘少奇主持修改的"后十条"中的许多提法，都来自"桃园经验"。此后，各地的社会主义运动基本上都是按照"桃园经验"进行的。

在社会主义教育运动的指导思想、方针政策和具体做法都已很"左"的情况下，中共中央在转发《李雪峰致刘少奇的信》所加的批语中，还认为"在目前的情况下，不向党的各级干部明确指出当前的主要危险是右倾危险，是不利的"，要求"根据各地干部的思想情况及时地向地委书记和县委书记提出反对右倾的问题，怕'左'不怕右，宁右勿'左'的问题，进行认真讨论，以便为当前的社会主义革命打好思想基础"[3]。9月16日，刘少奇在中共中央和国务院副部级以上干部会议上的讲话中也说，当前的主要危险是右倾危险，不是"左"倾危险。可以说，从中央到

---

[1] 中共中央文献研究室编：《毛泽东年谱（1949—1976）》第5卷，中央文献出版社2013年版，第394页。

[2] 《建国以来毛泽东文稿》第11册，中央文献出版社1996年版，第132、144页。

[3] 中共中央文献研究室编：《刘少奇年谱（1898—1969）》下卷，中央文献出版社1996年版，第607页。

基层，干部的情绪普遍是这样的：早几年是宁"左"勿右，现在是宁右勿"左"；从前是怕右不怕"左"，现在是怕"左"不怕右，说右了不要紧，右了不会出乱子，右了似乎不妨碍生产，右了也没有后遗症。完全反过来了，党内的思想状态是这样的。实际上，右的乱子最大。

1964年10月24日，中共中央发出《关于社会主义教育运动夺权斗争问题的指示——转发天津市委〈关于小站地区夺权斗争的报告〉》。天津小站地区的社会主义教育运动是陈伯达直接抓的一个点，天津市委抽调了大批干部加强工作组的力量，中央一些部门的干部也在这里蹲点。1964年8月初，陈伯达给中共中央的信中汇报了这里抓了三个"反革命集团"的情况，并附有"反革命集团"的社会关系图和"历史大事记"各一份。9月25日，陈伯达领导的工作组以中共天津市委的名义，向中共中央、华北局和河北省委报送了《关于小站地区夺权斗争的报告》（以下简称《报告》）。

《报告》中认为，小站地区的"几次民主革命进行得很不彻底"，"建党建政工作，也没有认真执行阶级路线，根子扎得不正；基层组织严重不纯，不少村子的党政领导权，落在坏人手里"。《报告》进而认定，小站地区的政权是"三个反革命集团"建立的"反革命两面政权"，他们长期"进行反革命复辟活动"，"在社会主义教育运动前，这里的天下还不是我们的，或者在很大程度上不是我们的"。"三个反革命集团""上面的根子就在区委。区、社一部分领导干部，实际就是他们的保护人"。《报告》说，工作组进村后，"经过一段时间的扎根串连，发动群众"，"掌握了不少情况"，但没有打开局面。随后，市委陆续抽调大批干部,加强工作组力量,公安局局长带来了一批公安干警,陈伯达等"中央领导同志"也来到小站参加"四清","造成像大军压境的局面"。"中央领导同志""指出群众运动最根本的问题是把群众发动起来。基层干部有的可以依靠,有的是敌人派进来的,怎么能依靠?""强调必须放手发动贫下中农,揭开盖子,彻底揭露这三个集团的问题,展开夺权斗争。""现在可以说,这里的天下是我们的了。"《报告》总结了小站三个地方运动的共同点是:"都是敌人经过精心策划,有计划地篡夺了领导权,而且统治时间比较长;问题的性质都是敌我斗争,我们的任务是夺权。"

中共中央在转发天津市委报告所作的《关于社会主义教育运动夺权问题的指示》中,肯定了小站的经验,并指出:"小站地区的敌我矛盾,主要的在形式上是以人民内部矛盾,甚至是以党内矛盾出现的,这就迷惑了一些人,并且长期得不到解决,对党对人民造成的损失也很大。""当前阶级斗争的复杂性就在这里"。因此,"凡是被敌人操纵或篡夺了领导权的地方,被蜕化变质分子把持了领导权的地方,都必须进行夺权的斗争,否则,要犯严重的错误"。[1]

1964年11月12日,中共中央作出了《关于在问题严重的地区由贫协行使权力的批示》和《关于农村社会主义教育运动中工作团领导权限的规定(草案)》。前一个文件提出:"在当前进行社会主义教育运动的重点地区,如果发现有的地方基层干部躺倒不干,以抵抗运动;有的地方领导权被蜕化变质分子所掌握;有

---

[1] 中共中央文献研究室编:《建国以来重要文献选编》第19册,中央文献出版社1996年版,第306—307页。

的地方领导权被地富反坏分子或新资产阶级分子所掌握。上述三种情况，在查明确实后，经工作队批准，都可以由贫协组织取而代之，一切权力归贫协。没有贫协组织的地方，也可以由工作队组织贫协，取而代之。"[1]后一文件规定："今后的农村社会主义教育运动，多数地方已经决定组织强大的工作团，按照集中力量打歼灭战的原则进行。"为及时正确地处理运动中发现的问题，保证运动的彻底胜利，"有必要加重工作团的责任，把所在县的党和政府的各级组织交由工作团领导"。[2]

上述文件进一步加重了社会主义教育运动中"左"的倾向。其中，影响最大的是"桃园经验"和"小站经验"。诚然，桃园与小站的做法是有区别的。桃园大队的社会主义教育运动，"直到工作组完成任务撤出，没有开过一次斗争会斗过谁，更没有打过人，也没有抓捕一人，只是撤了原支部书记的职，仍以人民内部矛盾对待"[3]。而小站则完全是以对敌斗争的方式来开展夺权的，而且还创造了"黑帮""反革命修正主义分子""夺权"等后来在"文化大革命"中常用的词语。但在具体做法上，桃园和小站都是"扎根串连"，都是将基层组织视为"反革命两面政权"，都将斗争的矛头对向基层干部，都提出要"追上面的根子"，都是进行基层组织的改造。"这种以阶级斗争的观点来估量一切、

---

[1] 中共中央文献研究室编：《建国以来重要文献选编》第 19 册，中央文献出版社 1996 年版，第 326 页。

[2] 中共中央文献研究室编：《建国以来重要文献选编》第 19 册，中央文献出版社 1996 年版，第 330 页。

[3] 王光美、刘源等著，郭家宽编：《你所不知道的刘少奇》，河南人民出版社 2000 年版，第 110 页。

把大多数基层干部放到运动的对立面的做法,实际上重复了土地改革中曾经犯过的错误,给广大基层干部造成了伤害"[1]。

1964年12月15日至1965年1月14日,中共中央政治局在北京召开工作会议,总结前一阶段社会主义教育运动的经验,部署下一阶段的工作。两年多的社会主义教育运动的结果,不但未能解决干部队伍中存在的问题,反而发现形势越来越严峻。在会上的发言中,中南局第一书记陶铸提出,领导权不在我们手中的1/3打不住。西北局第一书记刘澜涛说,县以上"烂掉"的有严重问题的在50%以上,基本形式是滥用职权,包庇坏人和"反革命",自己可能就是"反革命"。华北局第一书记李雪峰说,情况愈摸愈严重,山西8个重点县县委,已"烂掉"3个,常委72人有问题的38人。[2]

12月28日,会议以纪要的形式通过了《农村社会主义教育运动中目前提出的一些问题》,简称"十七条",即:运动性质,统一提法,工作方法,抓全面,时间,宣布对隐瞒土地的政策,财贸部门的工作要同"四清"运动相结合,工作队队员,集团问题,给出路,"四清"要落在建设上,生产队规模,基层干部任期,监督问题,四大民主,工作态度。最后一条是讲以上各条原则适用于城市的"四清"运动。

"十七条"提出:社会主义教育运动的性质是"社会主义与资本主义的矛盾","重点是整党内那些走资本主义道路的当权派"。"城市乡村的社会主义教育运动,一律简称'四清':清政

---

[1] 中共中央文献研究室编:《刘少奇传》下册,中央文献出版社1998年版,第965页。
[2] 《杨尚昆日记》下册,中央文献出版社2001年版,第463、467—468、469页。

治、清经济、清思想、清组织"。在运动的工作方法上,"必须利用矛盾,争取多数,反对少数,各个击破"。对"四清"的对象,必须善于分化他们,把最坏的人孤立起来。在时间上,一个大队搞半年左右,三年左右搞完全国三分之一的地区,用五六年的时间在全国搞完。

就在这次会议上,毛泽东和刘少奇对社会主义教育运动的看法出现了严重分歧。

一是关于农村主要矛盾的提法。刘少奇认为,当前农村的主要矛盾是"'四清'与'四不清'的矛盾",运动的性质是人民内部矛盾与敌我矛盾交织在一起;毛泽东认为主要矛盾是社会主义与资本主义的矛盾。在12月20日的会议上,刘少奇说:陶铸同志提出农村当前的主要矛盾是富裕农民阶层跟广大群众、贫下中农的矛盾。是这样提,还是说原来的地富反坏跟蜕化变质的有严重错误的坏干部结合起来跟群众的矛盾?毛泽东说:地富反坏是后台老板,"四不清"干部是当权派。农村的中心问题是这一批干部,主要是大队和生产队的干部,骑在农民头上,农民不好混,穷得要死。地主、富农那些人已经搞臭过一次了,至于这些当权派从来没有搞臭过,他又是共产党,上面又听他的。就是要发动群众来整我们这个党,整那个支部,整那个公社党委,中心问题是整党,不整党没有希望。在会议讨论主要矛盾如何提法时,陶铸提出:"我同意城市、农村是'四不清'的干部和广大群众的矛盾的意见。"李雪峰则说:"主要矛盾除严重的'四不清'干部以外,还包括严重的贪污盗窃分子、投机倒把分子。"毛泽东说:"严重'四不清'干部,投机倒把、贪污盗窃。"刘少奇说:"主要矛盾就是'四清'与'四不清'的矛盾,行不行?"陶铸表示赞成。毛泽东则说:"不以人的意志为转移。杜甫有一首诗,其中有四句是:'挽弓当挽强,用箭当用长。射人先射马,擒贼先擒王。'"[1] 在12月27日的会上,陈伯达就矛盾问题作解释时说:主席根据大家的意见作了总结,主要矛盾是社会主义和资本主义。内部矛盾哪个时代没有?党内外矛盾交叉,党内有党,国民党也有这个问题。说人民内部矛盾与敌我矛盾交叉,也不能说明矛盾的性质。要概括成社会主义和资本主义,才能说明矛盾的性质。

二是关于运动的搞法。本来,毛泽东对刘少奇在主持修正"后十条"前后提出的社会主义教育运动要采取秘密串联、大兵团作战、不依靠基层干部的做法,就有不同看法。在12月20日中央政治局扩大会议上,毛泽东有针对性地说:"干部里面无非是左、中、右。我相信,右的,特别坏的,总是只占一部分;左的也很少;中间派有人讲问题不那么很多,但是沾了一点,坏事也做了一点,要把这一部分人拉过来。划地富的结果,户数不要超过百分之七、八,人数要不超过百分之十左右。我提出这个问题,有点'右'。我就是怕搞得太多了,搞出那么多地主、富农、国民党、反革命、和平演变的,划成百分之十九二十。如果是百分之二十,七亿人口就是一亿四,那恐怕会要发生一个'左'的潮流。树敌太多,最后不利于人民。要把那些几十块钱、一百块钱、一百几十块钱问题的大多数'四不清'干部先解放,我们的群众就多了。但是现在正是有劲的时候,我们现在这一盆

---

[1] 中共中央文献研究室编:《毛泽东年谱(1949—1976)》第5卷,中央文献出版社2013年版,第452—453页。

冷水下去，我又怕泼冷水。现在不要把这个气候传下去，现在还是反右。至少再搞五个月，一月、二月、三月、四月、五月。你们掌握气候。一不可搞得打击面太宽了，二不可泼冷水，撑那个'四不清'干部的腰。过去那个'四清'，清财务、清仓库、清工分、清账目，那只是经济，变成'一清'了。我赞成把过去那个'四清'的概念改变，现在就是包含一个思想，一个组织，一个政治，一个经济。退赔，实在拿不出来的，宽大处理算啦。"[1]随后，毛泽东又明确表示，"四清"运动搞大兵团作战是繁琐哲学，搞人海战术不行，扎根串连搞得运动冷冷清清。

会议根据毛泽东的意见，重新讨论了"十七条"，并作了重大修改。文件仍名为《农村社会主义教育运动中目前提出的一些问题》，增加了"形势""搞好运动的标准""集中力量，打歼灭战""抓面的工作""干部问题""建立贫下中农协会"和"思想方法"等七条，去掉了"集团问题"这一条，全文共二十三条，简称"二十三条"。

"二十三条"提出，绝大多数农村基层干部是要走社会主义道路的，对待干部要一分为二，要采取严肃、积极、热情的态度，好的和比较好的干部是多数；对于那些犯轻微"四不清"错误的，或者问题虽多但交代好的干部，要尽可能早一点地解放出来，逐步实行群众、干部、工作队"三结合"。"四清"工作要走群众路线，不要冷冷清清，不要神秘化，不要只在少数人当中活动，也不要搞人海战术。"四清"要落在建设上面，增产要成

---

[1] 中共中央文献研究室编：《毛泽东年谱（1949—1976）》第5卷，中央文献出版社2013年版，第452—453页。

为搞好运动的标准之一。这些规定，对于纠正1964年下半年社会主义教育运动中的许多"左"的做法，维护农村的稳定，都是有积极意义的。

但是，"二十三条"没有也不可能改变"四清"运动"左"的指导思想，相反地，它仍强调运动的性质是社会主义同资本主义的矛盾，运动的重点是"整党内那些走资本主义道路的当权派"，"那些走资本主义道路的当权派，有在幕前的，有在幕后的"，"支持这些当权派的人，有的在下面，有的在上面"。"在上面的，有的在社、区、县、地，甚至有在省和中央部门工作的一些反对搞社会主义的人"。这就把斗争的矛头尖锐地对向了各级领导干部，使阶级斗争扩大化的"左"倾思想发展到了一个新的阶段。

"二十三条"下发后，各地"四清"运动仍在继续。1965年5月8日和5月10日，中共湖北省委和河北省委分别就今后农村"四清"运动的部署问题请示中共中央。湖北省委在请示报告中提出：以县为单位，集中省、地、县各级党委的力量，今冬明春在面上进行初步的"四清"，然后在一个区或几个区进行系统的"四清"，解决在初步"四清"中没有解决的问题和落后社队的问题。河北省委的部署是以地委为单位，每个地委搞几个县。两个省委都提出要在农忙季节搞好县、区、社的"四清"，在冬春农闲季节搞好农村"四清"，在1967年底基本完成农村的"四清"工作。中共中央同意了湖北和河北省委的部署，并要求各省、市、自治区参考湖北、河北的报告，作出本省、直辖市、自治区的"四清"部署，同时要求在符合六条标准的条件下尽可能快一点地完成农村的"四清"运动。

到1965年上半年，全国已有649个县结束了"四清"，占总数的 32%。已经基本结束的有北京、上海两市，完成了 40% 以上的有河北、辽宁两省。然而，从 1965 年下半年起，毛泽东对"四清"运动已不大感兴趣，认为"四清"也好，与"四清"同时进行的文化领域的大批判也好，都不能从根本上解决"反修防修"的问题，转而酝酿发动一场新的自下而上的运动，来解决"社会主义和资本主义两条道路谁战胜谁"的问题。

四、"四清"运动对农业的影响

"四清"运动是中共中央组织和发动的一场大规模的政治运动，是中共八届十中全会提出的阶级斗争扩大化理论在农村进行的一桩大试验，也是当年"反修防修"的一个大举措。对于这场运动，中共十一届六中全会通过的《关于建国以来党的若干历史问题的决议》已作出了客观的评价："1963 年至 1965 年间，在部分农村和少数城市基层开展的社会主义教育运动，虽然对于解决干部作风和经济管理等方面的问题起了一定的作用，但由于把这些不同性质的问题都认为是阶级斗争或者是阶级斗争在党内的反映，在 1964 年下半年使不少基层干部受到不应有的打击，在 1965 年初又错误地提出了运动的重点是整所谓'党内走资本主义道路的当权派'。"[1]

"四清"运动虽然在解决当时干部中存在的一些不正之风，加强人民公社的经营管理，打击贪污盗窃、投机倒把和刹住封建迷信活动等方面，起了一定的积极作用，但是，这场运动是在阶

---

[1]《关于建国以来党的若干历史问题的决议》，《人民日报》1981 年 7 月 1 日。

级斗争扩大化理论的指导下、在对我国农村阶级和阶级斗争的形势作了严重脱离实际的估计的前提下进行的。因此，它对我国农业生产和农村社会发展不可避免地带来了许多负面影响。

首先，"四清"运动挫伤了一部分基层干部、群众的工作热情和生产积极性。凡是经历"四清"运动的地方，几乎都对阶级敌人的破坏活动和干部队伍的不纯情况，作了相当严重的估计。在"四清"运动过程中，尤其是"后十条"修正草案出台后，对基层干部不但采取了完全不信任和撇在一边的态度，而且还进行批斗夺权，普遍发生打击面过宽和撤换、处分干部过多的现象，甚至变相体罚和打骂干部。采取扎根串连、访贫问苦的做法，表面上是依靠群众，实际上是不相信群众。因为事先就有了"三分之一的政权不在我们手中"的概念，工作组常常一进村，就觉得干部有问题，是"四不清"干部，如果没有发现问题就是工作没深入，群众没发动。只要发现一点"四不清"线索，就穷追不舍，加之工作组以及工作团权力很大，实际上取代了县以下各级组织，有权决定除县委书记、县长以外的县级及县级以下干部、职工的提拔、调整、交流、罢免、撤职、退职、清洗和补进，对所谓的"四不清"干部可以随意隔离审查，这就难免产生"逼、供、信"，甚至发生打人、捆人等现象，致使一些干部自杀、逃跑。北京郊区的通县（1997年改设通州区）1964年下半年"四清"运动高潮时，来了2万人的工作队，有110个工作队打人，发生自杀70多起，死了50多人。陕西省长安县在运动中共发生自杀事件182起，154人自杀身亡，28人自杀未遂。甘肃省张掖地区的张掖、高台、临泽、民乐、山丹五个县，在"二十三条"下达前，共212人自杀。

对"四不清"干部,也存在退赔过严的问题,有的地方算干部多占工分时,竟从1958年、1959年算起。不少"四不清"干部只得变卖口粮、房子、衣服、家具等来退赔。而且有的工作组一进村,就主观上认定当地干部存在"四不清"问题。1965年9月至次年5月,吉林省公主岭市凤响公社泡子沿大队全面开展"四清",全大队的36名新老干部全成了清查对象,工作组将他们集中起来交代问题,不交代清楚不准回家。大队党支部书记刘福祥自土地改革起就一直当干部,工作组认为他当这么多年的干部,一定有问题,就开展内调外查,组织社员揭发,始终没有查出问题,最后硬说他在社员家吃饭不给钱,让他退赔40元,然后免去支部书记职务。[1]在农村基层干部中,多吃多占的现象有一定的普遍性,但绝大多数干部通过批评教育是可以解决问题的。农村干部中也确有极少数为非作歹、欺压百姓的坏分子,但这毕竟是个别现象,多数基层干部是好的和比较好的。

在"四清"运动中,还存在对干部的处理面过宽的问题。青海省"四清"典型公社被清洗的脱产干部占24.4%,农村党员被开除、不予登记、劝退的占45.6%,公社书记有60%被认为不能继续工作下去。[2]甘肃省"四清"试点县被斗争的干部占干部总数的21%。[3]据1965年5月对山东曲阜、海阳、齐河、长岛、临沂、泰安、历城7个县的初步统计:被定为阶级异己分子和蜕化变质分子的人数占基层干部总数的2.8%;开除党籍的占党

---

[1]《当代中国的农业合作制》编辑室编:《当代中国典型农业合作社史选编》上,中国农业出版社2002年版,第375—376页。

[2]《杨尚昆日记》下,中央文献出版社2001年版,第535页。

[3]《杨尚昆日记》下,中央文献出版社2001年版,第536页。

员总数的 5%—10%；受撤职以上处分的占干部总数的 1.5%，属于懒、馋、贪、占、变的干部占干部总数的 80%。[1]福建省连江县第一批"四清"的 146 个大队和县社机关中，参加运动的干部有 79% 被定为"四不清"干部。[2]由于"四清"的前提是对基层干部不信任，又采取了不适当的方法，严重挫伤了广大干部的积极性，相当多的干部躺倒不干了。小站夺权是"四清"运动中夺权的样板，"四清"运动结束后，小站地区的党员干部在相当长一段时间里仍心有余悸。"他们工作上患得患失，谨小慎微，不敢放手开展工作，恐怕言行有失而挨整。有些村干部动不动就躺倒不干，他们的家属也劝阻甚至哭闹着不让他们当村干部，理由就是一条，干下去没有好下场。结果，区委、公社的领导常常要花大量的时间和精力去各村'扶班子'。"[3]

在"四清"运动中，还过分夸大对敌斗争的敌情，把"地、富、反、坏"分子的破坏活动估计得过于严重，又主观地认为他们是"四不清"干部在下面的根子，"四不清"干部是他们的代理人，所以要"追根子"。对他们的斗争则采取了土地改革时斗争地主恶霸的那一套方法，并对其进行管制监督，一举一动都要报告，这样做并不利于他们改造。其实，经过十多年的改造，多数地主、富农已经成为自食其力的劳动者，想复辟的只是极少数。运动中，又进行民主革命的补课，将一部分群众重新划为地主、富农成分，列入阶级敌人一边，进行批斗，造成了敌我

---

[1]《谭启龙回忆录》，中共党史出版社 2003 年版，第 617 页。
[2] 成波平：《连江县的"四清"运动》，《党史研究与教学》1989 年第 6 期。
[3] 刘晋峰：《陈伯达与小站"四清"》，《炎黄春秋》2000 年第 1 期。

不分，例如，陕西省长安县在"四清"中补划地主、富农成分2724户，1979年复查时发现2707户是错划的，错划者占99%。给这部分群众带来了严重的打击。

其次，"四清"运动使"农业六十条"的贯彻受到了严重干扰。"四清"运动起因于对所谓"单干风"的批判，运动中又提出了要批所谓"三自一包"（即自留地、自由市场、自负盈亏、包产到户）的问题。1964年2月，毛泽东在接见外宾时说，中央农村工作部有人主张"三自一包"，目的是要解散社会主义农业集体经济，要搞垮社会主义制度。同年4月，毛泽东在会见日本共产党代表团时，又说：我们党内有一部分同志"在国内问题上提出了'三自一包'，即强调自由市场、自留地，把集体经济、社会主义市场放在第二位，把私有经济放在第一位，农民的自留地放在第一位。第三就是自负盈亏，小商人做生意要自负盈亏，就是发展资本主义。这是'三自'。还有'一包'是主张把土地包到各家去种，不搞集体。当时这是一股风，1962年很猖狂"[1]。按惯例，中央领导人接见外宾的谈话要向党内高级干部作通报。毛泽东对"三自一包"的这种态度，必然对农村政策产生影响。

随着社会主义教育运动的深入，包产到户作为"走资本主义道路"的代名词而销声匿迹，人民公社分配中的平均主义"大锅饭"长期压抑着农民的生产积极性。为了限制"资本主义自发势力"，一些地方违反"农业六十条"的规定，随意没收社员的自留地、开荒地，开展所谓的"拔青苗运动"。河南省登封县有一个区委规定：自留地全部丈量并重新分配，土地好的自留地

---

[1] 丛进：《曲折发展的岁月》，河南人民出版社1989年版，第577—578页。

要换坏的;自留地打的粮食一律顶口粮,顶分配,有余粮要卖给国家;自留地只准种菜,种"接口粮",不准大面积种粮食作物;自留地不准多上肥,不准上牲口肥;集体地未种完,不准加班抢种自留地。浙江省奉化县松岙公社强迫没收社员开荒地,说什么"宁肯遍地出青草,不准社员多种粮"。辽宁省本溪县牛心台区南芬镇"四清"工作队规定将社员屋前屋后的零星菜地全部没收,并组织200多人到社员菜地里强行毁垄铲苗,连果树也被拔掉了。天津市北郊宜兴埠公社党委书记在一次生产队长会议上说:社员的"小自由"搞得太多,资本主义太严重了,要消灭资本主义。会后,组织基干民兵到社员自留地、开荒地,将已经扬花的小麦,齐胸高的高粱、玉米、青麻全部砍掉。社员心疼地说:"麦子再等一个来月就熟了,可是被共产党砍了头,难道你们就不心疼吗?如果说我们社员犯了条例,可青苗没有犯罪呀!为什么办出这种缺德的事呢?"[1]没收自留地、毁除青苗的事,在福建、广东、江西、山东、甘肃、新疆等地都有发生。

此外,"一平二调"的"共产风"现象又在一些地方出现。四川、陕西、山东、吉林等地有些县、社、大队,为了兴修小型水电站和水利工程,"平调"生产队和社员的资金。有的地方硬性摊派集资任务,致使社员只得卖小猪、卖口粮交款。吉林省海龙县(1985年改设梅河口市)义民公社在大队会上宣布,凡是参加办水电的队,不论家里有多少钱,一律不准动,在信用社的存款也不准支付,都必须用在办水电上。有的地方不分受益多

---

[1]黄道霞等主编:《建国以来农业合作化史料汇编》,中共党史出版社1992年版,第820页。

少,一律分配集资任务,甚至挪用生产队的生产资金,挤占社员分配,影响生产队的生产和社员生活。又据中共河南省委农村工作部整理的材料,河南农村部分地区又出现了"一平二调三收款"的现象如:"平调"生产队的资金、物资,办电、办厂;不讲政策,不顾生产队的偿还能力,硬性扣除各种欠账;无偿"平调"生产队的劳力修路、修水库;事事要生产队投资、记工;等等。河南省正阳县采取义务工的办法,修建正阳到确山的公路,决定从全县各生产队抽调民工2000多人,时间45天,自带架子车,每人每月由生产队供给口粮50斤、现金6元,并要每个大队出3名石工,每人每月由生产队供给口粮30斤、现金6元。

在"四清"运动中,一些地方对社员家庭副业加以限制,对那些经营家庭副业有方或者在集市贸易中赚了钱的社员,当作"单干"和"资本主义自发势力"加以批判。1965年1月28日,《河南日报》发表社论,强调要把发展副业生产提高到两条路线斗争的高度去认识,副业生产的阵地,社会主义不去占领,资本主义就会去占领,集体副业不发展就给"资本主义自发势力"留有空子可钻,要以阶级斗争为纲、社会主义为纲去指导副业生产。随着"四清"运动的深入和对阶级斗争越来越严重的估计,自由贸易也被当作产生投机倒把的土壤和产生资本主义的温床而被批判,农村集市贸易被严格限制。

还有的地方推行大队核算。中共广西区党委《关于农村"四清"运动的若干问题(草稿)》规定:"队太小有条件合并的,要合并。抓住'四清'运动的有利时机,解决生产队规模过小的问题,对发展生产,巩固和发展集体经济,树立贫下中农的优势,建立领导核心,有重要的作用。"[1]这显然是违背了"农业六十条"关于基本核算单位至少三十年不变的规定。广东省普宁县也提出要并队,搞大队核算。

当然,也要看到,农村展开"四清"运动期间,是人民公社化运动以来农业生产取得较快发展的时期。1963年至1965年,全国农业总产值分别比上年增长11.6%、13.5%和8.1%。1965年的全国农作物总产值达到了446.8亿元,比严重困难的1960年增长了34.3%,比1957年高出3.3%,从整体上已超出1957年的水平。1965年的粮食总产量达到了19453万吨,比1960年增长了35.6%,接近1957年的水平。1965年,全国人均占有粮食544斤、棉花5.9斤、油料10.1斤,分别比1960年增长了26.5%、150%、74.1%。1965年农村人均用粮、消费的蔬菜、食用糖及货币收入都达到或超过了1957年的水平。这些说明,经过亿万农民的共同努力,我国的农业生产已经走出了1959—1961年的低谷,农业生产已走上恢复性发展的轨道。

1963年至1965年农业生产的恢复和发展,首先应归功于广大农民和农村干部为克服困难所作的艰苦努力。中国农民为中国革命和建设作出了巨大的贡献与牺牲,即使在严重困难面前,他们也相信党、相信社会主义,这是中国农民可贵的品质。在这段困难的日子里,中国农村涌现出了山西昔阳县大寨、河南林县红旗渠这样的先进群体,农村干部中涌现出了焦裕禄这样的模范人物。其次,要归功于"农业六十条"对农村政策的重大调整。正

---

[1] 王祝光主编:《广西农村合作经济史料》上册,广西人民出版社1988年版,第462页。

因为这种调整，使人民公社去掉了成立之初的空想成分，使其规模、组织结构及各项方针政策基本符合当时的实际。虽然公社这种政社合一的体制未必是合理的，但这些政策是在人民公社这个外壳之下所能容纳的最大限度的调整，从而调动了广大生产队和农民的生产积极性。这期间，全国各条战线对农业生产的支援，对农业生产的恢复和发展也起了积极作用。

改革开放共识是如何凝聚的

1978年中共十一届三中全会之后,改革开放成为时代的最强音,也成为当代中国最显著的特征。十一届三中全会召开之时,离结束"文化大革命"只有两年多一点的时间,那么,在如此短的时间里,改革开放为什么能够迅速成为全党全国共识?这种共识又是如何形成的?

一、对历史的反思促成探寻新路

众所周知,1957年至十一届三中全会前的二十年,接连不断的运动成为中国政治生活常态,也成为国人日常生活的重要组成部分。仅全国性的运动来说,就先后有1957年的反右派运动,1958年的"大跃进"和人民公社化运动,1959年庐山会议的"反右倾"运动,1963年开始的全国城乡的社会主义教育即"四清"运动,至于1966年至1976年的"文化大革命"更是一场大运动,而且每个大运动中又套有各种小运动。可以说除了1961年和1962年因为调整国民经济的同时进行政治关系调整,政治运动相对较少外,其余的年份几乎每年都有运动。这其中,既有矛头对向党外的运动,也有矛头对向党内的运动。

每次政治运动总有一批人受到批判或者冲击。比如说,1957

年的反右派运动,不但使一大批知识分子被错划为右派分子,使他们遭受不公正的待遇,而且对整个知识界作出了资产阶级知识分子的政治判断,严重地挫伤了广大知识分子的积极性。1959年庐山会议全党范围的"反右倾",使党内数百万各级干部被当作右倾机会主义分子遭到错误批判甚至组织处理。在 1963 年至 1965 年的社会主义教育运动中,不但许多已经得到改造的地主富农分子重新成为批判与斗争对象,而且作出"三分之一的政权不掌握在我们手里"的判断,使一大批基层干部受到不公正待遇。至于在十年"文化大革命"中,没有受到运动波及的人很少,过去斗争批判的对象(如地主、富农、反革命、坏分子所谓"四类分子",如果加上右派就被称为"五类分子")再度被批斗,就是过去作为各类运动领导者的大批干部,也被当作"走社会主义道路的当权派"被打倒或"靠边站"。即使是普通的工人农民和机关干部,也要花费大量的时间精力参加运动,甚至要么被卷入造反的一方成为造反派,要么因为不赞成造反而成为保皇派。其结果,最初因提倡"造反有理",保皇派成为造反派冲击的对象;后来在清理阶级队伍时,又有相当多的造反派被冷落甚至成为所谓"五一六分子"。可以说在"文化大革命"那个特殊的年代,干部群众中没受运动冲击的人很少,批判斗争别人的人后来又成为别人批判斗争的对象并不罕见。

这一连串的政治运动,至少出现了两个严重后果:一是伤人太多,几乎没有多少人成为各类运动真正的幸运儿;二是这种反复折腾使人们把时间与精力耗费在政治斗争上,而生产和工作没有受到应有的重视,导致经济发展滞后人民生活长期得不到改善。但是,坏事也可变成好事。粉碎"四人帮"宣告"文化大革命"结束之后，社会逐渐走向安定，在经历多年的政治运动之后，人们对那些无休无止的政治运动不但已经非常厌倦，而且也促使人们反思：这样的运动能真正解决资本主义与社会主义两条道路谁战胜谁的问题吗？能实现中国的繁荣富强吗？过去的老办法还行得通吗？过去的老路还能继续走吗？等等。这种反思的结果，使人们意识到必须找到新办法，找到新道路。正因为如此，使人们产生了迅速改变现状的强烈欲望，尤其是促使广大干部和知识分子对过去的做法进行反思，开始意识到中国的出路只能是改革。正如邓小平在十一届三中全会前的中央工作会议上所说："如果现在再不实行改革，我们的现代化事业和社会主义事业就会被葬送。"[1]

还应该看到的是，在"文化大革命"中，许多老干部不是被打倒就是"靠边站"，后来又有相当多的人被下放"五七干校"或被遣送农村劳动改造，这客观上使他们对中国社会底层有了真切的了解，感受到中国社会底层的穷和普通老百姓的苦。他们当年带领群众搞革命本来就是为了老百姓过上好日子，但革命胜利后这么多年，老百姓却还没过上他们希望的那种生活，这也使他们产生了必须改变中国社会现状的强烈的使命担当。

邓小平是人们公认的中国改革开放的总设计师。从中共八大开始，他就成为中共第一代中央领导集体的重要成员，几乎参与了八大以来到"文化大革命"前所有重大决策。因为在一些问题上与毛泽东认识有所不同，邓小平在"文化大革命"中两次被打倒：第一次是"文革"爆发之初，他被指责为"刘邓资产阶

---

[1]《邓小平文选》第二卷，人民出版社1994年版，第150页。

级司令部"的第二号人物;第二次是粉碎"四人帮"之前,他被诬称为"党内那个不肯改悔的走资派"。从1966年至1977年第二次复出前的十多年里,除了1973年至1975年三年外,邓小平不是被监管监禁,就是被发配参加劳动,远离了权力中心,没有繁杂的日常事务。这也使他有足够的时间反思中国的过去,思考中国的未来。特别是在被遣送到江西新建县的几年时间里,除了在县拖拉机修造厂劳动、看书,邓小平更多的是思考。他女儿回忆说:"在江西的这一段时间里,父亲有一个习惯,每天黄昏落日之前,总是十分规律地围着我们那个小小的院子散步。他沉思不语,步伐很快,就这样一圈一圈地走着。日复一日、月复一月、年复一年,那红色的砂石地上,已然被他踏出了一条白色的小路。""我想,就在这一步一步之中,他的思想、他的信念、他的意志,随着前进的每一步而更加明确,更加坚定起来。这些思想的蕴育成熟,是否已为日后更加激烈的斗争做好了最充分的准备呢?"[1]

我们现在自然无法知晓邓小平当时想了些什么,但作为一个勇于担当的革命者,一个有强烈使命感的共产党人,他一定在思考中国应该有怎样的未来并如何去实现。他后来也说:"'文化大革命'中我被打倒两次。这种经历并不都是坏事,使我有机会冷静地总结经验。因为有了那段经历,我们才有可能提出现行的一系列政策,特别是提出怎样建设社会主义的问题。要解决这个问题,就要弄清楚什么是社会主义以及社会主义的主要任务是什么。社会主义一定要体现出优越于资本主义。如果还没有达到这一点,就要朝这个方向努力。努力的标志就是发展生产力和提高

---

[1]毛毛:《在江西的日子里》,《人民日报》1984年8月22日。

改善人民生活的速度。贫穷不是社会主义，更不是共产主义"。[1]如何发展生产力和提高改善人民生活的速度？必须寻找新路，办法唯有改革。

"文化大革命"结束后，人心思变，许多人都觉得老路不能再走了，思想的禁锢逐渐被解除，思想闸门逐步被打开，这也为1978年关于"实践是检验真理的唯一标准"的大讨论能够开展奠定了社会基础。这场大讨论并不是讨论一个哲学问题，而是讨论如何看待我们过去的历史，过去走过的道路。质疑和反对"两个凡是"本身就是解放思想的表现，而真理标准问题讨论的结果，不但使更多的人认识到"两个凡是"的错误，而且进一步解放了人们的思想。没有思想的解放就不会有后来的改革开放。

对于这个问题，邓小平有着十分深刻的论述，认为"'文化大革命'是一场灾难，但也是一个很好的反面教员，教育了我们，也教育了全体中国人民"[2]。1986年9月2日，邓小平接受美国哥伦比亚广播公司《60分钟》节目记者迈克·华莱士的电视采访，在谈到"文化大革命"时又说："那件事，看起来是坏事，但归根到底也是好事，促使人们思考，促使人们认识我们的弊端在哪里。为什么我们能在七十年代末和八十年代提出了现行的一系列政策，就是总结了'文化大革命'的经验和教训。"[3]1987

---

[1] 中共中央文献研究室编：《邓小平年谱（1975—1997）》下，中央文献出版社2004年版，第1158页。

[2] 中共中央文献研究室编：《邓小平年谱（1975—1997）》下，中央文献出版社2004年版，第1048页。

[3] 中共中央文献研究室编：《邓小平年谱（1975—1997）》下，中央文献出版社2004年版，第1133页。

年4月26日,他在会见捷克斯洛伐克总理卢博米尔·什特劳加尔时,再次指出:"我们现在的方针政策,就是对'文化大革命'进行总结的结果。最根本的一条经验教训,就是要弄清什么叫社会主义和共产主义,怎样搞社会主义。"[1]他还说:"中国不仅领导层支持改革,而且全国人民上上下下都要求改革。这要归功于'文化大革命'。'文化大革命'变成了全国人民的大课堂。中国有'文化大革命'和没有'文化大革命'不同,所以我们不能只讲'文化大革命'的阴暗面,它也有些作用,这种作用就是教育我们要改革开放。"[2]因此,"文化大革命"作为一场旷日持久的政治运动,"不是也不可能是任何意义上的革命或社会进步"[3],从这个角度必须加以否定,但"文化大革命"提供了反面教训,"没有'文化大革命'的教训,就不可能制定十一届三中全会以来的思想、政治、组织路线和一系列政策"[4]。

二、客观现实促使思谋变革

由于长期遭受帝国主义的侵略和封建主义的统治,加之接连不断的战争,新中国成立时中国经济可以说百孔千疮。1949年中国的发电量只有43.1亿度,粗钢15.8万吨,生铁24.6万吨,煤

---

[1] 中共中央文献研究室编:《邓小平年谱(1975—1997)》下,中央文献出版社2004年版,第1182页。

[2] 中共中央文献研究室编:《邓小平年谱(1975—1997)》下,中央文献出版社2004年版,第1242页。

[3]《关于建国以来党的若干历史问题的决议》,《人民日报》1981年7月1日。

[4] 中共中央文献研究室编:《邓小平年谱(1975—1997)》下,中央文献出版社2004年版,第1244页。

炭 3243 万吨，原油 12.1 万吨，天然气 0.07 亿立方米，化肥 0.6 万吨，机床 0.16 万台。那时的中国，虽然国土面积、人口上是一个大国，但在经济上是一个小国、弱国。新中国成立后，迅速医治了常年战争的创伤，在苏联的援助下开始了工业化建设的进程，但是贫穷落后的面貌不是短时间就可以改变的。可以说，新中国是在一穷二白的基础上展开各项建设事业的。

1949 年新中国成立之后，国家的面貌发生了巨大的变化，不但建立了全新的社会主义制度，而且形成了比较完整的国民经济体系和工业体系，汽车、飞机、坦克、轮船、拖拉机等都能自己造了。到 1978 年，我国原煤产量 6.18 亿吨，水泥 6524 万吨，原油 1.0405 亿吨，天然气 137.3 亿立方米，发电量 2031 亿度，生铁 3479 万吨，成品钢材 2208 万吨，汽车 12.54 万辆，拖拉机 11.35 万辆，可以说主要工业产品的产量与新中国成立之时相比，是几十倍甚至几百倍的增加，不少工业部门从无到有地建立起来。不但如此，我国的国防工业取得长足发展，已经能够生产各类常规武器，而且"两弹一星"研制成功，进一步提高了中国的大国地位。如果说，1949 年新中国的成立使中国人从此站起来了的话，那么，完整的工业体系的建立，"两弹一星"的研制成功，国防实力的大幅度提升，使中国人不但进一步站起来了，而且站稳了。

但是，在当时特定的历史条件下，国家不得不确立的是优先发展重工业特别是国防工业的方针。新中国成立时，帝国主义国家对新中国采取敌视政策，即经济上封锁、军事上遏制，美国先后挑起朝鲜战争、越南战争，把战火烧到中国边境。20 世纪 60 年代中苏关系破裂后，苏联又在中苏、中蒙边界陈兵百万，使中国面临非常严重的战争危险。如果不加快重工业特别是国防工业的发展，就难以确保国家安全。要发展工业特别是重工业，需要大量的资金投入，在国家经济基础十分薄弱的情况下，只能压缩消费开支，因而在积累与消费的关系上只能重积累轻消费。按当年价格计算，1952年积累率为21.4%，1957年为27.9%，到1978年为36.5%。在工农业关系方面，重工业轻农业，虽然也一再讲农业是国民经济的基础，但始终通过工农业产品价格的"剪刀差"为工业化积累资金。在工业内部重工业与轻工业的关系上，重重工业轻轻工业，重工业发展较快而与人民生活密切相关的轻工业发展较缓慢。1949年全国工农业总产值为466亿元，其中农业总产值为326亿元，工业总产值为140亿元；在工业总产值中，轻工业103亿元，重工业37亿元，是标准的农业国。到1978年，按照1952年的不变价格计算，全国工农业总产值为5690亿元，其中农业总产值1459亿元，工业总产值4231亿元；在工业总产值中，轻工业总产值1806亿元，重工业总产值2425亿元。总之，1949年以来，虽然工业有了很大的发展，甚至有不少工业产品的产量已经位居世界前列，但人民生活改善有限。

1978年全国农民年平均纯收入134元，职工平均工资614元，每人每年消费猪肉16.3斤，棉布化纤布24.1尺，平均每人储蓄存款余额22元，每百人拥有自行车7.7辆，城市每万人拥有公共车辆3.3部，每百人拥有电视机0.3台，每百人拥有收音机7.8台。[1]全国城乡人民生活水平普遍不高，农村表现尤其明显。在安徽全省28万个生产队中，只有10%的生产队能维持温饱；67%的队人均年收入低于60元，25%的队在40元以下。

---

[1] 国家统计局编：《中国统计年鉴1981》，中国统计出版社1982年版，第423页。

这种情况自然不只存在于安徽一地。据当年《人民日报》的公开报道，1978吉林梨树县人均收入60元以下的生产队有300个，其中一部分生产队人均收入不足30元。[1]1977年末，辽宁凤城全县有20%生产队每人平均收入不到50元。[2]即便到了改革开放后的1980年，"全国农村中还有相当一部分地区，人均收入不到四十元，人民生活相当困苦"[3]。在1978年11月召开的中央工作会议上，来自西北地区的一位领导干部发言说："西北黄土高原，人口2400万，粮食亩产平均只有170斤，有的地方只收三五十斤，口粮在300斤以下的有45个县，人均年收入在50元以下的有69个县"，"宁夏西海固地区解放以来人口增长2倍，粮食增长不到1倍，连简单再生产也有问题"。[4]

城镇居民的生活情况与农民相比要好一些，所以当时农民都希望自己能农转非，即由农业人口转变为非农业人口，俗称"吃国家粮"。农民之所以希望"吃国家粮"，是因为1953年建立粮食统购统销制度之后，对城镇居民的口粮及主要的副食品实行定量供应，而且有了城镇户口就意味着可以去当工人、当干部，就能够脱离十分辛苦而收益低下的农业生产而拥有收入相对较高且稳定的工作，即端上"铁饭碗"。实际上，当时城镇居民的生活水平也不高。由于物质短缺，城镇居民的主要生活用品基本上是凭证供应且供应量小，例如，四川城镇居民每人每月粮食供应量

---

[1]《梨树县300个穷队初步改变面貌》，《人民日报》1980年9月23日。
[2]《凤城县根据山区特点安排生产》，《人民日报》1949年4月20日。
[3]《依靠集体致富大有希望》，《人民日报》1980年7月31日。
[4] 张湛彬：《大转折的日日夜夜》上，中国经济出版社1998年版，第388—389页。

仅为19—21斤[1]，为全国最低，但其他地方也高不了多少。北京作为首都，居民物资供应相对较好，1978年，城镇居民人均消费植物油3.6公斤，猪肉15.97公斤，牛羊肉2公斤，禽类1.01公斤，蛋类4.25公斤，鱼虾4.7公斤。[2]这在全国来说，已经是相当不错的了。当年，城镇居民不但收入低，而且住房极为紧张。1978年，全国城镇居民人均住房建筑面积仅为6.7平方米，人均居住面积4.4平方米。据对182个城市的调查，有缺房户689万户，占35.8%。131万户长期住在仓库、走廊、车间、教室、办公室、地下室，甚至还有住厕所的。居住面积不足2平方米的，有86万户。三代同堂、父母同成人子女同室、两户以上职工同屋的，有189万户。住在破烂危险、条件恶劣的简陋房子里的，还有上百万户。"要求解决住房问题的呼声极为强烈，不断发生群众结队上访，联名请愿，聚众抢房，甚至下跪求房的现象。"[3]

对于人民生活处于这样低水平的情况，邓小平、陈云等老一辈革命家可谓忧心忡忡。1978年9月16日，邓小平在长春听取中共吉林省委汇报时说：如果在一个很长的历史时期内，社会主义国家生产力发展的速度比资本主义慢，那就没有优越性，这是最大的政治，这是社会主义和资本主义谁战胜谁的问题。生产力总是需要发展的。"外国人议论中国人究竟能够忍耐多久，我们要注意这个话。我们要想一想，我们给人民究竟做了多少事情

---

[1] 中国经济体制改革研究会编：《与改革同行——体改战线亲历者回忆》，社会科学文献出版社2013年版，第17页。

[2] 北京市城市社会经济调查队：《北京市城市人民生活和物价史料（1949—1988）》，北京市统计局1989年编印，第34—35页。

[3]《关于城市住宅建设的意见》，《经济研究参考资料》1979年第76期。

呢？我们一定要根据现在的有利条件加速发展生产力，使人民的物质生活好一些，使人民的文化生活、精神面貌好一些。"[1]第二天，他在听取沈阳军区和中共辽宁省委负责人汇报时又说："马克思主义认为，归根到底要发展生产力。我们太穷了，太落后了，老实说对不起人民。我们现在必须发展生产力，改善人民生活条件。"[2]在1978年11月的中央工作会议上，陈云也说："建国快30年了，现在还有要饭的。老是不解决这个问题，农民就会造反。支部书记会带队进城要饭。"[3]那么，怎样才能对得起人民，如何不让农民造反？只能是改弦更张，思谋改革。

三、走出国门深感自身的落后

"文化大革命"期间虽然对内搞以阶级斗争为纲，开展接二连三的政治运动，但中国在对外关系上果断地进行了国际战略的调整，改变了一段时间四面受敌的局面，这为十一届三中全会之后全方位的改革开放创造了一个有利的国际环境。

新中国成立之初，由于当时的冷战格局和以美国为首的西方国家对新中国采取敌视和封锁政策，试图执行一条完全中立的外交路线，同时与苏美平行的发展关系显然是不可能的，因此我国

---

[1] 中共中央文献研究室编：《邓小平年谱（1975—1997）》上，中央文献出版社2004年版，第380页。

[2] 中共中央文献研究室编：《邓小平年谱（1975—1997）》上，中央文献出版社2004年版，第381页。

[3] 中共中央文献研究室编：《陈云年谱》下卷，中共中央文献出版社2000年版，第229页。

只得采取"一边倒"的外交政策,即倒向以苏联为首的社会主义阵营,重点发展与苏联和东欧社会主义国家的外交关系和经济关系。如果不实行"一边倒",那就只能完全自我封闭,回到闭关锁国状态。正是由于采取"一边倒"的外交政策,新中国获得了苏联的物资帮助和科学技术支持,也开始了"一五"计划时期一系列大型项目的开工建设。

苏共二十大赫鲁晓夫否定斯大林之后,中苏两党在如何评价斯大林的问题上出现了意见分歧,但随后由于波匈事件的发生,苏共有求于中共,两国关系一时走得较近。1958年由于赫鲁晓夫在两国关系上搞大国沙文主义,要求在中国建立长波电台和联合舰队,这将严重损害中国的主权而遭到中国领导人的拒绝。尽管这两件事后来不了了之,但给中苏关系的发展留下了阴影。这时,苏联的对外战略发生调整,赫鲁晓夫竭力与美国拉关系,并且认为资本主义国家有和平过渡到社会主义的可能。因此,如何看待战争与革命等重大问题,中苏两党出现了严重的分歧,而这些分歧出现后,赫鲁晓夫竟然采取撤走苏联在华专家、撕毁两国已签署的科学技术合同等做法,企图以此胁迫中国就范。这一系列事件进一步恶化了两国关系,随后,中苏两党在意识形态领域发生大论战,两党两国关系最终破裂,两国转向全面敌对,中国北部安全遭到严重威胁。

长期以来,由于意识形态等原因,中美之间处于对立状态,美国还支持退踞台湾的蒋介石集团"反攻大陆"。20世纪60年代初起,中苏交恶,中美对抗,与西面的印度关系又处于僵持状态,这就使得中国在一定程度上处于腹背受敌的境地。这种局面如果不加以改变,对于中国的和平与发展是不利的。面对这种局面，中国的对外政策有所调整，发展了同法国等资本主义国家的关系。到了20世纪60年代中后期，也就是"文化大革命"进入高潮的时候，苏联领导人的霸权主义严重影响到美国的国家利益和国际战略，而美国又陷入了越南战争的泥潭，出于国家战略的考虑，美国认为有必要打中国牌，希望改善与中国的关系。毛泽东、周恩来等中国领导人敏锐地看到了国际政治格局的变化，果断作出了与美国改善关系的重大战略决策。后来美国总统尼克松访华，中美关系得以缓和并为十一届三中全会后两国正式建立外交关系奠定了基础。中美关系的改善带动中国与其他发达资本主义国家关系的发展，1972年中日实现邦交正常化。到"文化大革命"结束的时候，中国与除美国之外的主要发达国家都建立了外交关系。

粉碎"四人帮"后，人们纷纷感觉到中国发展被耽误的时间太多，有一种只争朝夕的心情希望能够加快发展，而要发展自己就离不开对外部世界的了解和资金、设备的引进。因此，1977年和1978年，随着国内局势的稳定，一时形成一股出国考察访问潮。例如，1977年初，国家第一机械工业部副部长项南赴美考察美国的农业机械化；同年9月，冶金部副部长叶志强带领一批专家到日本考察，催生了引进成套设备建设宝钢的重大项目；这年12月底，国家经委主任袁宝华、对外贸易部部长李强率领代表团赴英、法进行企业管理的考察。此外，国家轻工业部、地质部、农业部、兵器工业部、石油部等也都组团出国（出境）考察。1978年之后，出国考察的人更多、层级也更高。1978年上半年由中共中央直接派出的考察团，就有以李一氓为团长的访问团对南斯拉夫和罗马尼亚的访问，以上海市委书记林乎加为团长的赴日经济代表团，以国务院副总理谷牧为团长的赴西欧五国（法国、瑞士、比利时、丹麦、西德）代表团，等等。仅1978年，就有12位副总理、副委员长以上领导人先后20次出访，访问了51个国家。作为中共中央主要领导人，华国锋也于这一年访问了朝鲜、伊朗、南斯拉夫和罗马尼亚。

这些访问团考察团最初的目的是为了引进西方国家的设备，后来逐渐地认识到光引进设备不够，还必须学习发达国家的管理经验。更重要的是，通过对这些国家的考察访问，使广大高中级干部意识到中国与发达资本主义国家甚至与东欧社会主义国家经济上的差距，而如何缩小这种差距就成了他们不得不思考的重要问题。

这些代表团出国考察所留下的最为深刻的印象主要有以下两点：

一是发达资本主义国家现代化程度很高，经济发展很快。赴日经济代表团在写给中共中央的报告中说：日本高速增长主要在20世纪60年代，10年间国民生产总值增长了3.6倍，平均每年增长15.5%。日本成为一个经济大国，其"窍门"有三条：其一，大胆引进新技术，把世界上的先进东西拿到自己手上；其二，充分利用国外资金；其三，大力发展教育和科学研究。该报告还指出：日本采取"拿来主义"实现后来居上，因此中国在技术上也应采取"拿来主义"[1]。访欧代表团在报告中说：西德一个年产5000万吨褐煤的露天煤矿只需2000工人，而中国生产相同

---

[1] 房维中编：《在风浪中前进：中国发展与改革编年纪事（1977—1989）》第一分册（1977—1978年卷），内部资料，2004年，第107页。

数量的煤需要16万工人；法国马赛索尔梅尔钢厂年产350万吨钢只需7000工人，而中国武钢年产钢230万吨，却需要67000工人；法国农业人口仅占全国人口的10.6%，生产的粮食除了供国内消费外，还有40%的谷物供出口，丹麦农业劳动生产率更高，农业人口仅占总人口的6.7%，但生产的粮食、牛奶、猪肉、牛肉可供三个丹麦全国人口的需要。访欧代表团在报告中认为，中国与发达国家相比大体上落后二十年，从人口平均的生产水平讲，差距就更大了。[1]

二是这些国家贫富悬殊并非过去想象的那么严重，普通劳动者的生活也有较大的改善。赴西欧五国代表团发现，西欧工人的工资都相当高，城市人均住房面积达20至30平方米，农民的生活水平同工人相差无几，公害也得到很好的治理，社会保持稳定。[2]1978年11月，时任中国社会科学院副院长的邓力群以顾问的身份随国家经委代表团访问日本，回来之后他在社科院党组学习会上汇报访日情况时说：1955年至1976年间，日本工人实际收入增长2.1倍，扣除物价因素，年均实际收入增长6%。除工资外，企业每年分红两次，每次分红增发1至3个月的工资，还有其他福利补助。普通工人家庭一般有四五十平方米的住宅，全国平均每两户多有1辆汽车，95%以上的人家有电视机、电冰箱、洗衣机、电唱机、吸尘器、电器炊具等耐用消费品，包括农民在内都穿毛料子，服装式样多。商店经营商品50多万种，

---

[1] 房维中编：《在风浪中前进：中国发展与改革编年纪事（1977—1989）》第一分册（1977—1978年卷），内部资料，2004年，第121—122页。
[2] 杨波：《开放前夕的一次重要出访》，《百年潮》2002年第2期。

而北京著名的王府井百货大楼仅有2.2万种,"相比之下,实在觉得我们很寒碜"[1]。

这些出访者看到的情况表明,这些年资本主义国家的经济与科技发展迅速,中国与发达国家的差距不是缩小了而是扩大了,他们由此产生了必须加快中国发展的紧迫感。而加快发展就要利用国外的资金、设备、技术和管理经验,因此必须打开国门,实行对外开放,同时还要改革制约自身发展的体制机制。有亲历者回忆说:"打倒'四人帮'以后,从中央到地方的各级领导干部,都在深刻反思历史的教训,这是一个总的背景。当时,外国究竟是怎么样?我们并不十分清楚。大家都有一种困惑,为什么我们的经济搞得这么差?我们的体制究竟出了什么问题?我们知道一点儿信息,日本、德国被战争打垮了,但他们为什么能在经济上崛起呢?走出去看过以后,使我们大开眼界!可以说,这一次出国考察,对我们这一代人来说,真是印象深刻啊!使我们看到了中国与世界的差距。"[2]1978年9月12日,邓小平访问朝鲜同金日成会谈时说:"我们一定要以国际上先进的技术作为我们搞现代化的出发点。最近我们的同志出去看了一下,越看越感到我们落后。什么叫现代化?五十年代一个样,六十年代不一样了,七十年代就更不一样了。"[3]

---

[1]《日本经济情况——邓力群1979年1月19日在社科院党组学习日上的汇报》,《经济研究参考资料》1979年第45期。
[2] 中国经济体制改革研究会编:《与改革同行——体改战线亲历者回忆》,中国社会科学文献出版社2013年版,第17页。
[3] 中共中央文献研究室编:《邓小平年谱(1975—1997)》上,中央文献出版社2004年版,第372页。

更为重要的是,邓小平也在1978年的下半年频繁出访。邓小平早年曾有在法国勤工俭学的经历,在法国的工厂当过工人,对资本主义国家的工业发展有直接的认识。1974年4月,他为出席联合国大会特别会议去了美国,是党的第一代中央领导集体成员中唯一去过美国的领导人,并且途中两次在巴黎作短暂停留。今天我们很难了解1974年的美国和法国之行给他留下了什么印象,在当时的政治环境下他也不便把自己所看到的对这两个国家的观感表达出来。1978年,邓小平除了年初访问了缅甸和尼泊尔之外,还于这年9月访问了朝鲜,10月下旬访问了日本,11月访问了泰国、马来西亚和新加坡。1979年初,邓小平出访美国。在访问日本期间,邓小平参观了日产汽车公司、君津钢铁厂、松下电器产业公司等现代化企业,还乘坐了新干线"光-81号"超特快列车,在火车上当日本记者问及乘坐新干线的观感时,邓小平说:"就感觉到快,有催人跑的意思,我们现在正合适坐这样的车。"[1]这使邓小平对什么是现代化有了更切身的感受。

1977年邓小平复出之后,讲得最多的一个话题,就是中国与发达国家的差距问题。1977年5月24日,他在同王震、邓力群谈话时说:"要承认落后,承认落后就有希望了。现在看来,同发达国家相比,我们的科学技术和教育整整落后了二十年。"[2]1978年3月30日,他在国务院会议上说:"什么叫社会主义,社会主义总是要表现它的优越性嘛。它比资本主义好在哪

---

[1] 中共中央文献研究室编:《邓小平年谱(1975—1997)》上,中央文献出版社2004年版,第413页。
[2]《邓小平文选》第二卷,人民出版社1994年版,第40页。

里？每个人平均六百几十斤粮食，好多人饭都不够吃，二十八年只搞了二千三百万吨钢，能叫社会主义优越性吗？干社会主义，要有具体体现，生产要真正发展起来，相应的全国人民的生活水平能够逐步提高，这才能表现社会主义制度的优越性。"[1]同一天，他在会见索马里新闻代表团时又说："国际上都说我们是一个大国，苏联甚至说我们是超级大国。我们的大，只表现在两个方面，一是地方大，一是人口多。按生产和科学水平来说，我们同你们一样，只能算是一个小国。"[2]同年3月18日，在全国科学大会开幕式的讲话中，邓小平更是明确指出："我们现在的生产技术水平是什么状况？几亿人口搞饭吃，粮食问题还没有真正过关。我们钢铁工业的劳动生产率只有国外先进水平的几十分之一。新兴工业的差距就更大了。在这方面不用说落后一二十年，即使落后八年十年，甚至三年五年，都是很大的差距。"[3]

这段时间，邓小平这方面的论述很多。10月10日，他在会见德意志联邦共和国新闻代表团时，特别强调，中国在历史上对世界有过贡献，但是长期停滞，发展很慢。现在是向世界先进国家学习的时候了。"由于受林彪、'四人帮'的干扰，我们国家的发展耽误了十年。六十年代前期我们同国际上科学技术水平有差距，但不很大，而这十几年来，世界有了突飞猛进的发展，差距就拉得很大了。同发达国家相比较，经济上的差距不止是十年

---

[1] 中共中央文献研究室编：《邓小平年谱（1975—1997）》上，中央文献出版社2004年版，第277页。

[2] 中共中央文献研究室编：《邓小平年谱（1975—1997）》上，中央文献出版社2004年版，第279页。

[3] 《邓小平文选》第二卷，人民出版社1994年版，第90页。

了,可能是二十年、三十年,有的方面甚至可能是五十年。"[1]要知道,过去我们在内部宣传中总说资本主义一天天烂下去,处于腐朽没落的状态,作为党和国家领导人的邓小平不论是在接见外宾还是在全国科学大会这种公开场合中,如此坦率地承认自己的落后,是需要相当的勇气的,从他身上体现出什么叫实事求是。

如何缩短这种差距?办法只能是改革开放。1978年9月,邓小平在视察东北和天津等地时,反复地谈到中国必须改革。他说:"从总的状况来说,我们国家的体制,包括机构体制等,基本上是从苏联来的,人浮于事,机构重叠,官僚主义发展。'文化大革命'以前就这样。办一件事,人多了,转圈子。有好多体制问题要重新考虑。总的说来,我们的体制不适应现代化,上层建筑不适应新的要求。"[2]知耻而后勇。承认落后不是甘于落后,认识到差距是为了缩短差距。这年7月10日,邓小平在会见弗兰克·普雷斯率领的美国科技代表团时说:"四人帮"把对外开放说成是崇洋媚外,吹嘘自己长得很漂亮,怕丢丑。"我们这么落后,面孔本来就不漂亮,你吹嘘干什么。"[3]同年10月,他在出访日本时又说:本来长得很丑,为什么要装美人呢?苏联就吃这样的亏,自以为什么都是自己的好,其实农业、技术都很落后,结果是自己骗自己。敢于承认落后,不是甘于落后,而是要

---

[1] 中共中央文献研究室编:《邓小平年谱(1975—1997)》上,中央文献出版社2004年版,第399页。

[2] 中共中央文献研究室编:《邓小平年谱(1975—1997)》上,中央文献出版社2004年版,第376页。

[3] 中共中央文献研究室编:《邓小平年谱(1975—1997)》上,中央文献出版社2004年版,第340页。

努力改变落后状态,这就必须对内改革对外开放。

四、改革逐渐成为人们的共识

改革开放作为一项伟大决策,是中共十一届三中全会作出的,改革开放历史的书写也是以这次全会的召开为起点的,因为这次会议在改革开放史、中国发展史上有着标志性的意义。但是,改革开放绝不是突如其来的,是历史发展的必然结果。当时间的指针指向1978年的时候,改革开放逐渐成为一个热词。

1978年3月24日,华国锋在全国科学大会的讲话中就提出:"对于我们来说,社会主义和四个现代化是不可分割的。只有坚持社会主义革命,在上层建筑和生产关系领域继续改革同生产力发展不相适应的那些部分,才能不断促进四个现代化的发展。"[1] 在这年7月12日召开的全国财贸学大庆大寨会议的讲话中,华国锋又说:"我们的社会主义的政治制度和经济制度,从根本上说,比资本主义制度优越得多,这是毫无疑问的。但是,我们的上层建筑和生产关系的许多方面还不完善,我们的政治制度和经济制度的许多环节还有缺陷,这些同实现四个现代化的要求是不相适应的,是束缚生产力,阻碍生产力的发展的。管理水平低,归根到底就是一个这样性质的问题。我们坚持无产阶级专政下的继续革命,就要有勇气正视和揭露我们的具体政策、规章制度、工作方法、思想观念中那些同实现四个现代化的要求不相适应的东西,有魄力去坚决而又妥善地改革上层建筑和生产关系中

---

[1] 华国锋:《在全国科学大会上的讲话》,《人民日报》1978年3月26日。

同生产力发展不相适应的部分。"[1]这年9月，华国锋在国庆29周年招待会的祝酒词中，更是明确提出："我们要思想再解放一点，胆子再大一点。办法再多一点，步子再快一点，充分发挥社会主义制度的优越性，坚持自力更生的方针，学习和利用国外先进经验，大大加快我国社会主义建设的速度。"[2]自然，华国锋所说的改革与十一届三中会后实施的改革，并不完全相同，但至少说明，尽管华国锋曾一度接受过"两个凡是"的主张，但也意识到中国非改革不可。

对于1978年的中国高层来说，改革成为共同的话语。1978年7月6日至9月9日，李先念主持召开国务院务虚会。在会议最后的总结讲话中他指出：实现四个现代化，是一场伟大革命。这场革命既要大幅度地改变目前落后的生产力，也就必然要多方面地改变生产关系，改变上层建筑，改变工农企业的管理方式和国家对工农企业的管理方式，改变人们的活动方式和思想方式。这场革命"不下于我们党过去领导的任何革命。某些方面还要超过"。因此，"要改革一切不适应生产力的生产关系，改革一切不适应经济基础的上层建筑"。过去二十多年中，已经不止一次改革经济体制，并取得了许多成效。但是在企业管理体制方面，往往从行政权力的转移着眼多，往往在放了收、收了放的老套中循环，因而难以符合经济发展的要求。"为了适应四个现代化的需要，我们将改革计划体制、财政体制、物资体制、企业管理体制和内外贸易体制，建立起现代化的经济组织、科研组织、教

---

[1] 华国锋：《在全国财贸学大庆学大寨会议上的讲话》，《人民日报》1978年7月12日。
[2]《华主席在国庆二十九周年招待会上的祝酒词》，《人民日报》1978年10月1日。

育组织及有关管理制度。我们现在要进行的这次改革，一定要同时兼顾中央部门、地方和企业的积极性，一定要考虑大企业和大专业公司的经济利益和发展前途，努力用现代化的管理方法来管理现代化的经济，使我们的管理水平尽可能适应工农业高速度发展的需要。""实现四个现代化，必须坚持独立自主、自力更生的原则，但自力更生绝不是闭关自守。为了大大加快我们掌握世界先进技术的速度，必须积极从国外引进先进技术和设备。这比关起门来样样靠自己从头摸索，要快不知多少倍。"[1]李先念的这番话，把中国为什么必须改革开放说得十分清楚了。这年9月底，中共中央转发了李先念的这个总结讲话。

同年9月，国务院召开全国计划会议。这次会议明确提出，经济战线必须实行三个转变：从上到下，都要把注意力转到生产斗争和技术革命上来；从那种不计经济效果、不讲工作效率的官僚主义的管理制度和管理方法，转到按照经济规律办事，把民主和集中很好地结合起来的科学管理的轨道上来；从那种不同资本主义国家进行经济技术交流的闭关自守或半闭关自守状态，转到积极地引进国外先进技术，利用国外资金，大胆地进入国际市场上来。[2]实行这三个方面的转变，实际上就是要进行经济体制的改革。

这时，媒体关于改革开放的声音也大起来了。1978年9月16日，《人民日报》刊发《切不可夜郎自大》一文，其中鲜明地

---

[1]《李先念传》编写组、鄂豫边区革命史编辑部编写：《李先念年谱》第五卷，中央文献出版社2011年版，第654—655页；《李先念文选》，人民出版社1989年版，第331—332页。

[2]《当代中国的经济管理》编辑部编：《中华人民共和国经济管理大事记》，中国经济出版社1986年版，第319页。

指出："夜郎自大式的盲目骄傲自满，执拗的一点论，同小生产的习惯势力的影响也是分不开的。有些同志至今还在用小生产的眼光、习惯和方法看待和组织社会主义的大生产。在这些同志头脑中，没有或者极少有现代化的观念，他们对已经沿用了几十年、成百年甚至上千年的'老一套'生产方法习以为常，对小生产的经营思想和经营方式习以为常，不思改革。"[1]

10月6日，《人民日报》发表胡乔木在国务院务虚会发言的基础上整理出来的长文《按照经济规律办事，加快实现四个现代化》，对"为什么资本主义国家的经济管理方法有值得我们学习的地方"作了明确解答，强调"坚持自力更生不但不排斥学习外国先进事物"，而且只有把社会主义制度的优越性同发达的资本主义国家的先进科学技术和先进管理经验结合起来，把外国经验中一切有用的东西和我们自己的具体情况、成功经验结合起来，我们才能够迅速提高按照客观经济规律办事的能力，才能够加快实现四个现代化的步伐。文章同时提出："必须按经济规律办事，大大提高我们的经济管理水平。""为了扩大经济组织和经济手段的作用，需要进行一系列的经济改组和经济改革，解决一系列具体问题。"

同年11月9日，《人民日报》发表《思想再解放一点》的特约评论，强调正确地认识过去所学的"苏联经验"，也是解放思想的一个重要问题。文章指出：新中国成立之初曾提出向苏联学习的口号，在社会主义建设的不少方面借鉴了苏联的做法。在还缺乏经验的情况下，这样做是必要的，曾起过积极的作用。但是，当时苏联关于经济建设、企业管理的那套东西，也不是没

---

[1] 雷克：《切不可夜郎自大》，《人民日报》1978年9月16日。

有弊病的。因而在学的过程中，也出现过盲目照搬的教条主义倾向。中国现在的管理体制，特别是工业的管理制度，不少就是五十年代从苏联搬过来的，实践证明其中很多做法是妨碍生产力发展的。而有不少同志却习以为常，看不到其中的问题，不懂得必须对苏联经验进行具体分析，根据中国的情况大胆实行改革。

这一时期，对于必须实行对内改革对外开放说得最多最透彻的自然是邓小平。1978年2月1日，他在听取中共四川省委的汇报时就指出："有些问题是共同的。农村和城市都有个政策问题。我在广东听说，有些地方养三只鸭子就是社会主义，养五只鸭子就是资本主义，怪得很！农民一点回旋余地没有，怎么能行？农村政策、城市政策，中央要清理，各地也要清理一下，零碎地解决不行，要统一考虑。"[1]不是零碎地解决问题，而是"要统一考虑"，实际上就是要在体制机制上作大的调整。

同年10月11日，在中华全国总工会第九次大会的祝词中，邓小平强调："现在党中央、国务院要求加快实现四个现代化的步伐，并且为此而提出了一系列政策和组织措施。中央指出：这是一场根本改变我国经济和技术落后面貌，进一步巩固无产阶级专政的伟大革命。这场革命既要大幅度地改变目前落后的生产力，就必然要多方面地改变生产关系，改变上层建筑，改变工农业企业的管理方式和国家对工农业企业的管理方式，使之适应于现代化大经济的需要。为了提高经济发展速度，就必须大大加强企业的专业化，大大提高全体职工的技术水平并且认真实行培训

---

[1] 中共中央文献研究室编：《邓小平年谱（1975—1997）》上，中央文献出版社2004年版，第261—262页。

和考核,大大加强企业的经济核算,大大提高劳动生产率和资金利润率。因此,各个经济战线不仅需要进行技术上的重大改革,而且需要进行制度上、组织上的重大改革。进行这些改革,是全国人民的长远利益所在,否则,我们不能摆脱目前生产技术和生产管理的落后状态。"[1]

在这年12月的中共中央工作会议上,邓小平在闭幕式的讲话更是对于改革的必要性和重大意义作了系统论述。他指出,不打破思想僵化,不大大解放干部和群众的思想,四个现代化就没有希望。他着重讲到经济体制改革(即发挥经济民主)的问题,指出:现在我国的经济管理体制权力过于集中,应该有计划地大胆下放,否则不利于充分发挥国家、地方、企业和劳动者个人四个方面的积极性,也不利于实行现代化的经济管理和提高劳动生产率。应该让地方和企业、生产队有更多的经营管理的自主权。而当前最迫切的是扩大厂矿企业和生产队的自主权,使每一个工厂和生产队能够千方百计地发挥主动创造精神。"现在,我们的经济管理工作,机构臃肿,层次重叠,手续繁杂,效率极低。政治的空谈往往淹没一切。这并不是哪一些同志的责任,责任在于我们过去没有及时提出改革。"在讲话中,邓小平还提出了一个极为重要的观点,即"要允许一部分地区、一部分企业、一部分工人农民,由于辛勤努力成绩大而收入先多一些,生活先好起来"[2]。他认为,一部分人生活先好起来,就必然产生极大的示范力量,影响左邻右舍,带动其他地区、其他单位的人们向他们学

---

[1]《邓小平文选》第二卷,人民出版社1994年版,第135—136页。
[2]《邓小平文选》第二卷,人民出版社1994年版,第150、152页。

习。这样，就会使整个国民经济不断地波浪式地向前发展，使全国各族人民都能比较快地富裕起来。

随后召开的中共十一届三中全会作出了改革开放的重大决策，明确提出"正确改革同生产力迅速发展不相适应的生产关系和上层建筑"。全会通过的公报强调："现在，我们实现了安定团结的政治局面，恢复和坚持了长时期行之有效的各项经济政策，又根据新的历史条件和实践经验，采取一系列新的重大的经济措施，对经济管理体制和经营管理方法着手认真的改革，在自力更生的基础上积极发展同世界各国平等互利的经济合作，努力采用世界先进技术和先进设备，并大力加强实现现代化所必需的科学和教育工作。因此，我国经济建设必将重新高速度地、稳定地向前发展，这是毫无疑义的。"[1]以这次全会的召开为标志，中国改革开放的大幕由此拉开。

---

[1]《中国共产党第十一届中央委员会第三次全体会议公报》，《人民日报》1978年12月24日。

包产到户从非法到合法的历程

十一届三中全会以来的中国历史,其实就是一部改革开放史。中国的改革又是率先在农村取得突破的,其标志性的事件就是包产到户的合法化。包产到户的推行,使亿万农民获得了前所未有的自主权,可以说,这是他们在经历土改翻身后的第二次解放,从而极大地推动了中国农村生产力的发展,也为整个新时期的改革开放奠定了深厚的群众基础。

一、调动农民生产积极性成为当务之急

持续十年的"文化大革命"不仅没有给中国带来繁荣与进步,反而严重迟滞了中国的发展。就农村政策而言,由于"左"倾思想的影响,农村的经济体制长期僵化,许多问题日益严重起来。例如:由于人民公社实行"三级所有、队为基础",生产大队、生产队与公社是行政上的上下级关系,公社可用各种名义在本社内部刮"一平二调"的"共产风",生产队的自主权长期得不到保障;包产到户长期被视为分田单干甚至是走资本主义道路而被禁止,在分配上平均主义严重;社员自留地和家庭副业被视作"资本主义尾巴"而遭严加控制,甚至一家能喂养多少家禽、自留地里只能种什么农作物都有严格规定;国家对农产品实行严

格的统购派购制度，农村集市贸易被严格监管，商品流通严重受阻；等等。因此，在相当长的时间里，农业生产长期处于徘徊状态，农民生活也始终没有实质性的改善。

1976年10月粉碎"四人帮"后，当时全国上下对于发展国民经济产生了强烈的愿望。但是，由于长期的"左"倾教条思想的束缚，思想的解放需要一个过程，于是一时间出现了这样一种局面：一方面从上到下都感到必须快速发展经济，把生产搞上去；另一方面又沿用原来的老一套（阶级斗争思维、群众运动方式）去开展各项工作。这种情况表现在农业领域，就是强化"农业学大寨"运动。1976年12月，中共中央先在北京继而在大寨召开规模甚大（五千人参加）的全国"农业学大寨"会议，党和国家领导人几乎全都出席。会议虽然提出了一系列的宏伟目标，如要求1980年全国有1/3的县建成大寨县，基本上实现全国农业机械化等，可实现这些目标的主要手段，却是强调要"坚持以阶级斗争为纲"。

农业学大寨运动其实在"文化大革命"前就已经开展，并且起到了积极作用。然而"文化大革命"开始之后，大寨不断被政治化，由原来自力更生、艰苦奋斗的典型，逐渐演化为阶级斗争的典型，大寨的经验被简单化为阶级斗争的经验，而这种阶级斗争又是人为制造出来的，甚至是虚构的。历史证明，搞阶级斗争不可能改变农村的落后面貌，而且广大农民在经历接二连三的各类以阶级斗争为主题的运动后，对阶级斗争已经十分厌倦和反感，因而这样的学大寨运动也就失去了其积极意义，更无法解决农村最根本的发展问题。所以"文化大革命"结束后的最初一段时间，农业学大寨运动虽然仍在进行，但人们开始意识到，仅靠学大寨的办法既无法调动农民生产的积极性，也无法实现人们所期待的农业生产大发展，于是开始寻找新的办法。就在这个时候，两个调查报告引起了中共中央的高度重视。

1977年冬，中共湖南省湘潭地委召开县委书记会议，研究在粉碎"四人帮"后如何坚持"抓纲治国"方针，加快社会主义建设步伐，高速发展农业生产的问题。中共湘乡县委在会上汇报了工作设想，认为近年来湘乡农业生产持续徘徊，社员人均纯收入逐年减少，其中一个重要的原因，是由于"四人帮"的干扰，农村政策混乱，农民负担加重，挫伤了农民的积极性。因此，县委打算在全县范围内开展一次落实党的农村政策，减轻农民不合理负担的工作，以解决农民积极性问题。湘乡县委的这个设想得到了湘潭地委的肯定，并决定以湘乡为试点，在全地区开展落实党的农村政策，减轻农民负担的工作。

1978年2月，湘乡县委召开常委会议，传达地委召开的县委书记会议精神，专题研究减轻农民负担问题，决定从调查研究入手开展这项工作。会后，县委的13名常委除3人留守机关外，其余10人各带1个工作组，分别到各公社进行调查研究。与此同时，湘潭地委书记也带了4个工作组来到湘乡，进行蹲点和调查。[1]

经过地、县工作组一个多月的调查，了解到农民负担过重主要表现在以下几个方面。

一是有的单位无偿地平调生产队的劳动力、资金和物料，大

---

[1] 中共湘乡市委党史联络组、湘乡市史志工作办公室编：《中共湘乡地方史（1949—2002）》，中共党史出版社2004年版，第264页。

搞非生产性建设。1974年以来，县级机关行政单位建了23栋楼房，建筑面积共计32115平方米，耗资179.15万元。在此期间，各区（当时湖南在县与公社之间设区，作为县的派出机构）、公社也建了31栋房子，最大的一栋耗资11万元。

二是有些单位和社队铺张浪费、吃喝成风，有的干部违法乱纪、贪污盗窃，任意侵吞挥霍社员的劳动成果。有些地方开现场会，搞评比检查，组织对口比赛，接待上面客人都讲吃喝。有的单位以协作之名，请客送礼，大吃大喝。例如，县铁厂1977年支出的招待费就有3700元。

三是非生产人员、非生产性用工、非生产性开支大量增加，各种摊派名目繁多，干部劳动少、补贴高，农民不合理负担加重。1976年该县太平公社非生产性人员共计362人，平均每个大队28人，占总劳动力的10.2%，比1973年以前增加了80%。从1971年以来，这个公社从各大队抽调了56人到公社机关和企业事业单位，担任管理人员和业务人员，这个人数是国家原定编制人员的2.3倍。大队和生产队干部、临时工作队、社队企业管理人员和赤脚医生、民办教师等各种人员的补贴工，占非生产性用工总数的一半。这个公社各种各样的摊派也多，例如：公社建中学，按人按田从生产队摊派钱14900元、粮13400斤；公社办广播站，无钱买器材，两次向各队摊派9650元；公社买电影机，也摊派了1500元；公社买拖拉机，按每亩出1.5元，又摊派16590元。此外，还摊派畜牧管理费、机械管理费、水库管理费、社队企业管理费、合作医疗管理费等项费用19000元。全公社各种摊派费共达61642元，平均每户负担21.9元（这年全国农民人均年收入仅63.2元）。

此外，国家各级有关部门在兴办农村文教、卫生、交通等事业中，也把大量费用转嫁给生产队负担；有的干部、职工，长期拖欠生产队的钱款，造成社员分配不能兑现；发展社队企业，调用生产队的劳动力多，付给的报酬少；农田基本建设战线过长，过多地调用了社队的劳动力和资金；一些工业部门以农业为基础的思想扎根不牢，有的支农产品价格高、质量差、缺斤短两等。由于上述种种情况，形成了"上下左右向生产队伸手，四面八方挖生产队墙脚"的局面，结果使不少农民辛辛苦苦劳动一年，"一个工价八分钱，决算倒欠口粮钱"。

这次农民负担调查给湘乡县委以很大的震动，县委再次召开常委会议，决定将减轻农民负担作为落实农村政策的一项重要任务，并制定了具体的方案与措施，如进行年终分配大复查，大力压缩非生产人员，统筹安排资金，对各行各业各个部门进行以农业为基础的教育等。

1978年4月，国家农林部政策研究室有关人员来湘乡调查，湘乡县委减轻农民负担的做法引起了调研人员的重视，并要求湘乡县委立即就此写一份调查报告上报。随后，湘乡县委组织人员写出一份题为《认真落实党的农村政策，努力减轻农民负担》的长篇报告，经中共湖南省委上报中共中央。这个报告引起了时任中共中央主席华国锋的重视，认为湘乡的经验值得推广。

1978年6月23日，中共中央正式批转了湘乡县委的报告，并作了长达2500余字的指示。中共中央在指示中说：湘乡县委提出的问题，是一个在全国相当多的地方普遍存在的严重问题，各地都应该参照湘乡的经验，认真把这个问题解决好。

7月5日，《人民日报》发表题为《落实党的政策，减轻农民负担》的社论,要求各地都应该参照湘乡的经验,深入调查研究,根据当地的情况,认真解决好农民负担问题。社论强调:解决农民不合理负担的问题,是一个关系到巩固人民公社集体经济的问题,是一个关系到加强工农联盟的问题,也是一个真想农业高速度还是假想农业高速度的问题。各级党委要千百倍地增强政策观念和群众观念。特别是各省、自治区、直辖市党委,都要下去亲自查一查农民的负担问题,想一想应该怎么办?各地区、各部门,特别是中央和国家机关各部委,都要认真地检查一下是不是真正地支援了农业,是不是真正地为农民办了好事,是不是真正地执行了以农业为基础的方针?只要各级党委重视起来了,采取有力措施把农民不合理负担的问题解决好了,农民的社会主义积极性就会迅速迸发出来,农业的高速度发展就大有希望,新时期总任务的实现就有了更可靠的保证。

陕西省旬邑县的职田公社,曾是陕西省"学大寨的先进典型",旬邑县也因此在陕西颇有名声。但是,职田公社和旬邑县的工作实际上存在很多问题,广大群众对少数干部强迫命令、违法乱纪的行为早有意见,并多次向上级反映。然而,这些意见不但未被有关部门采纳,反而给提意见的群众扣上"拔红旗""反先进"的大帽子,使问题发展得越来越严重。

1978年6月,旬邑群众给中共中央领导人写信,反映该县少数干部强迫命令、违法乱纪的问题。华国锋看到人民来信后十分重视,并作出"把那里的问题解决好"的批示,要求中共陕西省委对此展开调查。陕西省委接到批示后,立即组织力量,对群众来信反映的问题进行了调查。调查结果表明,人民来信中反映的问题大部分属实,有些还比信中反映的更为严重。随后,陕西省委将调查结果和处理意见向中共中央作了报告。

调查报告说，旬邑县工作中存在的问题确实是严重的，主要是干部作风粗暴、违法乱纪、打骂群众、乱扣乱罚成风。其中，县、社、队的干部动手打骂群众的情况较为突出。例如，职田公社原有的10名正副书记、主任中，就有6名打过人。又如，原底公社党委副书记兼庄里大队支部书记李某，从1974年到1977年4年内打了30多人，他曾把上工迟到的社员集合起来用皮带抽打，一次就打了20多人。有的社员说，一听李书记叫，不管春夏秋冬，先把棉袄披上，准备挨鞭子。少数干部在整治群众时花样繁多，甚至施用种种刑罚。许多公社一度组织的所谓"民兵小分队"，把群众当敌人，随意采取专政手段，以及用许多侮辱人格的恶劣做法对待群众。尤其是近年来，这个县由于干部作风粗暴、违法乱纪，造成有的群众自杀死亡，有的被逼疯，有的被打残。

此外，该县还动辄对社员扣粮罚款，而且名目繁多，如完不成生产定额，完不成生猪交售和饲养任务，完不成鲜蛋交售任务，交不上马铃薯种子，有病不能出勤，妇女不上避孕环等都要扣粮罚款。由于自然灾害的影响，加上干部强迫命令、违法乱纪和生产指挥不当，这个县从1975年起，粮食产量连年下降，群众生活十分困难。1978年春季以来，国家已给了返销粮480万斤。

根据调查了解的情况，为了解决少数干部强迫命令、违法乱纪问题，陕西省委对旬邑县少数干部强迫命令、违法乱纪的问题向全省发了通报，并作出了《关于坚决落实中央负责同志批示，认真整顿和改进干部作风的决定》，要求各级党委对照旬邑的问题，认真进行检查，发现问题，及时处理，坚决纠正强迫命令、违法乱纪的歪风，教育提高干部，大力恢复和发扬党的优良传统和作风。陕西省委还向旬邑县派出了工作组，责令犯了错误的干部向群众赔礼道歉，对乱扣乱罚社员的钱物认真清理、退赔；此外，组织了专门班子，由领导干部带领，深入社队，对打骂残害群众后果严重的21个案子，查清落实，选择典型，公开处理。[1]

1978年7月13日，中共中央转发了陕西省委《关于旬邑县少数干部强迫命令、违法乱纪问题的调查报告》，并加了分量很重的批示。批示说：旬邑县的一些干部违法乱纪的情况和造成的后果是严重的。全国凡是有类似情况的地方和单位，都要采取严肃认真的态度，切实解决好这方面的问题，大力恢复和发扬党的优良传统。

其实，当年农民负担重、干部作风粗暴导致干群关系紧张，从根本上讲是农村人民公社体制造成，要解决这些问题需要从根本上进行体制调整，变革人民公社"政社合一、三级所有、队为基础"的体制，让农民成为生产经营的主体，进行农村经济体制的改革。自然，当时我们国家刚刚从"文化大革命"中走出来，人们思想的解放需要一个过程，但中共中央在不到两个月的时间里，连续批转了两个具有典型意义的调查报告，在全国产生了重大影响，对当时减轻农民负担、改进干部作风起到了积极作用。特别是中共中央在两个典型调查的批示中都强调，各级干部必须深入农村开展调查研究，各级党委也随之组织了各种调查组就此开展调查。虽然这些调查的重点是如何减轻农民负担和转变

---

[1]《发扬党的优良传统，转变干部作风》，《人民日报》1978年8月3日。

干部作风，但在调查研究的过程中，各级干部对农村的现状有了更多的了解，对农村的落后情况有了更深的感触，这对各级党委下决心调整农村政策起到了直接的推动作用。

二、包产到户第一步——包产到组

当代中国的改革是以农村改革为开端的，其特征就是实行包产到户、包干到户的家庭联产承包责任制。而包产到户的萌生与推广，安徽又具有典型意义。安徽之所以能率先进行农村改革，又与当时中共安徽省委进行了深入的农村调查密不可分。

安徽是个农业大省，又是深受"左"倾错误危害的重灾区。当时，安徽农村的问题很严重，农民生活特别困难。为了加强安徽的工作，1977年6月，中共中央改组了原安徽省委，任命万里为安徽省委第一书记。

万里虽然出生于农村，但新中国成立后长期在中央机关和北京市工作。为了熟悉农村情况，他到任后，没有立即作指示提口号，而是先下去看农业、看农民，用三四个月的时间把全省大部分地区都跑到了。万里下去调查时，轻车简从，一般是一部小车，两三个人，事先不打招呼，说走就走，随时可停，直接到村到户，认为这样才可以了解到真实情况。这一调查，结果使他"越看越听越问心情越沉重，越认定非另找出路不可"[1]。

对于当时安徽农村的落后情况，万里后来回忆说："我这个

---

[1] 张广友、韩钢记录整理：《万里谈农村改革是怎么搞起来的》，《百年潮》1998年第3期。

长期在城市工作的干部，虽然不能说对农村的贫困毫无所闻，但是到农村一具体接触，还是非常受刺激。原来农民的生活水平这么低啊，吃不饱，穿不暖，住的房子不像个房子的样子。淮北、皖东有些穷村，门、窗都是泥土坯的，连桌子、凳子也是泥土坯的，找不到一件木器家具，真是家徒四壁呀。我真没料到，解放几十年了，不少农村还这么穷！我不能不问自己，这是什么原因？这能算是社会主义吗？人民公社到底有什么问题？为什么农民的积极性都没有啦？当然，人民公社是上了宪法的，我也不能乱说，但我心里已经认定，看来从安徽的实际情况出发，最重要的是怎么调动农民的积极性；否则连肚子也吃不饱，一切无从谈起。"[1]

为了进一步了解安徽农村情况，寻求解决之策，万里要求省委分管农业的书记王光宇，准备一份系统反映全省农村经济和农民生活情况以及解决意见的书面材料，然后向省委作全面汇报。王光宇将这项工作委托给省农委政策研究室主任周曰礼主持，并由各地市农委协同。不久，周曰礼拿出一个较为系统的材料，内容包括安徽农村落后的生产力水平状况、农民生活艰难情况、人民公社体制的种种弊端、农业学大寨运动出现的问题、农民生产积极性严重低落等等。8月下旬，万里与省委其他几位负责人听取了周曰礼的汇报。

据周曰礼回忆："汇报的内容，是从生产上的大呼隆、分配上的大锅饭、瞎指挥，大搞形式主义、浮夸风、农民负担重以

---

[1] 张广友、韩钢记录整理：《万里谈农村改革是怎么搞起来的》，《百年潮》1998年第3期。

及农业学大寨、农业机械化等方面的内容，列举大量触目惊心的事实，揭露'四人帮'在农村推行极左政策，把人的思想搞乱了，把理论和政策搞乱了，把人民公社经营管理搞乱了，把人的积极性搞完了，给农村造成了灾难性后果，安徽成了重灾区，农村经济面临崩溃的边缘。十年动乱期间，全省的粮食总产量一直徘徊在200亿斤左右，农民人均年纯收入一直徘徊在60元上下，由于价格的因素，农民实际生活水平比'文革'前下降了30%。""全省有28万多个生产队，人均年收入100元以上的只占10%；60%的队只有60元左右；40元以下的约占25%；还有5%的队，约300万人，常年处在饥饿线上挣扎。从上面这些数字可以看出，除10%的队可以维持温饱外，其余90%的队成为三靠队，即生产靠贷款，吃粮靠返销，生活靠救济。根据各地匡算，大约有30%的队，即使把全部资产，包括土地、耕牛、农具、房屋全部变卖了，也还不清国家的贷款和扶持款。这些生产队名义上有一块集体经济的招牌，实际上是个一无所有的空壳，连简单再生产都不能维持。"[1]

周曰礼的汇报使万里受到了深深的震撼，他感到"经济上的拨乱反正比政治上的拨乱反正更艰巨，不搞好经济上的拨乱反正，政治上的拨乱反正也搞不好"。万里当即表示，自己要拿出80%的时间和精力研究和解决农村问题，并要求王光宇一定要认真指导、帮助省农委进一步搞好调查，会同各地市农村工作部门

---

[1] 周曰礼:《农村伟大变革的序幕——安徽省委"六条"出台前后》,《农民日报》2008年11月22日。

集体研究，代省委起草一个解决农村问题的文件。[1]

10月下旬，这份文件的草稿写出来了。随后，万里和省委其他负责人先后到肥东县解集公社青春大队、长丰县吴山公社四里墩大队等地，分别召开大队干部、生产队干部和社员座谈会，征求基层干部和群众的意见。在反复调查研究的基础上，安徽省委于1977年11月召开各地、市、县委和省直各部门主要负责人参加的全省农村工作会议，经过与会人员的反复讨论，形成了《关于当前农村经济政策几个问题的规定（试行草案）》。因为这个文件主要有六个方面的内容，故简称"省委六条"。

"省委六条"的主要内容是：搞好人民公社的经营管理工作，允许生产队根据农活建立不同的生产责任制，可以组织作业组，只需个别人完成的农活也可以责任到人；减轻生产队和社员负担，农田基本建设要坚持自有、互利原则，不能采取平调办法，严格控制调用生产队的劳动力，任何单位不得无偿调拨生产队的财物、土地和发动社员投资捐款；分配要兑现，大力开展多种经营，尽可能使社员在正常年景下从生产中逐年增加个人收入；粮食分配要兼顾国家、集体和社员个人利益，绝对不许征购过头粮；尊重生产队的自主权，生产队在保证完成国家计划的前提下，有权因地制宜、因时制宜安排生产，领导机关不能瞎指挥；允许和鼓励社员经营正当的家庭副业，社员自留地和家庭副业的产品，在完成国家派购任务后，可以拿到市场上出售。

安徽省委的六条政策，实际上并没有超过1962年的《农村人民公社工作条例修正草案》（即"农业六十条"）的规定，不

---

[1] 王光宇：《我所亲历的安徽农村改革》，《中共党史研究》2008年第5期。

过是对其中关于生产队自主权规定的强调与重申，但由于农村多年受"左"倾错误的干扰，"农业六十条"的许多规定在农村并没有坚持下来，故而这六条政策一经宣传贯彻，立即受到了安徽农民的欢迎，用《人民日报》报道中的话说："社员出勤之踊跃，劳动工效之高，人们情绪之饱满，都是前几年所没有的。"[1]

1978年安徽出现了百年不遇的大旱灾，全省大部分地区10个月没有下过透雨，许多河水断流，水库干涸。全省共造成6000多万亩农田受灾，4000多万人口的地区缺乏生活用水。秋天种麦之时，各级号召农民采用打井、深挖沟塘取水抗旱，同时采用干地、干土、干下种的"三干法"种麦，但一些农民觉得这样把种子白白浪费掉了而不愿下种，于是出现了大片耕地抛荒。针对这种情况，王光宇向万里建议：现在全省耕地大面积抛荒，与其这样，不如借给农民个人耕种，充分发挥各自的潜力，尽量多种一些秋季作物以渡过灾荒。万里经过慎重考虑后表示可以一试。随后，万里主持召开省委常委会专门讨论，决定采取"借地度荒"的办法：凡集体无法耕种的土地，可以借给社员种麦、种油菜，每人借三分地，并鼓励农民开荒多种，谁种谁收谁有，国家不征粮，不分配统购任务。[2]"借地度荒"的口子一开，安徽一些地方实际上突破了借地三分的规定，搞起了包产到户。

在抗旱救灾的过程中，安徽滁县地区发现了三个生产搞得比较好的典型。一是来安县烟陈公社杨渡大队的魏郢生产队，偷偷地搞起了"定产到组、以产计工"的管理办法，也就是包产到

---

[1]《一份省委文件的诞生》，《人民日报》1978年2月3日。
[2] 王光宇：《我所亲历的安徽农村改革》，《中共党史研究》2008年第5期。

组，结果当年粮食产量增长了 30%。二是天长县的新街公社，在眼看棉花即将枯死的情况下，决定将棉花包产到户，超产奖励，减产赔偿，这些举措调动了群众的积极性，大旱之年棉花反而增产 89.6%。三是来安县的广大公社实行干部岗位责任制，年终按各项生产指标实行奖罚，公社全面增产。

中共滁县地委书记王郁昭利用到合肥开会的机会，将这三个典型向万里作了汇报，万里当即指示滁县地委将这三个典型写成详细的调查上报省委。随后，滁县地委写成了《灾年创高产，一年大变样——魏郢生产队实行定产到组、以产计工的调查》《实行产量责任制，灾年棉花大增产——新街公社棉花生产实行定额管理、超产奖励的调查》《解决农村干部干与不干、干好干坏一个样的一个好办法——来安县广大公社对干部实行奖惩制度的调查》三份调查报告。万里看了调查报告后，指示滁县地委可以在全地区进行包产到组的试点。根据万里的指示，滁县地委决定由各县各自选择一个大队或公社进行包产到组的试点，结果许多没有定为试点单位的地方，得知这个消息后，也自发地搞起了包产到组。到 1979 年 3 月，滁县地区实行包产到组的生产队已超过半数。

就在安徽的部分地方实行包产到组之际，四川也开始推行包产到组。1977 年秋，中共广汉县委书记常光南在西高公社做调查，发现这个公社有一个生产队实行分组作业、定产到组、超产奖励的办法后，粮食连年增产，社员生产积极性很高。随后，常光南在有公社党委书记参加的县委扩大会议上，详细地介绍了这个生产队实行定产到组生产责任制的做法。由于定产到组与包产到组实际上没有区别，而包产到组曾多次被视为"右倾"倒退遭受批判，对于这一做法能否推广，广汉县委不敢擅自决定，就此请示中共四川省委。当时，分管农业的省委书记杨万选回答说，可以搞试点。于是，广汉县委决定以金鱼公社作为试点单位，进行"分组作业，定产定工，联产计酬"的试验，取得了良好的效果。当年金鱼公社的116个生产队，队队增产，公社的粮食产量比上年增长22.5%，大大高于全县平均增产比例。[1]

广汉金鱼公社包产到组的做法，引起了中共四川省委的重视。1978年10月初，中共温江地委在大邑县召开有各县委书记参加的播种小春作物现场会，省委主要负责人也前来参加了会议，并在会议进行前听取了常光南关于金鱼公社包产到作业组的情况汇报，对责任到组的做法表示肯定，认为这种方式从方向道路上讲没有问题，想搞的可以推广，多搞。随后，省委书记杨万选带一个调查组，到金鱼公社进行实地调查，整整调研了一个星期，最后形成了题为《分组作业定产定工超产奖励——金鱼公社建立生产责任制的情况》的调查报告，于10月27日刊发在四川省委办公厅的《工作简报》上，同时加了编者按。按语说：金鱼公社建立明确的生产责任制和奖励制的经验，是运用经济方法管理经济，具体体现按劳分配、多劳多得，使社员的劳动同自己的物质利益紧密结合起来，充分调动了社员群众的积极性，看来，这种办法是可行的。各地、县委可以选择有条件的社队，参照金鱼公社的办法，进行试点，摸索经验，不要一哄而起，以免出现混乱现象。随后，包产到组在四川全省逐步推开。

---

[1] 杨超等主编：《当代四川简史》，当代中国出版社1997年版，第233页。

三、从"不许"到"不要"的悄然变化

1978年11月,中共中央在北京召开工作会议,为即将召开的十一届三中全会做准备。会议原定的一个重要议题,是讨论和修改会前形成的《中共中央关于加快农业发展若干问题的决定(草案)》和《农村人民公社工作条例(试行草案)》(即新"农业六十条")两个文件的草稿,进一步贯彻落实以农业为基础的方针。但会议一开始,一批老同志纷纷提出当时党内外普遍关心的一些重大问题,主张彻底纠正"文化大革命"的错误,并为一些历史冤假错案平反,这就使这次工作会议和随后召开的十一届三中全会,突破了原定的只讨论经济问题的议题,成为全局性的拨乱反正和开创新局面的会议。

对于《农村人民公社工作条例修正草案》的修订,早在1970年4月毛泽东就提出过,后来调查了一下没有下文。1972年3月,华国锋主持修改过一次,但只改了一半。1975年5月和1976年又作了两次修改,但也没有什么结果。1977年10月,根据华国锋指示,中共中央组织有关人员再次进行"农业六十条"的修改工作。经过一年多的修改,形成了《农村人民公社工作条例(试行草案)》(简称新"农业六十条")。

十一届三中全会上,新"农业六十条"并没有被详细讨论而获得原则通过,因此该草案并未与《中共中央关于加快农业发展若干问题的决定(草案)》一起,发给各省、市、自治区讨论和试行。与1962年9月中共八届十中全会通过的"农业六十条"修正草案相比,新"农业六十条"内容的变化,一是强化了阶级斗争的内容,如规定:"高举毛泽东思想的伟大旗帜,坚持阶级斗

争、生产斗争、科学实验一起抓";"进行阶级教育和革命传统教育,向农民群众不断地灌输社会主义思想,批评资本主义倾向,提倡集体利益和个人利益相结合的原则";"打击一小撮阶级敌人的破坏活动,打击资本主义势力的进攻,保卫社会主义公有制"。二是大大减少了关于社员家庭副业的内容。新"农业六十条"去掉了原"农业六十条"中有关的"人民公社应当允许和鼓励社员利用剩余时间,发展家庭副业"等语。对于自留地和自留山,也删去了"长期不变"等词;增加了关于"集市贸易"的规定,但强调"对集市贸易要加强管理,坚决打击投机倒把分子"。三是增加了一些新的内容,如在"干部"一章中强化了干部作风的内容,强调干部不能假公济私、"走后门"、多吃多占、贪污私分等等。

很显然,新"农业六十条"还没有从以阶级斗争为纲的思维中解放出来。但是,新"农业六十条"一方面规定"不许包产到户,不许分田单干",另一方面又提出要"加强劳动组织,建立严格的生产责任制","要根据生产的需要,建立小组的或个人的岗位责任制,实行定人员、定任务、定质量、定报酬、定奖励的制度","可以在生产队统一核算和分配的前提下,包工到作业,联系产量计算报酬,实行超产奖励"。这些关于建立严格的生产责任制的规定,对于后来的包产到户客观上起了催生作用。中国农民充分发挥自己的聪明才智,以建立生产责任制、"包工作业"的名义,先是包工包到组,然后又不断地把组划小,最后直接包工包产到户。这其中包括现在人们所熟悉的安徽凤阳县梨园公社小岗生产队秘密进行的包产到户。

除了农民自发搞起的包产到户外,个别地方开始有组织地尝试包产到户。1979年2月,中共安徽省委组织工作队,深入到肥西县的山南公社，向社员宣读十一届三中全会通过的《中共中央关于加快农业发展若干问题的决定（草案）》和新"农业六十条"。在讨论这两个文件时，山南公社的干部社员最感兴趣的是生产责任制的问题，并且强烈要求实行包产到户。不仅劳动力强的社员对于包产到户积极拥护，就连劳动力弱的，甚至五保户，也认为包产到户的办法好。对于这一情况，工作组负责人立即向万里作了汇报。万里认为，群众的意见应该重视，乃决定专门召开省委常委会议讨论包产到户的问题。最后安徽省委决定在山南公社进行包产到户的试点。

早在1961年，安徽全省曾推行过名曰"责任田"的包产到户，1962年初七千人大会后，"责任田"被当作分田单干被强行纠正，但安徽农民却对此念念不忘。他们深知，只有包产到户才能解决自己的吃饭问题。安徽省委在山南公社试点搞包产到户的消息传开后，肥西全县各生产队纷纷仿效，在一个月的时间内，全县有40%的生产队搞起了包产到户。山南公社和肥西县的包产到户又直接推动了全省包产到户的推行，包产到户顿时有蔓延安徽全境之势。

但是包产到户毕竟是刚刚通过的新"农业六十条"明文禁止的，对于这样重大的问题，安徽省委决定向中共中央汇报。1979年3月4日，安徽省委向中共中央报告了安徽推行责任制的情况，其中讲道："关于责任制的问题，我们认为，只要不改变所有制的性质，不改变核算单位，可以允许有多种多样的形式，三包一奖到组可以普遍地搞……少数边远落后、生产长期上不去的地方，已经自发搞了包产到户岗位责任制的，我们也宣布暂时维持不变，以免造成不必要的波动，由于为数不多，允许作为试验，看一年,以便从中总结经验教训。"[1]

思想的解放和认识的提高,对个人来说是有先有后的。当包产到户重新在农村出现的时候,有的人依旧用过去两条道路斗争的观点去看待,认为包产到户是对集体经济的瓦解,破坏了社会主义公有制,是倒退和走回头路。就连分组作业或包产到作业组的办法,一些人也一时转不过弯来。

1979年3月15日,《人民日报》在头版显著位置发表了一封署名张浩的读者来信——《"三级所有,队为基础"应该稳定》。信中说:最近,河南洛阳地区的不少县社已经、正在或将要搞"包产到组",听社员说,这是第一步,下一步还要分田到户,包产到户。如果从便利管理,加强责任心着眼,划分作业组是可以的,但轻易地从"队为基础"退回去,搞分田到组、包产到组,也是脱离群众、不得人心的;会搞乱"三级所有,队为基础"的体制,给生产造成危害,对搞农业机械化也是不利的。

《人民日报》特地给这封读者来信加了编者按,指出:为贯彻按劳分配原则,搞好劳动计酬工作,可以在生产队统一核算、统一分配和统一使用劳动力的前提下,包工到作业组,联系产量计算报酬,实行超产奖励。但这里讲的包工到组,主要是指田间管理,同"分田到组""包产到组"完全是两回事。人民公社现在要继续稳定地实行"三级所有,队为基础"的制度,不能在条件不具备的情况下,匆匆忙忙地搞基本核算单位的过渡;更不能从"队为基础"退回去,搞"分田到组""包产到户"。

---

[1] 周曰礼:《回顾安徽的农村改革》,《中共党史资料》第68辑,中共党史出版社1998年版,第55页。

《人民日报》发表这封读者来信的时候，万里正在滁县地区的几个县进行农村调查。对此他明确表示：究竟什么意见符合人民的根本利益和长远利益，靠实践来检验，决不能读一封读者来信和编者按，就打退堂鼓。他强调：已经实行的各种责任制一律不动。只要今年大丰收，增了产，社会财富多了，群众生活改善了，各种责任制的办法明年可以干，后年还可以干，可以一直干下去。凡是能增产，对国家贡献多，集体经济壮大，群众收入增加，生活得到改善，就是好办法。政策可不要变来变去，农民就怕政策多变，看准了就定下来，就干。这次我走了六个县，从群众看，对包产到组、包产到户的办法都是拥护的。[1]同年5月，万里又到肥西县的山南公社做调查。有农民问他："包产到户允许我们搞多长时间？"万里回答说："你们愿意搞多久就搞多久，什么时候不增产了就不搞。"[2]

包产到户虽然为农民所拥护，但它在生产形式上表现为农民个体劳动，与长期形成的农业集体化以及农民必须集体劳动的观念相左，而且集体的土地为农民一家一户经营，也容易给人一种包产到户就是分田单干的错觉。因此，要在这个问题上突破传统观念，使人们逐渐理解，需要一个过程。

1979年3月12日至24日，国家农委邀请广东、湖南、四川、江苏、安徽、河北、吉林七省农村工作部门和安徽全椒、广东博罗、四川广汉三个县委的负责人，在北京召开当前农村工作座

---

[1]《让农民、集体、国家都增加收入就是好办法》(1979年3月17—19日)，《万里文选》，人民出版社1995年版，第123、125页。

[2]王光宇：《我所亲历的安徽农村改革》，《中共党史研究》2008年第5期。

谈会。会上,围绕包产到户的问题展开了激烈的讨论,有人认为包产到户虽然还承认集体对生产资料的所有权,承认集体统一核算和统一分配的必要性,但在本质上与分田单干没有什么区别。安徽等地的与会者则认为,包产到户只要坚持生产资料公有制和按劳分配,它与分田单干就有本质的不同。

这次座谈会并没有在包产到户问题上形成共识。会后报送给中共中央的《座谈纪要》说:"把主要作物的全部农活由个人承担,产量多少也完全由个人负责"的包产到户,"失去了集体劳动和统一经营的好处","本质上和分田单干没有多少差别,所以是一种倒退",强调人民公社的"三级所有,队为基础"的体制必须稳定。《座谈纪要》还提出:"除特殊情况经县委批准者以外,都不许包产到户,不许划小核算单位,一律不许分田单干。"但是,《座谈纪要》又明确表示:"喂养家禽、管理鱼塘、经营小宗作物等农活,实行个人岗位责任制,并且规定产量(产值),实行超产奖励,是统一经营下的专业化生产,不是对统一经营的否定,应当允许。深山、偏僻山区的孤门独户,实行包产到户,也应当允许。"[1]

1979年9月,中共十一届四中全会通过了《中共中央关于加快农业发展若干问题的决定》。这次全会通过的决定与十一届三中全会原则通过的决定草案相比,最耐人寻味的是将草案中的"不许包产到户,不许分田单干"改为这样一段话:"不许分田单干。除某些副业生产的特殊需要和边远山区、交通不便的单家独

---

[1] 黄道霞等主编:《建国以来农业合作化史料汇编》,中共党史出版社1992年版,第919页。

户外，也不要包产到户。"从强制性的"不许"到规劝性的"不要"，表明中共中央对待包产到户的态度已出现了明显的松动。据农业部人民公社管理局统计，1980年1月，全国有84.7%的生产队实行了各种形式的生产责任制，其中实行定额包工责任制的占生产队总数的55.7%，实行各种联产承包责任制的占29%，而实行包产到户、包干到户等家庭联产承包责任制的为1.1%。[1]

其实，当时实行包产到户的生产队的实际数目远不止如此。据新华社从各省分社了解到的情况是：实行包产到户的生产队，安徽有23%，其中肥西、凤阳、来安、定远、芜湖、宣城等县较多，有的县占80%以上；广东有10%，其中惠阳地区较多，大约占生产队总数的35%；内蒙古的53个县、旗的47849个生产队中，实行包产到户的有13894个，占29%；河南实行包产到户的生产队也有10%左右。此外，贵州、云南、甘肃、山东、河北及其他一些省区，也有的生产队在搞包产到户。没有搞包产到户或搞得很少的是北京、天津、上海三市郊区，东北三省和湖北、湖南等省。[2]

四、邓小平肯定包产到户效果很好

1980年1月11日至2月2日，国家农委在北京召开全国农村人民公社经营管理会议。会上，安徽代表作了《联系产量责任

---

[1]《当代中国》丛书编辑部编：《当代中国的农业》，当代中国出版社1992年版，第310页。

[2] 吴象：《中国农村改革实录》，浙江人民出版社2001年版，第150—151页。

制的强大生命力》的发言,介绍了安徽建立各种联系产量责任制的情况及其效果,并且强调在生产队统一领导下的包产到户,因为它没有改变所有制性质和按劳分配原则,不能同分田单干混为一谈。这个发言引起了与会者激烈的争论。有人认为,联系产量责任制是半社会主义性质的,包产到户实际上是分田单干,与社会主义沾不上边,是资本主义性质的,更有人给包产到户戴上违反中央文件和宪法规定的大帽子。

1月31日,会议向华国锋、邓小平、李先念等中央领导人汇报情况。华国锋在讲话中强调,责任制和包产到户单干不要混同起来,已经搞了包产到户的要认真总结经验,提高群众觉悟,逐步引导他们组织起来。邓小平则表示,对于包产到户这样的大问题,事先没有通气,思想毫无准备,不好回答。

实践的发展改变着人们的认识。随着包产到户在越来越多的地方被推广,领导层及有关农业和农村工作主管部门,对包产到户的态度也在逐渐发生变化。这年3月6日,国家农委印发了《全国农村人民公社经营管理座谈会纪要》,除了重申《中共中央关于加快农业发展若干问题的决定》中对于包产到户的规定外,还表示:"至于极少数集体经济长期办得很不好、群众生活很困难,自发包产到户的,应当热情帮助搞好生产,积极引导他们努力保持、并且逐渐增加统一经营的因素,不要硬性扭转,与群众对立,搞得既没有社会主义积极性,也没有个体积极性,生产反而下降。更不可搞批判斗争。"[1]

---

[1] 中共中央党史研究室等编:《中国新时期农村的变革》中央卷(上),中共党史出版社1998年版,第86页。

1980年4月,主张包产到户的万里从安徽调任国务院副总理,表明中央高层对包产到户的某种认同。但是,此时党内对包产到户问题的认识还没有统一,就在万里到北京赴任的时候,国家农委主办的《农村工作通讯》在这年第2期和第3期上,分别发表文章《分田单干必须纠正》《包产到户是否坚持了公有制和按劳分配》,对包产到户进行了公开的责难,批评包产到户并没有坚持公有制和按劳分配,实际上是倒退到单干。其他一些报刊也刊发文章对包产到户进行批判。3月20日,山东《大众日报》发表《包产到户不是责任制》的文章,认为包产到户同集体经营、分工协作的责任制有本质上的区别,包产到户有滑向单干道路上去的危险。8月14日,《湖南日报》也公开发表《大田生产不宜包产到户》的文章,说大田包产到户,如果领导不好,生产队很难搞统一核算和分配,容易变成变相单干,成为个体经济,这就违背了坚持走社会主义道路的原则。

还有一些地方则是明令纠正包产到户或不准包产到户。1979年12月,中共陕西省委就渭南地委报送的《关于个别地方发生"口粮田"的情况报告》作出批复,认为分给社员"口粮田"(按:所谓"口粮田",就是从集体耕地中划出一部分由社员自己耕种代替口粮分配,是包产到户的一种变通),势必形成社员热衷于经营"口粮田"而影响大田生产,不利于巩固集体经济。安徽在万里调离后,也引发了包产到户的大争论,安徽省委个别干部给包产到户扣上了"经济主义""机会主义""工团福利主义"等大帽子,指责包产到户是倒退,是"迁就农民落后意识"。一些地方还不顾群众反对,强行纠正包产到户,有的县委负责人还宣布,谁搞包产到户就以破坏生产论处,要加以逮捕。刚刚萌生的包产到户面临再次夭折的危险。

就在这个时候，几个月前对包产到户"不好回答"的邓小平，在经过深思熟虑后，作出了肯定的回答。1980年4月2日，邓小平找胡耀邦、万里、姚依林、邓力群谈长期规划问题。邓小平让姚依林（时任中共中央书记处书记、国务院副总理兼国家计划委员会主任）先讲。姚说：工业、农业都要甩掉一些包袱。拿农业来说，甘肃、内蒙古、贵州、云南这些省份，中央调给它们很多粮食，这是国家的很大负担。对这些地区可不可以改革，在这些地区政策上搞得宽一些，（不如）索性实行包产到户之类的办法。让他们多想办法，减轻国家背得很重的包袱。

邓小平接过话头说：对地广人稀、经济落后、生活穷困的地区，像贵州、云南、西北的甘肃等省份中的这类地区，我赞成政策要放宽，使它们真正做到因地制宜，发展自己的特点。西北就是要走发展畜牧业的道路，种草造林，不仅要发展现有的牧场，还要建设新牧场。农村要鼓励种树，要发展多种副业，发展渔业、养殖业。政策要放宽，要使每家每户都自己想办法，多找门路，增加生产，增加收入。有的可包给组，有的可包给个人，这个不用怕，这不会影响我们制度的社会主义性质。在这个问题上要解放思想，不要怕。在这些地区要靠政策，整个农业近几年也要靠政策。政策为农民欢迎了，即使没有多少农业投资，只要群众的积极性发挥了，各种形式的经济、副业发展了，农业增产的潜力大得很，发展余地大得很。[1]

---

[1] 中共中央文献研究室编：《邓小平年谱（1975—1997）》上，中央文献出版社2004年版，第616页。

5月31日,邓小平同胡乔木、邓力群谈话。他说:农村政策放宽以后,一些适宜搞包产到户的地方搞了包产到户,效果很好,变化很快。安徽肥西县绝大多数生产队搞了包产到户,增产幅度很大。"凤阳花鼓"中唱的那个凤阳县,绝大多数生产队搞了大包干,也是一年翻身,改变面貌。有的同志担心,这样搞会不会影响集体经济。我看这种担心是不必要的。我们总的方向是发展集体经济。实行包产到户的地方,经济的主体现在也还是生产队。可以肯定,只要生产发展了,农村的社会分工和商品经济发展了,低水平的集体化就会发展到高水平的集体化,集体经济不巩固的也会巩固起来。[1]邓小平的这两次谈话,把搞包产到户的门打开了。

同年7月,在此前(2月)的中共十一届五中全会上当选为中央政治局常委、中央委员会总书记(当时中共中央设有主席)的胡耀邦,在全国宣传工作会议作讲话时指出:"中央不反对搞包产到户。""我们不把包产到户同单干混为一谈,即使是单干,也不能把它同资本主义等同起来,不要一提到单干就认为是走资本主义道路。说单干就等于走资本主义道路,这在理论上是错误的。在我国目前条件下,单干户,也就是个体所有制的农民,已不同于旧社会的小农经济,它同社会主义的公有制是密切联系着的,它本身没有剥削,在一般情况下,不会发展到资本主义,不要自己吓自己。"[2]

---

[1] 中共中央文献研究室编:《邓小平年谱(1975—1997)》上,中央文献出版社2004年版,第641页。

[2] 吴象:《胡耀邦和万里在农村改革中》,《炎黄春秋》2001年第7期。

为了进一步了解干部、群众在农业生产责任制方面的创造和意见，1980年春夏之交，中央一些领导同志分别到云南、青海、宁夏、陕西、内蒙古、黑龙江、吉林、辽宁等省和北京郊区农村，进行调查研究。中共中央和国务院还委托国家农委组织一百多位农村工作者和经济界、理论界人士，分赴十个省、自治区的农村，进行了两个月的典型调查。[1]

与此同时，许多理论工作者和实际工作者，也深入农村进行调研，并撰写出一批有分量的调研报告，对包产到户起到了积极的推动作用。

1980年4月9日，《人民日报》发表特约记者吴象和记者张广友的调查报告《联系产量责任制好处很多》，高度评价了联系产量的责任制（即包产到户）。报告中说，安徽凤阳县历史上以"十年倒有九年荒"闻名，1979年70%的生产队实行了"大包干"式的联系产量责任制，全年粮食总产比历史最高水平增长19.9%，调出的粮食超过1953年以来26年调出量的总和。该县的江山公社，年年吃返销粮，年年人口外流，近八年来换过四任公社书记。第一任书记刚到任，看到这里土地多，潜力大，满怀信心地说："江山如此多娇。"干了一年，感到没法搞好，自己要求调走了。第二任书记吸取教训，埋头苦干，生产还是上不去。群众说："公社书记累断了腰，江山还是穷面貌。"1978年冬，县委又派来第四任书记，他看到灾情严重，一开始信心不足，实行联系产量责任制后，粮、油产量成倍增长，一举甩掉了落后帽子，他兴高采烈地说："实行大包干，产量翻一番，再干三五年，请看

---

[1]《时刻想着八亿农民——中南海纪事》，《人民日报》1981年5月20日。

新江山。"这并不是个别公社的情况,许多地方都可以看到类似的例子。这就使联系产量责任制具有了不可抗拒的吸引力。

这年8月,中共安徽省委从省直机关抽调人员组成调查组,分赴全省八个县对包产到户进行调查。调查表明:"凡是实行包产到户的地方,都在经济和思想、文化领域发生了深刻变化。包产到户对加快发展农业、活跃农村经济、改变人们的精神面貌、改进干部作风搞好干群关系等方面,起到了巨大作用。"肥西县的山南区,到1979年底全区所有的生产队都实行了包产到户,全年粮食总产量达到了11530万斤,比1978年增产2753万斤,比历史最高的1976年增加453万斤;全区人均分配收入110元,比最高水平的1976年增加37.6元。凤阳县梨园公社小岗生产队,1979年搞起包产到户,收获粮食132300多斤,比往年增加三四倍,还收获了32000多斤芝麻和花生,向国家交售粮食3万斤,油料2.5万斤,肥猪35头,第一次还贷800元,人均口粮达到800多斤。包产到户后,社员可以自由支配时间,因此想方设法搞家庭副业,家畜家禽饲养量明显增多,许多人的副业收入达到了一两千元。调查组认为,包产到户之所以能促进生产的发展,最基本的一条就在于"把生产成果同社员个人的经济利益最直接、最紧密地联系起来,超产奖励,减产要赔,生产队给了他们必要的自主权,社员群众多年来被束缚的思想和手脚松开了,迸发出了长期被压抑的智慧和力量,用最大努力,千方百计地增产增收,改善生活"。[1]

---

[1] 中共安徽政策研究室:《关于包产到户情况的调查报告》(1980年8月),载中国农村发展问题研究组编:《包产到户资料选》(二),1981年4月编印。

1980年9月,中共中央召开各省、市、自治区党委书记座谈会,讨论加强和完善农业生产责任制问题。会议开始时,只有少数人赞成包产到户。会上,国家农委副主任杜润生作了题为《对进一步加强和完善生产责任制几个问题的说明》的发言,着重讲了如何处理包产到户的问题,强调"要区别包产到户和单干,单干和资本主义",认为包产到户虽然成了独户经营,自负盈亏,但它仍然通过承包与集体相联系,成为集体经济的组成部分,与过去的单干有所不同,因此也应算作是社会主义社会的一种经营形式,即一种责任形式。杜润生在发言中还指出:对于中西部地区的穷队来说,第一位的问题是解决温饱。解决温饱当然不限于包产到户一种方法,但包产到户有利于调动群众的积极性,有利于突破"集体经济办不好,群众不积极;群众不积极,集体经济也办不好"的恶性循环,不失为较好的选择。包产到户虽然有一些副作用,但只要有领导地搞,就可以最大限度地避免。[1]

经过讨论,与会者对于包产到户的问题基本上达成了共识,认为包产到户至少在贫困地区是必要的。会议最后形成了《关于进一步加强和完善农业生产责任制的几个问题》的座谈纪要。座谈纪要强调:"凡有利于鼓励生产者最大限度地关心集体生产,有利于增加生产,增加收入,增加商品的责任制形式,都是好的和可行的,都应加以支持,而不可拘泥于一种模式,搞'一刀切'。""在那些边远山区和贫困落后的地区,长期'吃粮靠返销,生产靠贷款,生活靠救济'的生产队,群众对集体丧失信心,因

---

[1]《杜润生改革论集》,中国发展出版社2008年版,第6—7页。

而要求包产到户，应当支持群众的要求，可以包产到户，也可以包干到户，并在一个较长的时间内保持稳定。"[1]中共中央随即印发了这个文件（即1980年第75号文件），并要求"结合当地具体情况贯彻执行"。

75号文件对于"边远山区和贫困落后地区"可以搞包产到户的规定，实际上承认了包产到户的合法性，对包产到户是一个巨大的推动。在当时的中国农村，绝大多数地区都可以说是"贫困落后地区"，有了这样一条政策，农民就可以放心地搞包产到户了。随后，包产到户发展很快。据1981年6月底的统计，当时实行各种联产承包责任制的生产队达377.7万个，占生产队总数的64.2%。其中包产到户的生产队166.9万个，占生产队总数的28.2%。

为了巩固农村改革的成果，给广大农民吃一颗包产到户、包干到户政策不会改变的"定心丸"，中共中央决定出台一个具有指导意义的相关文件。1981年7月31日，在刚刚结束的中共十一届六中全会上当选为中共中央主席的胡耀邦，写信给国务院副总理兼国家农委主任万里，提出要再产生个农业问题指示。8月4日，胡耀邦同农委副主任杜润生谈话，布置文件起草工作，特别提出文件要写政策放宽问题。据此，国家农委组织人员作了调查研究，听取意见，并起草了文件。

这年10月，中共中央、国务院召开全国农村工作会议，专题讨论文件草稿。胡耀邦在接见与会代表时明确指出："包产到

---

[1] 中共中央文献研究室、国务院发展研究中心编：《新时期农业和农村工作重要文献选编》，中央文献出版社1992年版，第59、60—61页。

户并未动摇农村集体经济,把包产到户说成是分田单干是不正确的。责任制用了'包'字本身,就说明不是单干。我国坚持土地公有制是长期不变的,建立生产责任制也是长期不变的。"[1]

万里也在会上作了讲话。他说:我国农村,经过三年来的拨乱反正,特别是各种形式的生产责任制的落实,现在出现了很多新的情况、新的问题,需要我们认真地分析、研究、总结。在这个基础上,引导农民进一步解放思想,创造新的经验,使现在朝气蓬勃的势头,进一步地巩固,向新的阶段发展。又说:现在,有相当一部分的干部和农民,思想解放,讲究实事求是,冲破了原来的一些框框,做出了许多过去想不到的和不敢想的事情。农民有了自主权,就想出了很多解决问题的办法,创造了各种形式的生产责任制,照顾到国家、集体、个人三者的利益,生产者的责、权、利紧密联系,达到因地制宜、因时制宜、因人制宜。万里还指出:有一些人脑筋是很顽固的,对是否支持群众的首创精神,这个问题还没有完全解决。有的同志可能一时跟不上,但只要肯承认事实,终究会转变过来的。在这次搞文件的过程中,以至在今后农业的指导上,还有个继续解放思想、实事求是的问题,有个承认群众的创造和正确总结社会实践经验的问题。[2]

这次农村工作会议开了十几天,会议的气氛很活跃,与会人员带来了各地农村改革的新情况、新经验和新问题,人们对以包

---

[1] 中国社会科学院老专家协会编:《我在现场——亲历改革开放30年》,社会科学文献出版社2009年版,第91页。

[2] 万里:《研究新情况,总结新经验,解决新问题》(1981年10月5日),载《万里文选》,人民出版社1995年版,第183—185页。

产到户、包干到户(包产到户与包干到户的区别在于:包产到户是先按估产进行包产,等实际产量出来后,用实际产量减去包产,两者之差额上缴国家、集体后,剩下的都是承包人的;包干到户是不算细账,交了国家和集体的,剩下的都是承包者自己的)为特征的家庭联产承包责任制有了新的认识。经过反复讨论和修改,在国家农委起草的文件草稿基础上形成了《全国农村工作会议纪要》。12月21日,中共中央政治局讨论通过了该文件,并根据杜润生的建议,于1982年元旦发表,作为这年的第一号文件。胡耀邦在签发该件时表示,农村工作方面,每年搞一个战略性文件,下次还要排一号。

1982年一号文件最重要的内容,就是中共中央以文件的形式,第一次正式肯定家庭联产承包责任制,从而结束了自包产到户出现以来,这种责任制形式到底姓"社"还是姓"资"的争论。该文件明确指出:"目前实行的各种责任制,包括小段包工定额计酬、专业承包联产计酬,联产到劳,包产到户、到组,包干到户、到组,等等,都是社会主义集体经济的生产责任制。不论采取什么形式,只要群众不要求改变,就不要变动。"针对一些人将包产到户、包干到户误解为"土地还家"、平分集体财产、分田单干等,文件作了必要的说明,指出:"包干到户这种形式,在一些生产队实行以后,经营方式起了变化,基本上变为分户经营、自负盈亏;但是,它是建立在土地公有基础上的,农户和集体保持承包关系,由集体统一管理和使用土地、大型农机具和水利设施,接受国家的计划指导,有一定的公共提留,统一安排烈军属、五保户、困难户的生活,有的还在统一规划下进行农业基本建设。所以它不同于合作化以前的小私有的个体经济,而是社会主义农业经济的组成部分；随着生产力的发展，它将会逐步发展成更为完善的集体经济。"[1]

中共中央1982年一号文件对包产到户、包干到户是社会主义集体经济的界定，彻底解决了人们对包产到户、包干到户的后顾之忧，促进了"双包"制在全国的广泛推行。到1982年11月，全国实行联产承包责任制的生产队已占总数的92.3%，其中"双包"的占78.8%，贵州、安徽、宁夏、甘肃、福建等11个省、区，"双包"都在90%以上。

家庭联产承包责任制极大地解放了农村生产力，也坚定了中央高层坚持这一改革的决心。在1982年9月召开的中共十二大上，胡耀邦代表中共中央所作的政治报告中强调："近几年在农村建立的多种形式的生产责任制，进一步解放了生产力，必须长期坚持下去，只能在总结群众实践经验的基础上逐步加以完善，绝不能违背群众的意愿轻率变动，更不能走回头路。"[2]

1982年11月，中共中央召开农村工作会议，参加会议的有各省、自治区、直辖市党委分管农业的书记和宣传部部长。会议先讨论农村思想政治工作，然后讨论农村政策和生产问题。会后起草了文件，经中共中央政治局讨论通过，定名为《当前农村经济政策的若干问题》，于1983年1月2日下发，即农村改革的第二个中央一号文件。文件的主要内容有两个方面。

一是对农村实行包产到户、包干到户责任制作了高度评价。

---

[1] 中共中央文献研究室、国务院发展研究中心编：《新时期农业和农村工作重要文献选编》，中央文献出版社1992年版，第59、116—117页。
[2] 胡耀邦：《全面开创社会主义现代化建设的新局面》，《人民日报》1992年9月8日。

文件指出:"党的十一届三中全会以来,我国农村发生了许多重大变化。其中,影响最深远的是,普遍实行了多种形式的农业生产责任制,而联产承包制又越来越成为主要形式。联产承包制采取了统一经营与分散经营相结合的原则,使集体优越性和个人积极性同时得到发挥。这一制度的进一步完善和发展,必将使农业社会主义合作化的具体道路更加符合我国的实际。这是在党的领导下我国农民的伟大创造,是马克思主义农业合作化理论在我国实践中的新发展。"[1]正如有研究者所言:"在理论上对于农民群众的实践作如此高度的评价,在共产党的历史上,在中共中央的文献中,可以说是从来还没有过的。"[2]

二是回答了农村实行大包干之后,如何看待农村出现的专业户、个体工商户、长途贩运户以及少量的个体工商户开始私人雇工等问题,提出要促进"两个转化",做到"三个一点"。文件明确指出:"联产承包责任制和各项农村政策的推行,打破了我国农业生产长期停滞不前的局面,促进农业从自给半自给经济向着较大规模的商品生产转化,从传统农业向着现代农业转化。这种趋势,预示着我国农村经济的振兴将更快到来。"在这种情况下,"党和政府的各个部门,各级领导干部,都应力求做到:思想更解放一点,改革更大胆一点,工作更扎实一点,满腔热情

---

[1] 中共中央文献研究室、国务院发展研究中心编:《新时期农业和农村工作重要文献选编》,中央文献出版社1992年版,第59、165页。
[2] 中国社会科学院老专家协会编:《我在现场——亲历改革开放30年》,社会科学文献出版社2009年版,第93页。

地、积极主动地为人民服务，为基层服务，为生产服务"。[1]

中共中央 1982 年和 1983 年的两个一号文件，彻底打破了在包产到户问题上的禁区，到 1983 年 2 月，全国农村实行联产承包责任制的生产队已占生产队总数的 92%。其中，家庭式的联产承包责任制（主要是包干到户）占比已达 78.7%。从此，以包产到户、包干到户为主要特征的家庭联产承包责任制，成为我国农村的主要经营方式，它的推行，突破了我国农村原来的"三级所有，队为基础"模式，解放和发展了农村生产力，探索出了一条我国农村改革发展的新路。

---

[1] 中共中央文献研究室、国务院发展研究中心编：《新时期农业和农村工作重要文献选编》，中央文献出版社 1992 年版，第 59、165 页。

社会主义初级阶段理论的由来

很长一个时期以来，人们曾经从宏观上把共产主义分为两个阶段，即社会主义社会与共产主义社会，前者是共产主义的第一阶段或初级阶段，后者则是其高级阶段。而对社会主义是否还要分阶段，如果要分怎么分，很长时间并没有引起人们的重视。中共十一届三中全会之后，伴随着改革开放的深入，中国共产党人对什么是社会主义、如何建设社会主义的认识也不断深化，形成了社会主义初级阶段理论，明确提出中国正处于并将长期处于社会主义初级阶段。社会主义初级阶段理论的提出，是对马克思主义社会发展理论的重大贡献。

一、建成社会主义的时间问题

在一个较长的时间里，人们并没有意识到建成社会主义需要一个很长的历史过程。1953年起，我国开始了大规模的社会主义改造，以此来完成由新民主主义向社会主义的转变。随着社会主义制度在中国即将建立，毛泽东等领导人也开始考虑中国社会主义的建成时间问题，认为50年左右即可将中国建成一个伟大的社会主义国家。

1954年6月14日，毛泽东在中央人民政府第三十次会议上作《关于中华人民共和国宪法草案》的讲话时指出："我们的总目标，是为建设一个伟大的社会主义国家而奋斗。我们是一个六亿人口的大国，要实现社会主义工业化，要实现农业的社会主义化、机械化，要建成一个伟大的社会主义国家，究竟需要多少时间？现在不讲死，大概是三个五年计划，即十五年左右，可以打下一个基础。到那时，是不是就很伟大了呢？不一定。我看，我们要建成一个伟大的社会主义国家，大概经过五十年即十个五年计划，就差不多了，就像个样子了，就同现在大不一样了。"[1] 1955 的 3 月 21 日，在中国共产党全国代表会议致开幕词时，毛泽东又说："在我们这样一个大国里面，情况是复杂的，国民经济原来又很落后，要建成社会主义社会，并不是轻而易举的事。我们可能经过三个五年计划建成社会主义社会，但要建成为一个强大的高度社会主义工业化的国家，就需要有几十年的艰苦努力，比如说，要有五十年的时间，即本世纪的整个下半世纪。"[2] 同年 10 月，在扩大的中共七届六中全会上，当有人问到将来的趋势如何时，毛泽东回答说：趋势就是大约在三个五年计划的时期内，基本上完成社会主义工业化和对农业、手工业、资本主义工商业的社会主义改造。大约在五十年到七十五年的时间内，就是十个五年计划到十五个五年计划的时间内，可能建成一个强大的社会主义国家。这里所说的"一个伟大的社会主义国家"究竟是怎样的国家，毛泽东并没有具体的说明，大概也就是进入共产主义社会的开始。所以，在社会主义改造完成前后，对

---

[1]《毛泽东文集》第六卷，人民出版社 1999 年版，第 329 页。
[2]《毛泽东文集》第六卷，人民出版社 1999 年版，第 390 页。

于建成社会主义的时间，党内的判断是大致五十年或更多一点时间，而建成社会主义实际上就意味着可以开始向高级阶段的共产主义过渡了。

按照1953年提出的过渡时期总路线，完成农业、手工业和资本主义工商业的社会主义改造，需要15年左右的时间。但是1955年夏季开始，通过对农业合作化运动中所谓"小脚女人"即右倾保守思想的批判，各地农业合作化的速度明显加快，到1956年初，全国农村基本完成了初级形式的农业合作化，并由此带动了手工业和资本主义工商业社会主义改造速度的加快。到1956年9月中共八大召开之时，社会主义改造已基本完成，比原定的时间大大提前。因此，中共八大宣布："改变生产资料私有制为社会主义公有制这个极其复杂和困难的历史任务，现在在我国已经基本上完成了。我国社会主义和资本主义谁战胜谁的问题，现在已经解决了。"[1]社会主义制度已经在中国基本建立。

社会主义改造的提前完成又使毛泽东认为，既然通过克服右倾保守思想可以加快社会主义改造的速度，那么，工业、农业、文教等各项事业只要克服了右倾保守思想，建设速度同样可以加快。于是，从1955年底开始毛泽东就提出了多、快、好、省建设社会主义的问题，而其中关键是多与快。要求各地各部门克服右倾保守思想，导致1956年上半年经济建设中一度出现急躁冒进的倾向。为此，具体负责经济工作的周恩来、陈云等领导人不得不开展反冒进，并且提出既反右倾保守又反冒进的经济建设方

---

[1] 刘少奇：《中国共产党中央委员会向第八次全国代表大会的政治报告》，《人民日报》1956年9月7日。

针，该方针得到了中共八大的认可。但是，毛泽东对于反冒进当时是持保留态度的，只是由于领导层多数人主张反冒进，他没有明确表示反对意见。到了1957年秋，经过几个月的反右派斗争，毛泽东认为政治与思想文化领域的社会主义革命已经取得重大胜利，有必要将工作重心转移到社会主义建设上来，而且必须加快社会主义建设的速度，尽快将我国建成一个强大的社会主义国家，这样才能从根本上巩固社会主义制度。而要加快社会主义建设速度，办法就是应继续克服右倾保守思想，1956年的反冒进不但没有鼓起干部群众社会主义建设之劲，反而为右派的进攻提供了口实，因而在1957年召开的扩大的中共八届三中全会上，毛泽东对反冒进提出了严厉批评。从这次会议起，在批判反冒进的声浪中，"大跃进"运动被一步步发动起来。

"大跃进"运动最显著的特点是提出了许多实际上无法完成的高指标，并由此导致各项工作中出现严重的虚报浮夸即所谓的"放卫星"；而高指标的提出和浮夸之风的形成，又使人们产生一种错觉，认为社会主义建设的速度也大大加快了，不但可以迅速地"超英赶美"，而且有可能先于苏联进入共产主义，因此有必要从现在起就考虑向共产主义社会过渡的形式问题。因为经典作家在他们的著作中，曾设想未来共产主义社会的基层单位是公社，因此在"大跃进"进入高潮之后，中共中央又决定在农村建立人民公社，以此作为向共产主义过渡的基本形式。1958年8月，中共中央政治局在北戴河召开扩大会议，通过了《中共中央关于在农村建立人民公社问题的决议》，明确提出："在目前形势下，建立农林牧副渔全面发展、工农商学兵互相结合的人民公社，是指导农民加速社会主义建设，提前建成社会主义并逐步过渡到共产主义所必须采取的基本方针。"该决议最后满怀信心地说："现阶段我们的任务是建设社会主义。建立人民公社首先是为了加快社会主义建设的速度，而建设社会主义是为了过渡到共产主义积极地做好准备。看来，共产主义在我国的实现，已经不是什么遥远将来的事情了，我们应该积极地运用人民公社的形式，摸索出一条过渡到共产主义的具体途径。"[1]这里所说的"不是什么遥远将来的事情"，具体而言，当时会议确定的大致时间也就3个5年即15年的时间。这次会议之后，全国农村迅速实现了人民公社化。建立人民公社的过程中，有的地方还开始向共产主义过渡的试点，甚至提出三五年内就要过渡到共产主义。

有意思的是，在人民公社化运动的热潮中，《人民日报》在一篇题为《高举人民公社的红旗前进》社论中，第一次出现了"社会主义初级阶段"的说法。社论说："无论如何，目前的人民公社运动并不要求一律立即把集体所有制转变为全民所有制，更不表示它已经由各尽所能、按劳取酬的社会主义初级阶段转变为各尽所能、各取所需的社会主义高级阶段即共产主义阶段。某些个别的人民公社可能走得比较远些，但是一般说来，农村由集体所有制转到全民所有制将是经过三四年以至五六年才会完成的过程。然后再经过多少年，社会产品极大地丰富了，全体人民的共产主义的思想觉悟和道德品质都极大地提高了，全民教育普及并且提高了，社会主义时期还不得不保存的旧社会遗留下来的工农差别、城乡差别、脑力劳动与体力劳动的差别，都逐步地消失了，反映这些差别的不平等的资产阶级法权的残余，也逐步地消

---

[1]《中共中央关于在农村建立人民公社问题的决议》，《人民日报》1958年9月10日。

失了，国家职能只是为了对付外部敌人的侵略，对内已经不起作用了，在这种时候，我国社会才会进入各尽所能、各取所需的共产主义时代。"[1] 自然，这里所以说的"社会主义初级阶段"，是与社会主义的高级阶段即共产主义相对应的，与我们今天所讲的社会主义初级阶段的语意并不相同。

"大跃进"和人民公社化运动的发动与开展，表明当时人们对社会主义建设的长期性与艰巨性缺乏深刻的认识，从而造成了极其严重的后果，导致1959年起连续三年国民经济出现严重困难，结果是欲速则不达，从1961年起不得不对国民经济进行伤筋动骨的调整。经历过"大跃进"和人民公社化运动的挫折之后，人们开始意识到建成社会主义并不是一蹴而就的事情，需要长期的艰苦努力。

1959年底至1960年初，毛泽东在读苏联《政治经济学教科书》时提出："在我们这样的国家，完成社会主义建设是一个艰巨任务，建成社会主义不要讲得过早了。"[2] 他还说："苏联的工农业劳动生产率，现在还没有超过美国，我们则差得更远。人口虽多，但是劳动生产率远远比不上人家，还要继续紧张地努力若干年，分几个阶段，把我们的国家搞强大起来，使我们的人民进步起来。"[3] 毛泽东在读《政治经济学教科书》的谈话中，还首次提出社会主义发展阶段论，指出："社会主义这个阶段，又可能分为两个阶段，第一个阶段是不发达的社会主义，第二个阶段

---

[1]《高举人民公社的红旗前进》，《人民日报》1958年9月3日。
[2]《毛泽东文集》第八卷，人民出版社1999年版，第116页。
[3]《毛泽东文集》第八卷，人民出版社1999年版，第124页。

是比较发达的社会主义。后一阶段可能比前一阶段需要更长的时间。"[1]应当说,把社会主义社会划分成不发达的和发达的两个阶段,是毛泽东在读《政治经济学教科书》的谈话中一个很重要的创见。毛泽东这一论断的提出,说明他在向共产主义过渡问题上与1958年相比,已经冷静多了。"不发达的社会主义"这一概念,也为后来"社会主义初级阶段"的提出提供了有益的启示。

随后,毛泽东更是进一步明确提出建成社会主义需要一百年的时间。1960年5月,英国陆军元帅蒙哥马利访问中国。蒙哥马利对毛泽东说:"我有一个有趣的问题想问下主席,五十年以后中国命运怎么样?那时中国会是世界上最强大的国家了。"蒙哥马利的意思是到时中国会不会侵略别人,毛泽东明确回答说:"外国是外国人住的地方,别人不能去,没有权利也没有理由硬挤进去。如果去,就要被赶走,这是历史教训。五十年以后,中国的命运还是九百六十万平方公里。"[2]毛泽东还对蒙哥马利说,中国强大起来需要五十年到一百年。第二年10月5日,他在与来访的尼泊尔国王马亨德拉和王后谈话时,还讲到这个问题。他说:"我们的国家还是个穷国,要搞得好一些至少要几十年。蒙哥马利元帅说需要五十年时间。我说至少要五十年到一百年,一个世纪不算长,欧洲、美洲花了几个世纪才到今天的程度,我们用一个世纪超过就算好了。"[3]

在1962年1月召开的扩大的中央工作会议即著名的七千人

---

[1]《毛泽东文集》第八卷,人民出版社1999年版,第116页。
[2] 中共中央文献研究室编:《毛泽东年谱(1949—1976)》第4卷,中央文献出版社2013年版,第402—403页。
[3]《毛泽东外交文选》,中央文献出版社、世界知识出版社1994年版,第480页。

大会上，毛泽东再次讲到了这个问题，并且指出：欧洲的一些国家经过三百多年，资本主义的生产力有了现在这个样子。社会主义和资本主义比较，有许多优越性，中国经济的发展会比资本主义国家快得多。"可是，中国的人口多、底子薄，经济落后，要使生产力很大地发展起来，要赶上和超过世界上最先进的资本主义国家，没有一百多年的时间，我看是不行的。也许只要几十年，例如有些人所设想的五十年，就能做到。果然这样，谢天谢地，岂不甚好。但是我劝同志们宁肯把困难想得多一点，因而把时间设想得长一点。三百几十年建设了强大的资本主义经济，在我国，五十年内外到一百年内外，建设起强大的社会主义经济，那又有什么不好呢？"[1]这说明，这时党内已经意识到建成社会主义需要一个比较长的历史过程。

在1964年底至1965年初的三届全国人大一次会议上，周恩来在政府工作报告中提出要在不太长的历史时期内，把我国建设成为一个具有现代农业、现代工业、现代国防和现代科学技术的社会主义强国，赶上和超过世界先进水平。可是，随后不久，"文化大革命"爆发，于是全国上下忙于搞阶级斗争，主要精力自然没有用在搞社会主义建设了。

二、"社会主义初级阶段"命题的提出

1978年开展的真理标准讨论，极大地解放了人们的思想，也促使人们对中国社会主义建设的历史进行深刻的反思，于是学术

---

[1]《毛泽东文集》第八卷，人民出版社1999年版，第302页。

界开始讨论中国所处的社会发展阶段问题。1979年3月，有学者在《经济学动态》上发表《试论社会主义社会的发展阶段》一文，提出从资本主义社会到共产主义社会要分阶段：一个是资本主义到社会主义的过渡阶段。这个过渡阶段又分为两个时期，第一时期是从无产阶级革命胜利到生产资料的社会主义改造完成。这个时期的特点是还存在多种经济成分，相应地存在多个阶级。生产资料所有制的社会主义改造完成以后，就进入另一个时期，即不发达的社会主义；然后进入发达的社会主义，最后才进入到共产主义阶段。文章认为，不发达的社会主义社会的特点是存在着公有制的两种形式，还有商品生产和商品交换，还有资本主义的残余或因素，小生产者还占有相当地位，小生产者的习惯势力和心理仍然泛滥，生产力还没有大发展，产品也未能较大丰富。因此，向社会主义的过渡时期还没有结束。文章强调，"我们的社会就是这样的不发达的社会主义社会"。

同年5月，同一学者与人合作在《经济研究》上发表《无产阶级取得政权后的社会发展阶段》一文，重申上文的基本观点。文章一方面强调在中国无产阶级不但取得了政权，建立了无产阶级专政，而且基本上完成了生产资料所有制的社会主义改造，共产党领导下的广大群众有决心实现向社会主义的过渡，因此说中国是社会主义国家是完全可以的。另一方面，文章又认为还不能说中国已经建立了马克思、列宁所设想的共产主义社会的第一阶段（社会主义社会），因为中国还存在资本主义甚至封建主义的残余，小生产还占相当的地位，小生产的习惯势力和心理还泛滥着。这说明中国还处在不发达的社会主义社会，还处在社会主义的过渡时期，不能认为中国的经济制度已经是发达的或者完全的社会主义。

随后，有学者提出了"初级阶段的社会主义"或"社会主义的初级阶段"这样的表述。1980年1月，《学术月刊》刊载《关于研究我国目前社会发展阶段的方法论》一文，认为社会主义社会最本质的属性，就是生产资料的公有制，以及与此相应的个人消费品的按劳分配。一种社会制度一旦具有了上述规定，就可以算是进入社会主义了。"社会主义自身的发展，在经济比较落后的国家历史地分出了两个阶段"，即"不完善、不成熟阶段或者叫做初级阶段和完善的、成熟的阶段或者叫做高级阶段"。初级阶段的社会主义"在包括经济基础和上层建筑的各个方面都具有不完善性，有待于不断实行变革"。文章提出，社会主义社会可分为"不完善的、不成熟的社会主义，或者叫做社会主义的初级阶段"，"完善的、成熟的社会主义，或者叫做社会主义的高级阶段"，较早地提出了社会主义初级阶段的概念。

这时，中央高层也开始考虑社会主义的阶段性问题。1979年恰逢新中国成立30周年，这年9月底，在庆祝新中国成立30年大会上，叶剑英代表中共中央发表的讲话中，第一次较为系统地对新中国成立以来的经验教训作了总结，并且提出："社会主义制度是人类历史上崭新的社会制度，它同世界上的任何其他事物一样，有它发生和发展的过程。同已经有了三四百年历史的资本主义制度相比，社会主义制度还处在幼年时期。……在我国实现现代化，必然要有一个由初级到高级的过程，但是世界先进国家已经做到而我国同样需要做的事情，我们一定也能够做到，这是毫无疑义的。"[1]这里的"初级到高级的过程"已经蕴含初级阶段

---

[1] 叶剑英：《在庆祝中华人民共和国成立三十周年大会上的讲话》，《人民日报》1979年10月30日。

的意思了。

1981年6月,中共十一届六中全会通过了《关于建国以来党的若干历史问题的决议》,第一次在中共中央的正式文件中提出中国的社会主义还处在"初级的阶段"。其中说道:"尽管我们的社会主义制度还是处于初级的阶段,但是毫无疑问,我国已经建立了社会主义制度,进入了社会主义社会,任何否认这个基本事实的观点都是错误的。"[1]值得注意的是,《决议》中虽然承认我国的社会主义制度还处在初级的阶段,认为"我们的社会主义制度由比较不完善到比较完善,必然要经历一个长久的过程",但它所强调的是我国已进入社会主义社会,批评那种否认中国尚未进入社会主义或者向社会主义过渡的观点。之所以如此,是因为当时党内有负责理论工作的领导干部,不认可前文提及的有学者提出的中国还处在不发达的社会主义社会,还处在向社会主义过渡的时期的观点。尽管如此,在此之后,"社会主义初级阶段"这样的表述逐渐多了起来。例如,1982年5月,《经济科学》杂志发表了题为《试论社会主义初级阶段的就业问题》的文章,文中多次使用"社会主义初级阶段"的表述。

虽然《关于建国以来党的若干历史问题的决议》提出了我国仍处于社会主义"初级的阶段"的判断,但对于如何看待我国社会所处的发展阶段,当时人们的认识并不完全一致。这种不一致在1982年9月召开的中共十二大的报告中便能看得出来。报告在论述社会主义精神文明问题时,尽管承认"我国的社会主义社会现在还处在初级发展阶段,物质文明还不发达",但接下来

---

[1]《关于建国以来党的若干历史问题的决议》,《人民日报》1981年7月1日。

的文字并不是对为何还处在初级阶段展开论述，而是强调能够在建设物质文明的同时，建立起高度的社会主义精神文明和建设精神文明的重要性。不但如此，报告还用一段很长的文字论述社会主义与共产主义的关系，认为尽管共产主义作为社会制度在我国得到完全的实现，还需要经过若干代人的长时期的努力奋斗，但是，共产主义首先是一种运动，早在中国共产党成立和领导进行新民主主义革命的时候就开始了。现在这个运动在我国已经发展到建立起作为共产主义社会初级阶段的社会主义社会，共产主义的思想和共产主义的实践早已存在于我们的现实生活中，那种认为"共产主义是渺茫的幻想""共产主义没有经过实践检验"的观点，是完全错误的。[1]

作为改革开放总设计师的邓小平，十一届三中全会以来一直在思考一个重大问题，即什么是社会主义、怎样建设社会主义。他认为这是一个必须回答而且必须回答好的问题。1980年4月12日，他在会见赞比亚总统卡翁达时说，新中国成立30年来，不论是农业方面、工业方面，还是其他方面，都建立了社会主义的初步基础，但是一个根本问题是耽误了时间，生产力的发展太慢。因此，"不解放思想不行，甚至于包括什么叫社会主义这个问题也要解放思想。经济长期处于停滞状态总不能叫社会主义。人民生活长期停止在很低的水平总不能叫社会主义"[2]。

1984年6月30日，邓小平在会见前来参加第二次中日民间

---

[1] 胡耀邦：《全面开创社会主义现代化建设的新局面——在中国共产党第十二次全国代表大会上的报告》，《人民日报》1982年9月8日。
[2] 《邓小平文选》第二卷，人民出版社1994年版，第312页。

人士会议的日本委员会代表时又说：马克思主义必须是同中国实际相结合的马克思主义，社会主义必须是切合中国实际的有中国特色的社会主义。"什么叫社会主义，什么叫马克思主义？我们过去对这个问题的认识不是完全清醒的。马克思主义最注重发展生产力。我们讲社会主义是共产主义的初级阶段，共产主义的高级阶段要实行各尽所能、按需分配，这就要求社会生产力高度发展，社会物质财富极大丰富。所以社会主义阶段的最根本任务就是发展生产力，社会主义的优越性归根到底要体现在它的生产力比资本主义发展得更快一些、更高一些，并且在发展生产力的基础上不断改善人民的物质文化生活。如果说我们建国以后有缺点，那就是对发展生产力有某种忽略。社会主义要消灭贫穷。贫穷不是社会主义，更不是共产主义。"[1]

1985年4月15日，邓小平在会见坦桑尼亚副总统阿里·哈桑·姆维尼时再次指出："我们建立的社会主义制度是个好制度，必须坚持。我们马克思主义者过去闹革命，就是为社会主义、共产主义崇高理想而奋斗。现在我们搞经济改革，仍然要坚持社会主义道路，坚持共产主义的远大理想，年轻一代尤其要懂得这一点。但问题是什么是社会主义，如何建设社会主义。我们的经验教训有许多条，最重要的一条，就是要搞清楚这个问题。"社会主义"是一个很长的历史阶段"，社会主义的首要任务是发展生产力，逐步提高人民的物质和文化生活水平。"贫穷不是社会主义，社会主义要消灭贫穷。不发展生产力，不提高人民的生活水

---

[1]《邓小平文选》第三卷，人民出版社1993年版，第63—64页。

平，不能说是符合社会主义要求的。"[1]

随着改革开放的深化，在邓小平所倡导的要搞清什么是社会主义的总题目下，人们对我国所处的社会主义阶段的认识也日渐清晰，报刊上关于社会主义初级阶段的表述逐渐增多。1986年6月，《陈云文选》第三卷出版并在全国发行，中共中央书记处研究室《陈云文选》编辑组在《人民日报》发表文章介绍该书，就直接使用了"社会主义的初级阶段"的说法。文章说：从俄国十月革命开始，到中国革命胜利为止，所有走上社会主义道路的国家，除个别国家外，经济都很不发达或不够发达，社会生产力水平都不高，劳动生产率大大低于发达的资本主义国家。要在经济落后的条件下完成社会主义建设，实现向共产主义过渡，从已有的实践经验看，确实需要一整个历史时期。只有在这个历史时期内，社会生产力得到高度的发展以后，才有可能向共产主义过渡。因此，"在社会主义这个历史时期中，社会经济的发展，还将从低级到高级，经历若干个历史阶段。我国目前社会经济文化的实际状况，表明我们还只是处在建设社会主义的初级阶段。我们搞建设，搞改革，都要考虑这个事实"[2]。

1986年9月，中共十二届六中全会通过《中共中央关于社会主义精神文明建设指导方针的决议》，其中把"我国还处在社会主义初级阶段"作为树立和发展社会主义道德风尚的重要依据。《决议》为此指出："道德是经济基础的反映，而不是脱离历史发展的抽象观念。我国还处在社会主义的初级阶段，不但必须

---

[1]《邓小平文选》第三卷，人民出版社1993年版，第116页。
[2]《坚持实事求是原则是一切事业的成功之道》，《人民日报》1986年6月16日。

实行按劳分配，发展社会主义的商品经济和竞争，而且在相当长历史时期内，还要在公有制为主体的前提下发展多种经济成分，在共同富裕的目标下鼓励一部分人先富裕起来。在这样的历史条件下，全民范围的道德建设，就应当肯定由此而来的人们在分配方面的合理差别，同时鼓励人们发扬国家利益、集体利益、个人利益相结合的社会主义集体主义精神，发扬顾全大局、诚实守信、互助友爱和扶贫济困的精神。"[1]这是中共中央文献中第一次将"我国还处在社会主义初级阶段"这个论断，作为我国社会主义建设的基本依据。

中共十二届六中全会之后，社会主义初级阶段开始被人们广泛使用。同年11月下旬，全国人大常委会在京委员和全国人大各专门委员会委员学习、讨论《中共中央关于社会主义精神文明建设指导方针的决议》。时任全国人大常委会委员长的彭真在讲话中指出："作为社会制度，马克思是把共产主义分为初级和高级两个阶段的，即社会主义阶段和共产主义阶段。即使他说的那个初级阶段，也是建立在社会生产力的发展水平已经相当高的基础上的社会主义，我们还没有达到那个程度。正如决议说的，'我国还处在社会主义的初级阶段'，即共产主义的初级阶段的初级阶段。它的含义是很清楚的。"[2]

从这时起，理论界、学术界对社会主义初级阶段的讨论逐渐多起来。例如，有学者认为：要把社会主义初级阶段与高级阶段

---

[1]《中共中央关于社会主义精神文明建设指导方针的决议》，《人民日报》1986年9月29日。
[2]《彭真阐述理想、民主和法制》，《人民日报》1986年11月27日。

严格地区分开来。社会主义社会是一个相当长的历史阶段，是一个由初级阶段逐步向高级阶段发展的历史过程。在社会主义社会的初级阶段，它的经济形态、政治形态、文化形态，以至社会生活的各个方面都既有占主导地位的社会主义因素，又不可避免地带有刚脱胎出来的那个社会的痕迹，即各种非社会主义因素。看不到这个特定的历史条件，不把社会主义的初级阶段与高级阶段加以区别，在现阶段想把社会主义社会的各个方面都搞得纯而又纯，这不仅是不切实际的，而且也是有害的。不但如此，还应把中国社会主义的初级阶段与其他国家社会主义的初级阶段严格地区分开来。正在建设的是具有中国特色的社会主义，而不是一般意义上的社会主义。我国不光存在着一般意义上的"旧社会痕迹"，而且还具有封建思想影响深，以及小生产者意识根深蒂固等特点。[1]

还有学者提出：社会主义初级阶段的含义一般来说，任何一国的社会主义社会都要经历若干阶段，其中的第一阶段都可以叫作初级阶段。但是，各国在建立社会主义制度时，由于经济文化有不同的发展水平，因而生产资料公有化的程度和形式，经济结构、社会结构和政治结构等方面必然是极不相同的。这就决定了它们不会经历同样的发展阶段。我国的社会主义初级阶段，其含义不仅仅是指一般所说的发展顺序上的第一阶段，而主要是指在我国这样一个经济文化不发达的国家，社会主义社会成熟程度上的一个特殊的发展阶段。社会主义初级阶段的概念，一方面反映了社会主义的一般本质，说明我国已经进入社会主义社会，而不

---

[1]俞吾金：《略论精神文明建设的历史条件》，《人民日报》1986年12月26日。

是停留在过渡时期；另一方面，又反映了现阶段我国社会主义社会的特殊性，说明我国的社会主义社会成熟程度还很低。[1]亦有学者明确提出：我国正处在社会主义初级阶段这个论断的基本含义，一是我国社会已经是社会主义社会，我们必须坚持走社会主义道路；二是我国的社会主义还处在初级阶段，各项工作必须从这个实际出发，不能超越阶段。[2]

三、十三大与社会主义阶段理论

1987年秋，中国共产党将召开第十三次全国代表大会。召开十三大一项重要的准备工作是起草中央委员会的政治报告。邓小平一再强调，十三大的报告要把十一届三中全会以来进行改革的性质讲清楚，阐明我国的改革是巩固和完善社会主义，而不是搞资本主义，这样就可以把全党和全国人民的认识统一起来，更加勇敢地更加大胆地投入改革。他还强调，加快和深化改革，尤其是把政治体制改革提上日程，应该是十三大的主题和基调。

早在这年2月，邓小平同几位中央负责人谈话，在谈到十三大报告的起草问题时，明确提出："十三大报告要在理论上阐述什么是社会主义，讲清楚我们的改革是不是社会主义。要申明'四个坚持'的必要，反对资产阶级自由化的必要，改革开放的必要，在理论上讲得更加明白。十三大报告应该是一篇好的著

---

[1] 薛汉伟：《对我国社会主义初级阶段的几点看法》，《人民日报》1987年7月24日。
[2] 何家成：《怎样认识社会主义初级阶段与对外开放——理论工作者、有关专家书面答广大干部群众问》，《人民日报》1987年9月2日。

作。"[1]同年3月8日，在接见坦桑尼亚总统姆维尼时，针对一些人对反对资产阶级自由化的误解，邓小平指出："今年下半年，我们要召开党的十三大，大家看了十三大结果就会清楚。总的讲，我们有四个不变：坚持四项基本原则不变，一心一意搞四个现代化建设不变，对外开放政策不变，进行经济体制改革和政治体制改革的方针不变。"[2]

这年2月底至3月中旬，十三大报告起草小组对报告的思想、结构和主要内容，进行了多次广泛深入的集体讨论，在此基础上提出了起草十三大报告的设想。3月21日，起草小组负责人就十三大报告的起草问题给邓小平写了一封信。

信中说："大家都认为，这个文件关系重大，一定要写好，要把三中全会以来我们建设有中国特色的社会主义路线写清楚，写出分量来。"信中提出了报告框架的初步设想："报告主要写七个部分。一、讲三中全会以来，包括十二大以来，我国出现了哪些历史性的变化。二、讲三中全会以来的路线，是从我国国情出发的马克思主义的路线。着重指出我国正处在社会主义的初级阶段，这是我们所以必须采取现在这样的方针政策而不能采取别的方针政策的基本根据。三、由此而来的经济建设的发展战略。四、由此而来的发展社会主义商品经济的任务，和我国经济体制改革的方向。五、由此而来的建设社会主义民主政治的任务，和我国政治体制改革的原则。六、由此而来的加强和改善党的领导的任务，包括执政党的领导体制、党内民主和对党的领导人的监

---

[1]《邓小平文选》第三卷，人民出版社1993年版，第203页。
[2]《邓小平文选》第三卷，人民出版社1993年版，第211页。

督、党的干部、党的风气。七、由此而来的在理论和思想指导上避免'左'右两种倾向的必要性，着重阐明三中全会以来路线的两个基本点是坚持四项基本原则和坚持改革开放搞活，指出在新的实践中必须进行创造性的理论探索。"

信中提出："全篇拟以社会主义初级阶段作为立论的根据。这里所说的'社会主义初级阶段'，不是一般地泛指无产阶级取得政权以后的初级阶段，而是特指由中国的历史条件和社会条件所决定的、必须经历而不能逾越的初级阶段。中国进入社会主义，不是脱胎于资本主义，而是脱胎于半殖民地半封建社会，由此产生了生产力、生产关系、上层建筑的一系列特点。中国又是一个发展中的大国，不仅与发达国家不同，而且与其他许多发展中国家不同。这就决定了中国的社会主义建设不能照搬其他国家的模式，必须从自己的国情出发，走自己的路。确认中国处于社会主义初级阶段，一是明确指出我们是社会主义，不能倒回去搞资本主义，全盘西化是害国害民的；二是明确指出我们是初级阶段的社会主义，只能循序渐进，不能急于求成，也不能'急于求纯'，必须允许以公有制为主体的多种经济成分长期存在，必须允许以按劳分配为主体的多种分配原则长期存在，必须致力于发展社会主义商品经济，促进社会主义统一市场的形成和发育，正确处理计划调节和市场调节的关系。同时，进行政治体制改革，建设社会主义民主政治，也必须在我们党的领导下有秩序地逐步地展开。看来，以社会主义的初级阶段立论，有可能把必须避免'左'右两种倾向这个大问题说清楚，也有可能把我们改革的性质和根据说清楚。如能这样，对统一党内外认识很有好处，对国外理解我们政策的长期稳定性也很有好处。"信中还说："'初级阶段'这个提法,在党的文件中已三次出现(历史问题决议、十二大报告、精神文明决议),但都没有发挥。如您同意,报告的起草工作就准备循着这个思路加以展开,预计五月初可拿出一个粗线条的稿子来,推敲到七月,再在北戴河提请中央审议。"[1]

3月25日,邓小平作出批示:"这个设计好。"[2]文字虽短,但表明邓小平对十三大报告设想的充分肯定。此时,邓小平对我国的社会主义所处的阶段问题,已有深刻的思考和相同的看法。他1987年4月26日在会见捷克斯洛伐克总理什特劳加尔时讲道:"搞社会主义,一定要使生产力发达,贫穷不是社会主义。我们坚持社会主义,要建设对资本主义具有优越性的社会主义,首先必须摆脱贫穷。现在虽说我们也在搞社会主义,但事实上不够格。只有到了下世纪中叶,达到了中等发达国家的水平,才能说真的搞了社会主义,才能理直气壮地说社会主义优于资本主义。现在我们正在向这个路上走。"[3]尽管这里邓小平没有使用"初级阶段"这样的表述,但实际上蕴含了中国的社会主义还处在初级阶段这样的意思。同年8月29日,他在会见意大利共产党领导人时更是明确提出:"我们党的十三大要阐述中国社会主义是处在一个什么阶段,就是处在初级阶段,是初级阶段的社会主义。社会主义本身是共产主义的初级阶段,而我们中国又处在社会主义的初级阶段,就是不发达的阶段。一切都要从这个实际出发,

---

[1] 中共中央文献研究室编:《十二大以来重要文献选编》下,人民出版社1988年版,第1308—1309页。

[2] 中共中央文献研究室编:《邓小平年谱(1975—1997)》下,中央文献出版社2004年版,第1173页。

[3] 《邓小平文选》第三卷,人民出版社1993年版,第225页。

根据这个实际来制订规划。"[1]邓小平的这一论述,为社会主义初级阶段论的正式形成,起到了一锤定音的作用。

1987年10月,中共十三大召开。这次大会最突出的贡献,就是系统地阐述关于社会主义初级阶段的理论。十三大报告强调:正确认识我国社会现在所处的历史阶段,是建设有中国特色的社会主义的首要问题,是我们制定和执行正确的路线和政策的根本依据。我国正处在社会主义的初级阶段。这个论断,包括两层含义:第一,我国社会已经是社会主义社会。我们必须坚持而不能离开社会主义。第二,我国的社会主义社会还处在初级阶段。必须从这个实际出发,而不能超越这个阶段。也正因为我们的社会主义是脱胎于半殖民地半封建社会,生产力水平远远落后于发达的资本主义国家,这就决定了我们必须经历一个很长的初级阶段,去实现别的许多国家在资本主义条件下实现的工业化和生产的商品化、社会化、现代化。

十三大报告同时指出:我国社会主义的初级阶段,不是泛指任何国家进入社会主义都会经历的起始阶段,而是特指我国在生产力落后、商品经济不发达条件下建设社会主义必然要经历的特定阶段。我国从生产资料私有制的社会主义改造基本完成,到社会主义现代化的基本实现,至少需要上百年时间,都属于社会主义初级阶段。这个阶段,既不同于社会主义经济基础尚未奠定的过渡时期,又不同于已经实现社会主义现代化的阶段。总起来说,我国社会主义初级阶段,是逐步摆脱贫穷、摆脱落后的阶段;是由农业人口占多数的手工劳动为基础的农业国,逐步变为

---

[1]《邓小平文选》第三卷,人民出版社1993年版,第252页。

非农产业人口占多数的现代化的工业国的阶段;是由自然经济半自然经济占很大比重,变为商品经济高度发达的阶段;是通过改革和探索,建立和发展充满活力的社会主义经济、政治、文化体制的阶段;是全民奋起,艰苦创业,实现中华民族伟大复兴的阶段。[1]经过中共十三大,我国正处于并将长期处于社会主义初级阶段,成为全党和全国人民的共识。

只有正确认识基本国情,才能制定出正确的政治路线和方针政策。根据社会主义初级阶段的理论,十三大制定了党在社会主义初级阶段的基本路线:领导和团结全国各族人民,以经济建设为中心,坚持四项基本原则,坚持改革开放,自力更生,艰苦创业,为把我国建设成为富强、民主、文明的社会主义现代化国家而奋斗。

邓小平对十三大的报告给予很高评价。他说:"我们党的十三大报告是集体创作"。"党的十三大的特点,一个是阐述了中国社会主义初级阶段的理论,在这个理论指导下,坚定地贯彻党的十一届三中全会以来的路线、方针和政策;另一个是更新了中央领导班子,保证我们的改革开放政策能够连续贯彻下去,并且加快步伐。"[2]邓小平在1989年前后一再强调:"改革开放政策不变,几十年不变,一直要讲到底。……要继续贯彻执行十一届三中全会以来的路线、方针、政策,连语言都不变。十三大政治报告是经过党的代表大会通过的,一个字都不能动。"[3]社会主

---

[1]赵紫阳:《沿着有中国特色的社会主义道路前进——在中国共产党第十三次全国代表大会上的报告》,《人民日报》1987年11月4日。
[2]《邓小平文选》第三卷,人民出版社1993年版,第258页。
[3]《邓小平文选》第三卷,人民出版社1993年版,第296页。

初级阶段理论,是中国特色社会主义理论的重要组成部分,它表明中国共产党人对社会主义的认识在原有基础上有了新的提升。

确立社会主义市场经济体制

在相当长的时间里,人们认为社会主义与计划经济、资本主义与市场经济几乎是画等号的,而公有制、按劳分配和计划经济被看作是社会主义最基本的特征。改革开放的过程中中国突破了社会主义只能是计划经济的传统模式,成功地建立起社会主义市场经济体制。社会主义市场经济体制目标的确定过程,既是思想解放的过程,也是改革深化的过程。

一、计划经济体制建立之初的探求

在改革开放前,市场经济这个名词也时常出现在报刊上,但所指的是市场的经济活动情况。例如,1952年7月24日的《人民日报》在一篇题为《上海私营企业生产和交易额比"五反"前增加》的报道中说:"在上海市'五反'运动刚刚开始的时候,由于国营企业加工、定货、收购、贷款暂时停止;一部分不法工商业家以逃避资金、停厂关店抗拒'五反',加上当时适逢淡季,因此市场经济,曾经出现了暂时的呆滞现象。"很显然,报道中所说的市场经济与改革开放后形成的市场经济完全不是一回事。新中国成立后不久就开始编制第一个五年计划,国民经济即逐步纳入计划管理,逐步形成了高度集中的计划经济体制。

计划经济体制的优势是可以集中力量办大事，但它的弊端也十分明显。比如经济决策权集中于党委和政府，生产单位没有自主权。1956年12月6日，《人民日报》就发表文章提出要让企业有一定的自治权，以发挥企业的积极性和克服官僚主义。文章说：由于企业自治权过小，中央主管机关集权过多、过细，企业的许多事情都要请示中央有关部门，即使是很小的事情，哪怕是盖一个厕所或买一台打字机也不例外，结果造成很多单位派人来北京找各部委办事，仅第一机械工业部各企业派到北京来办事的人，每天有一千人以上，几乎每个企业都派有专人常驻北京。企业来部里办事的人到北京后，最少要住上一两个星期，最多的达十个月。第一机械工业部（不包括局、院）每月收、发的公文达三万件以上，仅第一机械部第二机器工业管理局1956年的统计报表就重达八吨。[1]这样的问题在计划经济时代始终没有改变，企业生产什么、生产多少、产品的价格高低都由政府部门决定。又比如不尊重价值规律，无视市场在资源配置中的作用，企业之间不发生直接的经济往来。当时，沈阳电缆厂和沈阳冶炼厂都在沈阳的铁西区，两家只隔着一条马路，但前者属于机械部，后者属于冶金部，电缆厂的生产需要用铜，对面的冶炼厂本身就生产铜，但电缆厂不能从冶炼厂直接买，而必须到南方去拉铜，每年光成本就多出几百万元，因为这两家企业归属于不同的部委。

对于计划经济体制的弊端，应该说从这个体制建立起不久就有所发现。中共八大之后，毛泽东就曾提出既消灭资本主义，又搞点资本主义的观点。1956年11月30日，中国民主建国会负责

---

[1] 高尚全：《企业要有一定的自治权》，《人民日报》1956年12月6日。

人黄炎培在写给毛泽东的信中说，全行业公私合营后，大部分工商业者的表现是好的，少数人消极，"白天社会主义，夜里资本主义"，还出现了"地下工厂""地下商场"等。12月7日，毛泽东约请黄炎培和全国工商联负责人陈叔通等谈话，就此问题发表了自己的意见。他说："地下工厂"之所以能发展起来，是因为社会有需要，"要使它成为地上，合法化"。"最好开私营工厂，同地上的作对。还可以开夫妻店，请工也可以。""只要社会需要，地下工厂还可以增加。可以开私营大厂，订个协议，十年、二十年不没收。华侨投资的，二十年、一百年不要没收。可以开投资公司，还本付息。可以搞国营，也可以搞私营。"毛泽东把这个思路概括为："可以消灭了资本主义，又搞资本主义。"他还将这一做法称之为"新经济政策"。[1]

随后，刘少奇也提出可以有少量的资本主义经济作为社会主义经济的补充。1956年12月17日，他在同中共中央工业交通工作部负责人座谈时说："有些资本主义或小生产者，有什么不好呢？这对人民有利，是社会主义经济的补充。"[2] 12月29日，刘少奇在一届全国人大常委会第五十二次会议上又说："我们国家有百分之九十几的社会主义，有百分之几的资本主义，我看也不怕，它是社会主义经济的一个补充嘛！""有这么一点资本主义，一条是它可以作为社会主义经济的补充，另一条是它可以在某些方面同社会主义经济作比较。"同时他又认为，"关于这个问题，

---

[1]《毛泽东文集》第七卷，人民出版社1999年版，第170页。
[2] 中共中央文献研究室、中华全国总工会编：《刘少奇论工人运动》，中央文献出版社1988年版，第437页。

现在要通过什么决议，颁布什么法律，还为时过早，需要积累经验，还要看趋势"。[1]5月7日，刘少奇在听取中央党校学员开展整风运动情况时，进一步提出社会主义经济的多样性和灵活性问题，认为苏联只有社会主义经济的计划性，只讲究计划经济，搞得呆板，而"我们一定要比资本主义经济搞得更多样，更灵活"，否则"还有什么社会主义的优越性呢"？他要求研究如何使人民的经济生活丰富多彩，更方便、更灵活的问题。[2]

与此同时，周恩来亦提出了类似的观点。他在1957年4月的国务院全体会议上提出："主流是社会主义，小的给些自由，这样可以帮助社会主义的发展。工业、农业、手工业都可以采取这个办法。""大概工、农、商、学、兵除了兵以外，每一行都可以来一点自由，搞一点私营的。文化也可以搞一点私营的。这样才好百家争鸣嘛！在社会主义建设中，搞一点私营的，活一点有好处。""一切东西都靠国家生产不行，各方面都应该有百分之几的自由活动，太死了不行。不仅商业方面如此，工业方面也可以如此。资本主义复活不了。"[3]

这时，理论工作者也展开了对经济体制问题的研究。1956年到1957年，著名经济学家孙冶方撰写了《把计划和统计放在价值规律的基础上》《从"总产值"谈起》等文章，提出只有把计

---

[1] 中共中央文献研究室编:《刘少奇论新中国经济建设》，中央文献出版社1993年版，第326—327、333页。

[2] 中共中央文献研究室、中共中央党校编:《刘少奇论党的建设》，中央文献出版社1991年版，第679、680页。

[3] 中共中央文献研究室编:《周恩来经济文选》，中央文献出版社1993年版，第350—351页。

划放在价值规律的基础上,才能使计划成为现实的计划,才能充分发挥计划的效能;认为社会主义大生产不能靠主观意志,必须以价值规律为依据,在计划和统计上多注意劳动量消耗的计算,促进生产力的发展。

应当指出的是,1956年到1957年上半年在经济体制的改革上出现一些思想火花,甚至提出也可以搞些"新经济政策",并不等于说要突破苏联式的计划经济模式。在当时的历史条件下,计划经济被视为社会主义的本质属性,人们还不可能认识到市场应该在资源配置中起决定作用。

在随后的"大跃进"运动中,曾强调要发挥中央和地方两个积极性,要大力发展地方工业;受高指标的影响,地方工业无序发展,导致国民经济比例出现严重失调。在1958年底至1959年上半年的纠"左"中,毛泽东曾提出要重视价值规律的作用,认为价值规律是一所大学校,强调"商品生产不能与资本主义混为一谈。为什么怕商品生产?无非是怕资本主义。现在是国家同人民公社做生意,早已排除资本主义,怕商品生产做什么?不要怕,我看要大大发展商品生产"。[1] 但是,当时他强调要重视价值规律、发展商品生产的用意,在于纠正人民公社化运动中出现的"一平二调"的"共产风"问题,不能随意搞无偿调拨,而不是对计划经济体制提出异议。

1959年庐山会议后,全党开展"反右倾"斗争,随后启动新一轮"大跃进",再次强调要大力发展地方工业,大搞所谓"小(型)土(土法上马)群(群众运动)",导致国民经济比例失调

---

[1]《毛泽东文集》第七卷,人民出版社1999年版,第437—438、439页。

的情况更加严重。在农村加快进行基本核算单位从生产队到生产大队过渡,再次大刮"共产风",大办公共食堂,取消恢复不久的社员自留地和家庭副业,严重挫伤广大农民的积极性,因而从1961年起不得不下力气调整国民经济。调整国民经济过程中,又认为国民经济之所以发生比例失调,与地方领导人存在分散主义有很大关系,于是提出反对分散主义的问题,1962年1月召开的七千人大会的主题原本就是反对分散主义的。很显然,分散主义的存在会影响到国家计划的贯彻落实,反对分散主义必然要求加强集中统一和计划工作,因而在"大跃进"运动后计划经济体制被进一步强化。

  计划经济的长处在于国家能够配置资源开展重点建设。在实行计划经济的过程中,我国在不长的时间里形成了一个比较完整的工业体系和国民经济体系,特别是建立了较完整的重工业体系,建成一大批的骨干企业和铁路干线,为中国工业化奠定了重要的物质基础。但是,由于重积累轻消费,实行低工资政策,许多人一二十年没有涨过工资,致使人民生活长期没有实质性的改善。同时,当年工业的发展是以牺牲农业发展为代价的。从1953年起,我国对主要农产品通过统购统销的方式,保证了工业所需要的农产品原材料的供应,也保证了城镇居民粮油与主要副食品的基本消费;而且通过工农业产品价格"剪刀差"的方式为工业化积累了资金,但其后果是致使农业生产长期得不到实质性的发展,农民生活也没有根本性的改变。由于过分强调重工业的作用,又导致与人民生活密切相关的轻工业得不到相应的发展,许多商品严重短缺,不得不采取凭票证供应的方式。票证始终是计划经济年代人民生活中不可或缺的重要内容。

二、计划经济为主市场调剂为辅

在"文化大革命"期间,由于强调无产阶级与资产阶级两个阶级、两条道路斗争的严重性、必要性,商品与市场被看成是产生资本主义的"温床"。当时,"四人帮"在商品生产和商品交换问题上曾有不少怪论。张春桥说:"只要有这两种所有制,商品生产,货币交换,按劳分配就是不可避免的。""城乡资本主义因素的发展,新资产阶级分子的出现,也就是不可避免的。"[1]姚文元说:"巩固、扩大、强化资产阶级法权及其所带来的那一部分不平等,那就必然会产生两极分化的现象","资本主义的商品交换原则就会侵入到政治生活以至党内生活,瓦解社会主义计划经济,就会产生把商品和货币转化为资本和把劳动力当作商品的资本主义剥削行为"。[2]受"四人帮"这一套歪理怪论的影响,"文化大革命"中,曾在国民经济调整时期一度有所放开的自由市场重新关闭,许多小商品的生产与流通亦被看作是"资本主义尾巴"而被取缔,计划经济被进一步强化。

粉碎"四人帮"后,随着拨乱反正的逐渐展开,理论界、学术界开始活跃起来,在批判"四人帮"谬论的同时,对一些重大理论问题进行正本清源,商品生产和商品交换的重要性重新为人们所认识。1977年12月21日,《人民日报》发表《斥"四人帮"对社会主义商品制度的污蔑》一文,对"四人帮"提出的社会主义商品制度,"必然会孵化出资本主义和资产阶级"的几点"理

---

[1] 张春桥:《论对资产阶级的全面专政》,《人民日报》1975年4月1日。
[2] 姚文元:《论林彪反党集团的社会基础》,《人民日报》1975年3月1日。

由",逐一作了批驳,并指出,我国现行的商品制度,是社会主义经济制度的一个重要组成部分,应该努力发展社会主义商品生产,使它适应社会主义经济全面发展的需要。

1978年5月22日,《人民日报》发表《驳斥"四人帮"诋毁社会主义商品生产的反动谬论》一文。文章指出,社会主义制度中的商品生产问题,是一个重大的理论问题,又是一个重大的政策问题。"四人帮"鼓吹资本主义和新资产阶级分子是从社会主义商品生产中产生,抹煞社会主义商品生产和资本主义商品生产、小商品生产的本质区别,这种论点是根本站不住脚的。我国社会主义的商品生产和商品流通,同国家建设和人民生活的需要相比,还发展得很不够。我国的商品粮只占粮食总产量的近五分之一,人民公社各种产品的总产值中,商品产值占的比重还很小,国营经济作为商品提供给农村的农业机械和其他产品,还远远不能适应农业机械化和现代化的要求。日用工业品也还远远不能满足人民的需求。我国对外贸易进出口总额,在世界贸易总额中所占的比重也很小。因此,必须理直气壮地发展社会主义的商品生产和商品流通。

1978年12月召开的中央工作会议上,邓小平着重讲了发扬经济民主的问题,指出:现在我国的经济管理体制权力过于集中,应该有计划地大胆下放,否则不利于充分发挥国家、地方、企业和劳动者个人四个方面的积极性,也不利于实行现代化的经济管理和提高劳动生产率。应该让地方和企业、生产队有更多的经营管理的自主权。当前最迫切的是扩大厂矿企业和生产队的自主权,使每一个工厂和生产队能够千方百计地发挥主动创造精神。[1]随后召开的中共十一届三中全会,给生产单位以更多的自主权是会议的一个重要议题。会议强调,现在我国经济管理体制的一个严重缺点是权力过于集中,应该有领导地大胆下放,让地方和工农业企业在国家统一计划的指导下有更多的经营管理自主权;应该坚决实行按经济规律办事,重视价值规律的作用;人民公社、生产大队和生产队的所有权和自主权必须受到国家法律的切实保护;社员自留地、家庭副业和集市贸易是社会主义经济的必要补充部分,任何人不得乱加干涉。

与此同时,经济学界开始对市场经济问题展开讨论,提出了"社会主义的市场经济""社会主义市场经济"这样的表述。例如:《财经问题研究》1979年第1期刊发了《略谈市场经济中的几个问题》一文,提出资本主义经济学者通常把资本主义经济称之为市场经济,实际上将资本主义经济与市场经济完全混同起来,他们不懂资本主义经济是市场经济,而市场经济并不都是资本主义经济;他们将市场经济与计划经济完全割裂开来,他们不懂得社会主义制度下存在的市场经济,同时社会主义经济又是计划经济,二者是完全可以融合在一起的,而计划经济与市场经济的融合,只有公有制的条件下才有可能。作者强调,市场经济是一个历史范畴,在历史发展的各个阶段上,总是与各个历史阶段的经济条件结合在一起的。奴隶社会和封建社会的市场经济,体现了小私有者之间的生产关系;资本主义的市场经济,体现了资本主义的生产关系;而社会主义的市场经济,体现了社会主义的生产关系。社会主义经济作为一个商品经济,当然也是一个市场经

---

[1]《邓小平文选》第二卷,人民出版社1994年版,第145—146页。

济，它与计划经济是不相冲突的，而且二者在客观上就是水乳交融相互联系在一起的。正是计划经济与市场经济的这种水乳交融的状况，才构成了社会主义经济的基本特征，成为社会主义市场经济与其他社会形态的市场经济相区别的重要特征。[1]

同年第6期的《经济研究》也刊登了《关于社会主义市场经济的几个问题》一文。文章认为，计划经济是社会主义经济的基本特征，但还要重视和尊重价值规律，发挥市场经济的作用。在社会主义条件下之所以还存在市场经济，原因有三点：一是虽然商品基本部分是公有制企业和生产单位提供的，但由于现在生产力水平还比较低、生产的社会化程度还不高，社会产品还不丰富，这就要求受价值规律的调节而进行生产和交换的那种市场经济也能够发展，扩大商品交换的范围；二是目前多种所有制并存，在不同所有制经济之间和同一所有制不同生产单位相互之间进行交接活动，除了传统意义上的统一市场外，应该有多种购销形式，多条流通渠道，这就需要市场经济作为补充；三是在经济管理上，计划不可能包罗万象，编制计划时对于社会需要的预测其准确性也是相对的，因而计算不周密或临时因素造成的不平衡会经常发生，这就需要市场经济加以补充。判断市场经济的性质，应主要依据产生这种市场经济的所有制性质，在生产资料公有制占绝对优势的情况下形成的市场经济，其主要部分应该是社会主义性质的，而不是资本主义性质。[2]

很显然，当时学术界所讨论的市场经济与中共十四大后所确

---

[1] 何士珺:《略谈市场经济中的几个问题》，《财经问题研究》1979年第1期。
[2] 顾纪瑞:《关于社会主义市场经济的几个问题》，《经济研究》1979年第6期。

立的社会主义市场经济体制所讲的市场经济，性质是不同的，他们更多的是强调要更好地发挥市场的作用，但他们认为社会主义与市场经济并不矛盾，而是可以有机融合的，并明确提出了"社会主义市场经济"这样的概念，还是很有意义的。

这时，计划与市场的关系问题，也引起了一些地方领导人的重视。1979年3月，当时中共四川省委的主要领导人与成都地区的部分经济理论工作者进行座谈，并围绕计划经济和市场经济能不能结合，怎样结合，能不能在计划经济指导下，允许有一定限度的市场经济等问题展开讨论。结论是：计划经济和市场经济这两个概念不是绝对对立的，是可以结合的。社会主义计划经济是社会主义制度优越性所在，是必须坚持的。但是，经验证明，搞包罗万象的计划根本做不到。弄得不好，还容易把整个经济搞死了，束缚生产力的发展，限制生产单位和生产者积极性的发挥。因此，在计划经济指导下，有一定范围的市场经济作为补充，是很有必要的。现在一个很大的问题是，生产和销售脱节，企业生产不能与市场需要结合，不能随着市场需要的变化而变化，从而出现一些产品质量差，花色品种少；有些产品一方面库存积压，一方面市场脱销。因此，解决计划经济和市场经济结合的问题，在某种意义上说，比解决企业权利问题更为重要。[1]

实践的发展也促使高层更加重视市场的作用。

1978年12月2日，邓小平同胡耀邦、胡乔木、于光远等商谈在中央工作会议闭幕会上的讲话稿问题，在谈话时邓小平就主张发挥市场的作用提出"不要怕乱，市场不会乱，承认市场的一

---

[1]《经济理论研究要解放思想面向实际》，《人民日报》1979年3月13日。

定调节"。

1979年3月8日,陈云写了《计划与市场问题》提纲,明确指出现在的计划太死,包括的东西太多,结果必然出现缺乏市场自动调节的部分,而计划又时常脱节,计划机构忙于日常调度。他提出整个社会主义时期必须有两种经济,即计划经济部分和市场调节部分,前者是基本的主要的,后者是从属的次要的,但又是必需的。在今后经济的调整和体制的改革中,不一定计划经济部分愈增加,市场经济部分所占绝对数额就愈缩小,可能是都相应地增加。[1]后来陈云把这一思想概括为"计划经济为主,市场调节为辅"。陈云在写提纲前,曾与李先念交换过意见。李先念在2月22日同银行负责人谈话时说:"我同陈云同志谈过,他同意,在计划经济前提下,搞点市场经济作为补充。计划经济和市场经济相结合,以计划经济为主;市场经济是个补充,不是小补充,是大补充。"[2]这是党的领导人第一次提到"计划经济和市场经济相结合"的问题,突破了社会主义只有计划经济的传统观念。

1979年8月底,时任国务院副总理的余秋里会见由铃木幸夫率领的日本新闻机构经济问题社论委员访华团,在回答日本新闻界朋友提出的有关中国国民经济发展方面的一些问题时,余秋里说,我国经济调整的关键是调整工农业的比例关系。农业的调整关系到工业的各个方面,将引起经济领域里的一个大的转变。"我们国家那

---

[1]《陈云文选》第三卷,人民出版社1995年版,第245—246页。
[2]《李先念传》编写组、鄂豫边区革命史编辑部编写:《李先念年谱》第六卷,中央文献出版社2011年版,第13页。

么大，依靠一年一度的计划办一年的事，是不可能完全办好的。我们要按经济规律办事，把计划经济和市场经济结合起来。"[1]这说明，计划经济与市场经济相结合的问题，已成为高层的共识。

1979年11月，邓小平会见美国不列颠百科全书出版公司副总裁弗兰克·吉布尼和加拿大麦吉尔大学东亚研究所主任林达光等人。在谈话中，邓小平明确提出社会主义也可以搞市场经济的思想。邓小平指出："说市场经济只存在于资本主义社会，只有资本主义的市场经济，这肯定是不正确的。社会主义为什么不可以搞市场经济，这个不能说是资本主义。我们是计划经济为主，也结合市场经济，但这是社会主义的市场经济。虽然方法上基本上和资本主义社会的相似，但也有不同，是全民所有制之间的关系，当然也有同集体所有制之间的关系，也有同外国资本主义的关系，但是归根到底是社会主义的，是社会主义社会的。市场经济不能说只是资本主义的。市场经济，在封建社会时期就有了萌芽。社会主义也可以搞市场经济。同样地，学习资本主义国家的某些好东西，包括经营管理方法，也不等于实行资本主义。这是社会主义利用这种方法来发展社会生产力，把这当作方法，不会影响整个社会主义，不会重新回到资本主义。"[2]当时，人们将市场经济与市场调节经常混用，邓小平这里所说的社会主义也可以搞市场经济，实际上是强调要发挥好市场调节的作用之意，不等于说邓小平这时就已有了建立社会主义市场经济体制作为经济体制改革的目标模式的思想。

---

[1]《余秋里会见日本新闻界朋友》，《人民日报》1979年8月30日。
[2]《邓小平文选》第二卷，人民出版社1994年版，第236页。

十一届三中全会前后,人们对于我国原有的经济体制统得过死缺乏活力的问题有了较深刻的认识,加快经济体制改革的任务提上议事日程,而问题在于体制朝什么方向改。1980年9月,担任国务院经济体制改革办公室顾问的著名经济学家薛暮桥主持起草了《关于经济体制改革的初步意见》,明确提出:"我国现阶段的社会主义经济,是生产资料公有制占优势、多种经济成分并存的商品经济",应当"在坚持生产资料公有制占优势的条件下,按照发展商品经济和促进社会化大生产的要求,自觉地运用价值规律,把单一的计划调节,改为在计划指导下充分发挥市场调节的作用"。但由于当时党内对这个问题看法不一致,这个意见并没有形成正式文件。[1]

虽然十一届三中全会后市场的作用日益受到重视,政府强调在经济工作中要实行计划调节与市场调节相结合,以计划调节为主,充分重视市场调节的作用,但重视市场的作用并不等于经济体制改革的方向就是要建立市场经济,人们的认识不可能一下子走得那么远。1981年2月10日,《人民日报》发表题为《论我国经济体制的改革》的署名文章,对两年来我国正在进行的经济体制改革进行总结,认为我国经济体制改革的目标就是:把由国家高度集权的决策体系,改变为由国家、经济单位和广大劳动者多层次的决策体系;把单一的计划调节体系,改革为计划调节和市场调节相结合的调节体系;把主要依靠行政组织、行政办法管理经济的体系,改变为主要依靠经济组织、经济办法,并辅之以必要的行政办法管理经济的体系;把拒不承认经济单位有相对的

---

[1] 谢明干:《〈关于经济体制改革的决定〉诞生前后》,《百年潮》2009年第12期。

物质利益的体系，改变为真正兼顾国家、集体和个人物质利益的体系。[1]

1981年6月，中共十一届六中全会通过了《关于建国以来党的若干历史问题的决议》。在谈及我国经济体制改革的目标方向时，《决议》强调："社会主义生产关系的变革和完善必须适应于生产力的状况，有利于生产的发展。国营经济和集体经济是我国基本的经济形式，一定范围的劳动者个体经济是公有制经济的必要补充。必须实行适合于各种经济成分的具体管理制度和分配制度。必须在公有制基础上实行计划经济，同时发挥市场调节的辅助作用。要大力发展社会主义的商品生产和商品交换。"[2]

这年12月下旬，在中共中央召开的全国各省、市、自治区党委第一书记座谈会上，陈云针对包产到户以后出现的新情况，提出"农业经济是国民经济重要的一部分。农业经济也必须以计划经济为主，市场调节为辅"，并对实行各种生产责任制后农业可以不要计划的观点提出批评。[3] 1982年1月25日，陈云约请国家计委几位负责人就加强计划经济工作问题进行座谈，明确表示必须"坚持以计划经济为主，市场经济为辅"。陈云说：我们国家是计划经济，工业要以计划经济为主；农业实行生产责任制以后，仍然要以计划经济为主。我们办企业更要加强计划性，要讲究产品有没有销路，原料从哪里来，经营怎样搞。现在我们有

---

[1] 任涛：《论我国经济体制的改革》，《人民日报》1981年2月10日。
[2]《关于建国以来党的若干历史问题的决议》，《人民日报》1981年7月1日。
[3]《陈云文选》第三卷，人民出版社1995年版，第305页。

些地方不那么讲究这些问题。[1]

在这种背景之下，同年 9 月召开的中共十二大在政治报告中论述我国经济体制改革相关问题时重申："我国在公有制基础上实行计划经济。有计划的生产和流通，是我国国民经济的主体。同时，允许对于部分产品的生产和流通不作计划，由市场来调节，也就是说，根据不同时期的具体情况，由国家统一计划划出一定的范围，由价值规律自发地起调节作用。这一部分是有计划生产和流通的补充，是从属的、次要的，但又是必需的、有益的。国家通过经济计划的综合平衡和市场调节的辅助作用，保证国民经济按比例地协调发展。这几年我们对经济体制实行了一些改革，扩大了企业在计划管理方面的权限，注意发挥市场调节的作用，方向是正确的，收效也很明显。但是，由于有些改革措施不配套，相应的管理工作没有跟上，因而削弱和妨害国家统一计划的现象有所滋长。这是不利于国民经济正常发展的。今后，要继续注意发挥市场调节的作用，但决不能忽视和放松国家计划的统一领导。"报告还强调："正确贯彻计划经济为主、市场调节为辅的原则，是经济体制改革中的一个根本性问题。"[2]

三、发展社会主义商品经济

十一届三中全会之后，我国的经济体制改革尽管在目标模式上

---

[1]《陈云同志约请国家计委负责人座谈加强计划经济问题，坚持计划经济为主市场经济为辅》，《人民日报》1982 年 1 月 26 日。

[2] 胡耀邦：《全面开创社会主义现代化建设的新局面——在中国共产党第十二次全国代表大会上的报告》，《人民日报》1982 年 9 月 8 日。

还不那么清晰，但改革的实践在大大推进。在农村，实行包产到户后，农民得到了极大的解放，这种解放不单是获得了土地的经营权，而且农民在完成承包任务之后有权安排自己的生产经营活动，甚至将原来的家庭副业变成家庭主业，由此产生了各式各样的专业户。当这些专业户发展到一定规模之后，他们要进行扩大再生产，光靠自己家庭的人手已经不够，必须雇工，而雇工意味着有可能出现剥削。那么，允不允许雇工？允许雇的话，可雇多少人？

"文化大革命"期间，为解决大量城镇青年的就业问题，当时采取的是知识青年上山下乡接受贫下中农再教育这种逆城市化的办法，短期内缓解了城市的就业压力，但从1979年起不但停止了知识青年上山下乡，并且已下乡的上千万知识青年开始大规模返城，加上城市本身每年新增加的几百万劳动力，因而一时间就业形势十分严峻。过去，城市劳动力就业基本上采取的是国家包下来统一安排的办法，现在显然无法继续采取这种办法，于是只得采取广开门路、自谋职业的办法，这样一来，城镇出现大批的个体户。到1980年底，从事个体商业的已达40万人。有些个体户发展到一定的规模，为了再发展也需要雇工，也同样面临雇工是否合规合法的问题。

改革发展中遇到的这些现实问题，需要人们作出回答，并明确具体的政策界限。1981年10月17日，中共中央、国务院作出《关于广开门路，搞活经济，解决城镇就业问题的若干决定》，强调"实行多种经济形式和多种经营方式长期并存，是我党的一项战略决策，决不是一种权宜之计"，并且在政策上开了小口子，提出"对个体工商户，应当允许经营者请两个以内的帮手；有特殊技艺的可以带五个以内的学徒"，也就是说雇工不能超过7

人。[1]之所以规定不超过7人而不是8人或10人,是当时有人从马克思的《资本论》中找到的论据,即个体企业只要拥有的雇工不超过8人,就仍然以本人的劳动作为主要生活来源,因而保持劳动者的身份。其实,不管农村专业户和城镇个体工商户雇工是否超过7人,他们的生产经营活动都无法纳入国家计划之中。

包产到户后,农村的劳动力出现了富余,因此一些紧邻城镇的农村利用国家仍处于短缺经济的机会,大力发展社队企业(后来改称乡镇企业),一时间社队企业如雨后春笋般迅速发展。到1980年9月,全国(除西藏外)共有社队企业148万多个,90%以上的公社、80%以上的大队,都办有各种加工业、采矿业、交通运输业、建筑业、服务性行业;全国农村从事社队企业的专业劳动力将近3000万人,占农村总劳动力的9.4%,1979年全国社队企业总收入达490多亿元,占人民公社三级经济总收入的三分之一。[2]1979年7月,国务院作出《关于发展社队企业若干问题的规定(试行草案)》,规定社队企业完成全部生产计划所需要的二、三类物资和劳保用品可以向有关部门申请供应,也可以由社队企业及其管理部门自行采购,社队企业的产品国家不统一调拨的,由社队企业管理部门组织销售,或由社队企业自行销售。社队企业的生产经营很难纳入国家计划,基本上是原材料"自行采购",产品"自行销售",形成了事实上的商品经济即市场经济。

与此同时,城市的经济体制改革也已启动,国营企业开始了

---

[1] 中共中央文献研究室编:《三中全会以来重要文献选编》下,人民出版社1982年版,第986页。
[2]《全国社队企业上半年又获新发展》,《人民日报》1980年9月22日。

以承包制为主要内容的改革，企业的生产经营自主权扩大，企业在完成计划规定的生产经营任务后生产出的产品，也会通过市场销售给消费者，市场的范围进一步扩大。随着经济特区的建立，中外合资经营企业、中外合作经营企业、外商独资企业即"三资企业"开始出现，这些企业的生产经营也难以纳入国家计划，实际上经济特区的经济活动从一开始就是按照市场经济运行的。总之，改革开放使中国的经济结构发生了重大变化，许多实践问题需要从理论上加以回答，也需要党和政府出台明确的政策。

改革实践中出现的一系列新问题，引起了邓小平和其他中央领导人的高度关注。1982年10月14日，邓小平同国家计委负责人谈话时，特地说了这样一段话："社会主义同资本主义比较，它的优越性就在于能做到全国一盘棋，集中力量，保证重点。缺点在于市场运用得不好，经济搞得不活。计划与市场的关系问题如何解决？解决得好，对经济的发展就很有利，解决不好，就会糟。"[1]在这里，邓小平虽然没有对计划与市场表达出倾向性的意见，但表示了他对这个问题十分关切，也希望经济部门和理论工作者能够解决好这个问题。

十一届三中全会以来，农村的经济体制改革取得了较大进展，农村的面貌也发生了很大变化。相对而言，城市的经济体制改革进展要慢一些。因此，进入1984年，中共中央决定加快以城市经济体制改革为中心的整个经济体制改革的步伐，并决定在这年10月召开中共十二届三中全会，专题研究经济体制改革问题，通过《中共中央关于经济体制改革的决定》。中共中央十分

---

[1]《邓小平文选》第三卷，人民出版社1993年版，第16—17页。

重视《决定》的起草工作,专门成立了文件起草小组。具体负责起草《决定》的时任国务院主要负责人的"基本观点是,社会主义经济是计划经济,又是商品经济,要把二者结合起来,充分发挥市场调节的作用"[1]。

为了在社会主义商品经济问题上获得共识,在文件起草过程中,时任国务院主要负责人先让时任中国社会科学院院长的马洪组织人员写了一份题为《关于社会主义有计划的商品经济的再思考》的研究报告,并将该报告送给一些党内老同志征求意见,老同志们没有提出反对意见。于是,时任国务院主要负责人组织起草小组就《中共中央关于经济体制改革的决定》中是否写入"商品经济"进行多次讨论。在一次起草小组的讨论中,除了起草小组成员外,还请了时任中共中央书记处书记、中央宣传部部长邓力群参加。时任国务院主要负责人在会上问大家:"理论上有没有问题?社会主义国家是否有人提过?"有人回答说:"理论上能站得住,保加利亚日夫科夫提过。"接着又问:"和宪法有没有矛盾?"又有人回答说:"没有矛盾。宪法上没有写'计划经济为主,市场调节为辅'。"时任国务院主要负责人最后说:"那就这样定。"当大家站起来准备退场时,时任国务院主要负责人又问邓力群:"老邓,你怎么看?"邓力群回答:"我在1979年就赞成商品经济。"[2]

1984年9月9日,时任国务院主要负责人就计划经济体制

---

[1] 谢明干:《〈关于经济体制改革的决定〉诞生前后》,《百年潮》2009年第12期。
[2] 中国经济体制改革研究会编:《与改革同行——体改战线亲历者回忆》,社会科学文献出版社2013年版,第10页。

问题给胡耀邦、邓小平、陈云、李先念写信,信中提出:(一)中国实行计划经济,不是市场经济。(二)自发地盲目地通过市场进行调节的生产和交换,只限于小商品、三类农副产品和服务修理行业,它们在整个国民经济中起辅助作用。(三)计划经济不等于指令性计划为主。指令性计划和指导性计划都是计划经济的具体形式。我国幅员辽阔,现代化手段不发达,交通不便,信息不灵,编制包罗万象的指令性计划,不仅不可能,而且有害。在当前和今后相当长的时期内,我们的方针应该是逐步缩小指令性计划,扩大指导性计划。(四)指导性计划主要用经济手段调节,指令性计划也必须考虑经济规律特别是价值规律的作用。社会主义经济是以公有制为基础的有计划的商品经济。计划要通过价值规律来实现,要运用价值规律为计划服务。"计划第一,价值规律第二"这一表述并不确切,今后不宜继续沿用。应该如实地把两者统一起来,而不要把它们割裂开来或对立起来。[1]

对于信中提出的问题,邓小平表示赞成。陈云在复信中表示,这些"都是当前我国经济工作面临的重要问题,也是对这几年城市经济体制改革经验的总结,完全同意"[2]。李先念在复信中表示"我都同意",并提出把这些问题解决好了,将大力促进社会生产力的发展,"我国的计划经济,要自觉地正确地运用价值

---

[1] 中共中央文献研究室编:《十二大以来重要文献选编》中,人民出版社1986年版,第535页。

[2] 中共中央文献研究室编:《陈云年谱》修订本下卷,中央文献出版社2015年版,第411页。

规律,很需要把价格体系改革好"[1]。

1984年10月,中共十二届三中全会通过了《中共中央关于经济体制改革的决定》,明确"建立自觉运行价值规律的计划体制,发展社会主义商品经济"。《决定》指出:改革计划体制,首先要突破把计划经济同商品经济对立起来的传统观念,明确认识社会主义计划经济必须自觉依据和运用价值规律,是在公有制基础上的有计划的商品经济。商品经济的充分发展,是社会经济发展的不可逾越的阶段,是实现我国经济现代化的必要条件。只有充分发展商品经济,才能把经济真正搞活,促使各个企业提高效率,灵活经营,灵敏地适应复杂多变的社会需求,而这是单纯依靠行政手段和指令性计划所不能做到的。同时还应该看到,即使是社会主义的商品经济,它的广泛发展也会产生某种盲目性,必须有计划的指导、调节和行政的管理,这在社会主义条件下是能够做到的。因此,实行计划经济同运用价值规律、发展商品经济,不是互相排斥的,而是统一的,把它们对立起来是错误的。在商品经济和价值规律问题上,社会主义经济同资本主义经济的区别不在于商品经济是否存在和价值规律是否发挥作用,而在于所有制不同,在于剥削阶级是否存在,在于劳动人民是否当家做主,在于为什么样的生产目的服务,在于能否在全社会的规模上自觉地运用价值规律,还在于商品关系的范围不同。在我国社会主义条件下,劳动力不是商品,土地、矿山、银行、铁路等等

---

[1]《李先念传》编写组、鄂豫边区革命史编辑部编:《李先念年谱》第六卷,中央文献出版社2011年版,第267页。

一切国有的企业和资源也都不是商品。[1]

这个决定得到了邓小平的充分肯定。十二届三中全会闭幕后的第二天，他在中央顾问委员会全体会议的讲话中说："我的印象是写出了一个政治经济学的初稿，是马克思主义基本原理和中国社会主义实践相结合的政治经济学，我是这么个评价。这两天国内外对这个决定反应很强烈，都说是有历史意义的。这个文件，我没有写一个字，没有改一个字，但确实很好。"又说："这次经济体制改革的文件好，就是解释了什么是社会主义，有些是我们老祖宗没有说过的话，有些新话。我看讲清楚了，过去我们不可能写出这样的文件，没有前几年的实践不可能写出这样的文件。写出来，也很不容易通过，会被看作'异端'。我们用自己的实践回答了新情况下出现的一些新问题。""中央委员会、中央顾问委员会、中央纪律检查委员会三个委员会的同志都赞成这个文件，看到了现在发布这个纲领性文件的必要性和重要性。这是个好文件。"[2]对一个文件作出如此高的评价，可见邓小平对这个决定的高度认可。

在这之后，邓小平对计划经济与市场经济的关系有了进一步的思考。1985年10月23日，邓小平会见由美国时代公司组织的企业家代表团，当客人问到市场经济与社会主义制度之间是否存在矛盾时，他说："社会主义和市场经济之间不存在根本矛盾。问题是用什么方法才能更有力地发展社会生产力。我们过去一直搞计划经济，但多年的实践证明，在某种意义上说，只搞计划

---

[1]《中共中央关于经济体制改革的决定》，《人民日报》1984年10月21日。
[2]《邓小平文选》第三卷，人民出版社1993年版，第83、91页。

经济会束缚生产力的发展。把计划经济和市场经济结合起来，就更能解放生产力，加速经济发展。"他强调："要坚持社会主义制度，最根本的是要发展社会生产力，这个问题长期以来我们并没有解决好。社会主义优越性最终要体现在生产力能够更好地发展上。多年的经验表明，要发展生产力，靠过去的经济体制不能解决问题。所以，我们吸收资本主义中一些有用的方法来发展生产力。现在看得很清楚，实行对外开放政策，搞计划经济和市场经济相结合，进行一系列的体制改革，这个路子是对的。"[1]对于这次谈话，新华社当天就进行了报道。第二天，《人民日报》在报道时更是使用了这样的标题——"只有改革才能导致中国的发达，把计划经济与市场经济结合起来就能进一步解放生产力"。社会主义市场经济体制能得以确立，与邓小平的大力推动密不可分。

其实，社会主义商品经济与社会主义市场经济并没有本质性的区分。从这之后，"社会主义市场体系"或"社会主义市场经济体系"的表述开始被人们所使用。1985年12月，中国经济体制改革研究会和福建省社会科学院在厦门联合召开经济体制改革理论讨论会，与会者围绕经济体制改革实践中提出的问题，着重讨论了社会主义市场体系与市场机制问题，认为形成统一完整的社会主义市场体系和健全市场机制，不仅是微观经济进一步搞活的前提，而且也为宏观经济的控制、调节创造条件，提供手段。所以它是今后一个时期经济体制改革的一个关键任务。关于商品经济与市场经济这两个概念问题，有与会者认为，二者的区别在于：前者是从比较抽象、更为本质的意义上讲的，后者则是较为

---

[1]《邓小平文选》第三卷，人民出版社1993年版，第148—149页。

具体、更加接近现象的说法。商品经济是市场经济的本质规定，市场经济是商品经济的现象形态。除了这两种层次上的不同外，很难对两者作出经济关系的性质的区分。与会者认为，为了发展社会主义商品经济，深入进行经济体制改革，实现经济体制模式的转换，当前迫切需要建立和完善社会主义市场体系。缺乏这种体系，价格就难以反映价值规律和供求规律的要求，各种经济关系就难以理顺。[1]

改革开放之后，浙江温州的小作坊式的家庭工业和与之相关联的小商品市场发展很快。到1986年，温州的家庭工业在全部工业总产值中占到60%，大多数家庭经营都雇有帮工或学徒。温州地区有大小400多个民间市场，包括著名的十大商品产销基地，初步形成包括生产资料市场、资金市场等在内的地区性民间市场体系，形成了所谓的"温州模式"。随着温州经济的发展，在农民整体大幅度增加收入的同时，贫富差距开始拉大。这一模式出现后，围绕着温州经济是不是"私有化""市场化"了，温州农村是不是趋于"两极分化"，即温州商品经济的所谓"成分"问题，引起广泛的关注和激烈的争论。为此，1986年11月，著名经济学家林子力在《人民日报》上发表长文，认为商品经济是市场经济的本质规定，市场经济是商品经济的现象形态。资本主义市场经济从本质上说也就是资本主义商品经济，"社会主义商品经济如果要从现象上去讲，那也就是社会主义市场经济"。文章还说：温州的实践说明，没有市场体系及其机制，就不可能有企

---

[1]《社会主义市场体系与市场机制——关于经济体制改革的一次理论讨论会》，《人民日报》1986年1月13日。

业素质、经营者和一般劳动者素质的提高，不可能有当前温州的劳动效率、周转速度和经济效益。市场关系的发展还使人们的观念发生变化。今天的温州人少有依赖性，而具有较强的独立观念；他们不再躺在国家身上，而是习惯于市场的变动，勇于自己承担风险；在那里，收入上互相攀比，而不看各自的劳动效果如何的情况已经少见。这些，都是适应于社会主义商品经济的发展的。[1]事实上，作为中共中央机关报的《人民日报》发表这样的长文，本身就是一种导向。

由于长期以来计划经济被当作社会主义的本质属性之一，而市场经济成为资本主义的代名词，尽管社会主义商品经济与社会主义市场经济并无本质区别，但要让更多的人认可社会主义市场经济还需要一个过程。因此，1987年10月召开的中共十三大在论述经济体制改革问题时，仍强调社会主义经济是公有制基础上的有计划的商品经济，并认为这一概括"是对马克思主义的重大发展，是我国经济体制改革的基本理论依据"。

十三大报告同时强调：社会主义有计划商品经济的体制，应该是计划与市场内在统一的体制。在这个问题上，需要明确几个基本观念。第一，社会主义商品经济同资本主义商品经济的本质区别，在于所有制基础不同。社会主义商品经济的发展离不开市场的发育和完善，利用市场调节决不等于搞资本主义。第二，必须把计划工作建立在商品交换和价值规律的基础上。不能把计划调节和指令性计划等同起来。应当通过国家和企业之间、企业与企业之间按照等价交换原则签订定货合同等多种办法，逐步缩小

---

[1] 林子力：《温州商品经济的"成分"问题》，《人民日报》1986年11月21日。

指令性计划的范围。国家对企业的管理应逐步转向以间接管理为主。第三,计划和市场的作用范围都是覆盖全社会的。新的经济运行机制,总体上来说应当是"国家调节市场,市场引导企业"的机制。国家运用经济手段、法律手段和必要的行政手段,调节市场供求关系,创造适宜的经济和社会环境,以此引导企业正确地进行经营决策。实现这个目标是一个渐进过程,必须为此积极创造条件。[1]

与十二届三中全会关于"社会主义计划经济是在公有制基础上的有计划的商品经济"相比,十三大使用的是"社会主义有计划商品经济的体制"的表述是一个进步,"它把一个科学论断具体化为一个有形的体制"[2]。

在这之后,一些经济学家明确提出,社会主义商品经济就是市场经济。他们认为,商品经济和市场经济是两个既互相联系又有区别的概念,社会主义经济是一种商品经济,又是一种市场经济。无论从历史上还是从理论上说,商品经济都是较之市场经济更为广泛的概念。市场经济必然是商品经济,但商品经济未必就是市场经济。所谓商品经济,就是各种财富都可以买卖的经济。所谓市场经济,是一个高度社会化的商品经济概念。在市场经济中,市场是社会资源的基本配置者。我国经济体制改革的实质,是用以市场机制为基础的资源配置方式取代以行政命令为主的资源配置方式。通过改革建立的社会主义商品经济,不是别种类型

---

[1] 赵紫阳:《沿着有中国特色的社会主义道路前进——在中国共产党第十三次全国代表大会上的报告》,《人民日报》1987年11月4日。

[2] 于光远:《在对社会主义再认识的过程中》,《人民日报》1988年1月22日。

的商品经济，而是采用有宏观管理的市场配置方式的商品经济。在这个意义上也可叫作社会主义的市场经济。[1]

四、建立社会主义市场经济体制

由于众所周知的原因，1989年春夏曾发生了一场政治风波。这场风波的发生与资产阶级自由化有着密切的关系，因而风波之后对资产阶级自由化开展批判与肃清也是必要的。但如何正确处理好改革开放与反对资产阶级自由化的关系，并不是一件很容易的事情。应该说，经过十多年的改革开放，中国面貌发生了巨大变化，明确反对改革开放的人少之又少，但如何改革开放，改革什么开放什么，改到什么程度开放到什么程度，不同的人难免有不同的认识和理解。当时一些人认为经济体制改革上主张取消计划经济，实现市场化，建立市场经济体系，就是资产阶级自由化的表现。甚至认为搞市场经济就是取消公有制，就是要否定共产党的领导，否定社会主义制度，搞资本主义。还有人提出，坚持商品经济的社会主义方向，一要坚持公有制经济为主体，二要坚持计划经济和市场调节相结合，利用市场机制，但不能搞"市场经济"。

在中国的经济体制改革走向何方的关键时刻，邓小平以政治家特有的胆识表明了自己的立场。1989年5月31日，在政治风波还没有平息之时，邓小平在同李鹏、姚依林谈话时就强调："改革开放政策不变，几十年不变，一直要讲到底。""要继续贯

---

[1] 吴敬琏、胡季：《社会主义商品经济也是一种市场经济》，《人民日报》1988年7月15日。

彻执行十一届三中全会以来的路线、方针、政策,连语言都不变。"[1]6月9日他在中南海怀仁堂接见首都戒严部队军以上干部又说:"改革开放这个基本点错了没有?没有错。没有改革开放,怎么会有今天?这十年人民生活水平有较大提高,应该说我们上了一个台阶,尽管出现了通货膨胀等问题,但十年改革开放的成绩要充分估计够。""这是总结我们过去十年。我们的一些基本提法,从发展战略到方针政策,包括改革开放,都是对的。要说不够,就是改革开放得还不够。"[2]在邓小平看来,这场政治风波不是改革开放造成的,改革开放的大政方针不能变。

政治风波之后一段时间,我国经济遇到了很大的困难。国内,由于"价格闯关"没有成功,一度出现比较严重的通货膨胀,不得不继续开展治理整顿,即治理经济环境、整顿经济秩序;国外,以美国首的西方国家以政治风波为借口对我国进行所谓的制裁。在这种情况下,如何推进改革开放,特别是使中国经济不出现大的滑坡,是邓小平极为关心的问题。1990年3月3日,他在和几位中央领导同志谈话时强调:"综观全局,不管怎么变化,都要真正扎扎实实地抓好这十年建设,不要耽搁。""现在特别要注意经济发展速度滑坡的问题,我担心滑坡。""世界上一些国家发生问题,从根本上说,都是因为经济上不去……如果经济发展老是停留在低速度,生活水平就很难提高。人民现在为什么拥护我们?就是这十年有发展,发展很明显。假设我们有五年不发展,或者是低速度发展,例如百分之四、百分之五,甚至百分

---

[1]《邓小平文选》第三卷,人民出版社1993年版,第296页。
[2]《邓小平文选》第三卷,人民出版社1993年版,第306、307页。

之二、百分之三，会发生什么影响？这不只是经济问题，实际上是个政治问题。"[1]

由于各种因素的影响，1990年中国经济增幅曾下滑至3.8%，成为改革开放以来增幅最低的一年，邓小平所担心的经济出现滑坡还是发生了。中国经济如何发展？邓小平认为还得发挥市场经济的作用。1990年12月24日，他同江泽民、杨尚昆、李鹏谈话时强调："我们必须从理论上搞懂，资本主义与社会主义的区分不在于是计划还是市场这样的问题。社会主义也有市场经济，资本主义也有计划控制。""不要以为搞点市场经济就是资本主义道路，没有那么回事。计划和市场都得要。不搞市场，连世界上的信息都不知道，是自甘落后。"[2]他还提出不要怕冒一点风险，中国已经有了承担风险的能力，因为有了改革开放打下的基础，而且改革开放越前进，承担和抵抗风险的能力就越强。

1991年2月6日，在上海过春节的邓小平视察上海大众汽车公司。陪同视察的朱镕基（时任上海市委书记）汇报说，还有不少人认为合资企业不是民族工业，害怕它的发展。对此，邓小平明确指出：说"三资"企业不是民族经济，害怕它的发展，这不好嘛。发展经济，不开放是很难搞起来的。世界各国的经济发展都要搞开放，西方国家在资金和技术上就是互相融合、交流的。他还说："改革开放还要讲，我们的党还要讲几十年。会有不同意见，但那也是出于好意，一是不习惯，二是怕，怕出问题。光我一个人说话还不够，我们党要说话，要说几十年。当然，太着急

---

[1]《邓小平文选》第三卷，人民出版社1993年版，第354页。
[2]《邓小平文选》第三卷，人民出版社1993年版，第364页。

也不行,要用事实来证明。当时提出农村实行家庭联产承包,有许多人不同意,家庭承包还算社会主义吗?嘴里不说,心里想不通,行动上就拖,有的顶了两年,我们等待。不要以为,一说计划经济就是社会主义,一说市场经济就是资本主义,不是那么回事,两者都是手段,市场也可以为社会主义服务。"[1]

根据邓小平在上海谈话的精神,中共上海市委机关报《解放日报》以"皇甫平"的名义,连发四篇评论员文章。其中,3月2日发表的《改革开放要有新思路》一文,将邓小平关于市场经济的基本思想透露了出来。文章说:"研究新情况、探索新思路,关键在于要进一步解放思想。解放思想决不是一劳永逸的。就以计划与市场的关系而言,有些人总是习惯于把计划经济等同于社会主义经济,把市场经济等同于资本主义,认为在市场调节背后必然隐藏着资本主义的幽灵。随着改革的进一步深化,越来越多的同志开始懂得:计划和市场只是资源配置的两种手段和形式,而不是划分社会主义与资本主义的标志。资本主义有计划,社会主义有市场。这种科学认识的获得,正是在社会主义商品经济问题上又一次重大的思想解放。在改革深化、开放扩大的新形势下,要防止陷入某种'新的思想僵滞'。我们不能把发展社会主义商品经济和社会主义市场,同资本主义简单等同起来。一讲市场调节就以为是资本主义;不能把利用外资同自力更生对立起来,在利用外资问题上,谨小慎微,顾虑重重;不能把深化改革同治理整顿对立起来,对有些已经被实践证明是正确的、行之有

---

[1] 中共中央文献研究室编:《邓小平年谱(1975—1997)》下,中央文献出版社2004年版,第1326页。

效的改革，不敢坚持和完善，甚至动摇、走回头路；不能把持续稳定发展经济、不急于求成同紧迫感对立起来，工作松懈，可以办的事情也不去办。总之，进一步解放思想，是保证我们完成第二步战略目标的必要条件。"[1]

或许是因为不知道《解放日报》所透露的是邓小平的思想，"皇甫平"的文章竟引来了批评之声。3月15日，北京一家大报发表了《发展商品经济不可否定计划经济》一文，其中说："有些人总是自觉或不自觉地把发展商品经济同实行计划经济对立起来。他们对市场经济似乎有着一种特殊的偏好，极力主张按照市场经济原则改革我国的经济管理体制，对计划经济则任意加以否定。在他们看来，好像只有市场经济才适合于社会化大生产发展的要求，才能够调动生产者的积极性，才能够按照市场需要组织生产，实现资源的最佳配置和合理使用，而这一切在计划经济中却做不到。""市场经济原则很难真正做到资源的合理配置和有效利用。我国40年社会主义经济建设取得举世瞩目的成就，充分说明了在我国实行计划经济的巨大优越性。"[2]

如何看待计划与市场，是关系到我国的经济体制改革朝着什么方向前进的大问题。这年7月1日，在庆祝中国共产党成立70年大会上，江泽民在讲话中特地讲到了这个问题，他指出："社会主义商品经济以公有制为基础，资本主义商品经济以私有制为基础，两者存在本质区别。计划与市场，作为调节经济的手段，是建立在社会化大生产基础上的商品经济发展所客观需要的，因

---

[1] 皇甫平：《改革开放要有新思路》，《解放日报》1991年3月2日。
[2] 《发展商品经济不可否定计划经济》，《人民日报》1991年3月15日。

此在一定范围内运用这些手段，不是区别社会主义经济和资本主义经济的标志。"[1]代表中共中央表明了在这个问题上的态度。

在经过深入的思考之后，邓小平决定以一种特殊的方式推进中国改革开放的继续进行。1992年1月18日至2月21日，他前往武昌、深圳、珠海、上海等地视察，并一路发表重要讲话，这就是著名的南方谈话。对于计划与市场的关系，谈话指出："计划多一点还是市场多一点，不是社会主义与资本主义的本质区别。计划经济不等于社会主义，资本主义也有计划；市场经济不等于资本主义，社会主义也有市场。计划和市场都是经济手段。"[2]南方谈话中关于计划与市场的内容并不是很多，基本上是邓小平过去对于这个问题的看法的重申，但谁都明白，已是88岁高龄的邓小平用这样的方式发表谈话，就是要给后人一个政治交代，他希望用这样的方式结束在改革开放上的裹足不前，把他开创的改革开放和中国特色社会主义事业不断推向前进。中共中央对南方谈话高度重视，这年2月28日，中共中央将南方谈话的要点作为1992年第二号文件下发，并要求尽快逐级传达到全体党员干部。南方谈话之后，中国大陆迅速掀起了改革开放的新一轮热潮。

南方谈话是中国共产党人改革开放再出发的宣言书，极大地解放了人们的思想。这年3月9日和10日，江泽民主持召开中央政治局全体会议。会议认为邓小平南方谈话不仅对当前的改革

---

[1] 江泽民：《在庆祝中国共产党成立七十周年大会上的讲话》，《人民日报》1991年7月2日。
[2]《邓小平文选》第三卷，人民出版社1993年版，第373页。

和建设，对开好党的十四大，具有十分重要的指导作用，而且对整个社会主义现代化建设事业具有重大而深远的意义。4月30日，江泽民主持召开中央政治局常委会议，提出十四大在计划与市场的关系上要前进一步，这是关系改革开放和现代化建设全局的一个重大问题。5月28日，中央政治局常委会议决定在中共十四大上要对计划与市场的关系作出新的论述。随后，江泽民向经济学家刘国光征求意见，说他个人倾向于使用"社会主义市场经济"的提法，刘国光对此表示赞成，但又说如果不提"有计划"，这方面容易被人忽略，而"有计划"对于社会主义经济是非常重要的。江泽民说："有计划的商品经济也就是有计划的市场经济。社会主义经济从一开始就是有计划的，这在人们头脑里和认识上一直是很清楚的，不会因为提法上不出现'有计划'三个字，就发生了是不是取消了计划性的疑问。"[1]

6月9日，江泽民在中共中央党校省部级干部进修班上作《深刻领会和全面落实邓小平同志的重要谈话精神，把经济建设和改革开放搞得更快更好》的讲话，谈了九个重大问题，其中第四个问题关于加快经济体制改革，核心内容就是关于计划与市场的关系。讲话中，江泽民列举了在学习邓小平南方谈话后，理论界对计划和市场、建立新经济体制问题认识上的一些新提法：一是建立计划与市场相结合的社会主义商品经济体制，二是建立社会主义有计划的市场经济体制，三是建立社会主义的市场经济体制。他说，上述这几种提法，究竟哪一种更切合我国的经济实际，更易于为大多数人所接受，更有利于促进经济建设的发展，

---

[1] 魏礼群主编：《改革开放三十年见证与回顾》，中国言实出版社2008年版，第74页。

还可以继续研究,眼下不必忙于作出定论。但他又提出,在十四大报告中总得最后确定一种大多数人都赞同的有关经济体制的比较科学的提法,以利于进一步统一全党的认识和行动,以利于加快我国社会主义的新经济体制的建立。江泽民表示:"我个人的看法,比较倾向于使用'社会主义市场经济体制'这个提法。有计划的商品经济,也就是有计划的市场经济。"[1]

"社会主义市场经济体制"的提法得到了邓小平的肯定。6月12日,邓小平在与江泽民谈话时表示,他赞成使用"社会主义市场经济体制"这个提法,并且说:"实际上我们是在这样做,深圳就是社会主义市场经济。不搞市场经济,没有竞争,没有比较,连科学技术都发展不起来。产品总是落后,也影响到消费,影响到对外贸易和出口。"邓小平还提出江泽民在党校的讲话可以先发内部文件,反映好的话,就可以讲。这样十四大也就有了一个主题了。[2]随后,中共中央先后征求各省、自治区、直辖市党委和中共中央及国务院各部门的意见,"社会主义市场经济体制"的提法得到高度认可。

1992年10月,中共十四大召开。十四大报告强调指出,我国经济体制改革的目标是建立社会主义市场经济体制。报告说:我国经济体制改革确定什么样的目标模式,是关系整个社会主义现代化建设全局的一个重大问题。这个问题的核心,是正确认识和处理计划与市场的关系。传统的观念认为,市场经济是资本主

---

[1]《江泽民文选》第一卷,人民出版社2006年版,第201—202页。
[2]中共中央文献研究室编:《邓小平年谱(1975—1997)》下,中央文献出版社2004年版,第1347—1348页。

义特有的东西，计划经济才是社会主义经济的基本特征。十一届三中全会以来，随着改革的深入，逐步摆脱这个观念，形成新的认识，对推动改革和发展起了重要作用。改革开放十多年来，市场范围逐步扩大，大多数商品的价格已经放开，计划直接管理的领域显著缩小，市场对经济活动调节的作用大大增强。实践表明，市场作用发挥比较充分的地方，经济活力就比较强，发展态势也比较好。我国经济要优化结构，提高效益，加快发展，参与国际竞争，就必须继续强化市场机制的作用。

十四大报告强调，社会主义市场经济体制是同社会主义基本制度结合在一起的。在所有制结构上，以公有制包括全民所有制和集体所有制经济为主体，个体经济、私营经济、外资经济为补充，多种经济成分长期共同发展，不同经济成分还可以自愿实行多种形式的联合经营。国有企业、集体企业和其他企业都进入市场，通过平等竞争发挥国有企业的主导作用。在分配制度上，以按劳分配为主体，其他分配方式为补充，兼顾效率与公平。运用包括市场在内的各种调节手段，既鼓励先进，促进效率，合理拉开收入差距，又防止两极分化，逐步实现共同富裕。在宏观调控上，我们社会主义国家能够把人民的当前利益与长远利益、局部利益与整体利益结合起来，更好地发挥计划和市场两种手段的长处。

十四大关于社会主义市场经济体制的这些论述表明，将社会主义市场经济体制确立为我国经济体制改革的目标，已成为全党的共识。

1993年11月，中共十四届三中全会通过《中共中央关于建立社会主义市场经济体制若干问题的决定》，把十四大提出的经济体制改革的目标和基本原则加以具体化,构建了社会主义市场经济体制的基本框架。《决定》强调:"社会主义市场经济体制是同社会主义基本制度结合在一起的。建立社会主义市场经济体制,就是要使市场在国家宏观调控下对资源配置起基础性作用。为实现这个目标,必须坚持以公有制为主体、多种经济成分共同发展的方针,进一步转换国有企业经营机制,建立适应市场经济要求,产权清晰、权责明确、政企分开、管理科学的现代企业制度;建立全国统一开放的市场体系,实现城乡市场紧密结合,国内市场与国际市场相互衔接,促进资源的优化配置;转变政府管理经济的职能,建立以间接手段为主的完善的宏观调控体系,保证国民经济的健康运行;建立以按劳分配为主体,效率优先、兼顾公平的收入分配制度,鼓励一部分地区一部分人先富起来,走共同富裕的道路;建立多层次的社会保障制度,为城乡居民提供同我国国情相适应的社会保障,促进经济发展和社会稳定。这些主要环节是相互联系和相互制约的有机整体,构成社会主义市场经济体制的基本框架。必须围绕这些主要环节,建立相应的法律体系,采取切实措施,积极而有步骤地全面推进改革,促进社会生产力的发展。"[1]《决定》的通过,表明建立社会主义市场经济体制的目标已经具体化。

---

[1] 中共中央文献研究室编:《十四大以来重要文献选编》上,人民出版社1996年版,第520—521页。

探寻中国式现代化道路

1976年粉碎"四人帮"之后,实现四个现代化成为亿万人民的共同心声,"实现四化,振兴中华"成为那个时代激动人心的口号,中共十一大明确提出要在20世纪内实现"四个现代化"。但实践证明,在如此短的时间里要实现这个目标是不现实的。正因为如此,邓小平提出了"中国式的现代化"的概念,并且将"中国式的现代化"的现阶段目标具体化为小康,在反复调研深入思考的基础上,形成了小康社会的理论,并提出分"三步走"实现社会主义现代化的战略思想。到2000年,我国基本进入小康社会。在这个基础上,2002年的中共十六大确立了在21世纪头20年全面建设惠及十几亿人口的更高水平的小康社会;2017年的中共十九大又进一步提出到2020年全面建成小康社会;2022年的中共二十大明确提出以中国式现代化推进中华民族伟大复兴,并对中国式现代化的中国特色、本质要求和重大原则进行系统阐述,反映出中国共产党人对现代化建设的认识日益深刻。

一、四个现代化目标的提出

实现中华民族伟大复兴,是中华民族近代以来最伟大的梦想。中国人之所以有如此强烈的复兴愿望,与中华民族的历史密切相关。因为我们的祖先曾经创造了光辉灿烂的古代文明，成为举世闻名的文明古国，比如人们熟知的汉唐盛世，无疑代表了当时世界上最先进最发达的文明，但后来衰落了，这种衰落到了鸦片战争之后变成了被动挨打。以1840年的鸦片战争为起点，列强对中国发动了一系列侵略战争。很显然，西方列强的坚船利炮，其威力要远远大于清朝军队使用的冷兵器，因此每次战争都以中国失败、签订一系列丧权辱国的不平等条约而告暂停，中国就这样一步步地沦为半殖民地半封建社会。但是，西方的枪炮客观上也打开了中国人的眼界，使人们认识到中国的落后。要摆脱这种被动挨打的局面，使中国强大起来，必须"师夷长技以制夷"，于是开始了洋务运动，办工厂、架电线、修铁路、建海军，如此等等，中国的现代化也开始艰难起步。

可是，1894年的甲午之战，中国却被过去视为蕞尔小国的日本打了个大败。通过甲午战争的失败，人们发现作为岛国的日本国力之所以能够强大起来，就在于日本通过明治维新建立了君主立宪制度，意识到改制度比造器物更重要。中国人首先学习的是西方的君主立宪，于是有了康有为、梁启超发动的维新变法，结果只进行了百天就被顽固派所破坏。君主立宪行不通后又学西方的民主共和，继而有了孙中山领导的辛亥革命，推翻了满清王朝，结束了长达二千余年的封建专制统治，换来的却是北洋军阀的统治，中国社会的半殖民地半封建性质一点也没有改变，现代化对当时的人们来说依旧是遥不可及的梦想。

近代以来的历史表明，中国要发展进步，要实现民族复兴，其前提是必须跟上时代潮流实现现代化；尽管国人为此做过许多的尝试与努力，但都没有成功，国力依旧是那样弱小，人民依旧是那样贫穷。其原因在于，长期的封建统治导致中国经济文化落后，以至于屡遭列强的侵略；而帝国主义的侵略，又加剧了中国的贫穷落后。中国实现现代化和民族复兴的主要障碍，是帝国主义和封建主义，不完成反帝反封建的革命任务，中国的现代化和中华民族的伟大复兴就无从谈起。

鸦片战争以来，中国人民的反帝反封建斗争，一直没有停止过，但最终都没有成功，根本原因在于没有科学的理论作指导，没有先进的阶级和政党作领导。1921年7月，中国共产党成立，中国的现代化和中华民族复兴迎来了希望。在新民主主义革命时期，中国共产党团结带领人民，浴血奋战、百折不挠，经过北伐战争、土地革命战争、抗日战争、解放战争，推翻帝国主义、封建主义、官僚资本主义三座大山，建立了人民当家做主的中华人民共和国，实现了民族独立、人民解放，为实现现代化创造了根本社会条件。

由于长期处在半殖民地半封建社会状态，其间又经历了多次战争，因此新中国成立的时候，处于一穷二白的状态。1954年6月15日，在新中国成立5周年即将到来之际，毛泽东在中央人民政府委员会第三十次会议上作《关于中华人民共和国宪法草案》讲话时，曾不无忧虑地说："现在我们能造什么？能造桌子椅子，能造茶碗茶壶，能种粮食，还能磨成面粉，还能造纸，但是，一辆汽车、一架飞机、一辆坦克、一辆拖拉机都不能造。"[1]

把中国建设成为一个社会主义现代化强国，是中国共产党在全国执政不久就确立的奋斗目标。在1954年9月召开的第一届全国人民代表大会第一次会议上，周恩来在《政府工作报告》中

---

[1]《毛泽东文集》第六卷，人民出版社1999年版，第392页。

就提出:"我国的经济原来是很落后的;如果我们不建设起强大的现代化的工业、现代化的农业、现代化的交通运输业和现代化的国防,我们就不能摆脱落后和贫困,我们的革命就不能达到目的。"[1]第一次提出了"四个现代化"这个概念。1956年9月,中共八大召开,大会通过的《中国共产党章程》在总纲中强调:"中国共产党的任务,就是有计划地发展国民经济,尽可能迅速地实现国家工业化,有系统、有步骤地进行国民经济的技术改造,使中国具有强大的现代化的工业、现代化的农业、现代化的交通运输业和现代化的国防。"[2]

在这之后,现代化的内涵有所变化。1957年2月27日,毛泽东在其著名的《关于正确处理人民内部矛盾的问题》的讲话中,明确提出要"将我国建设成为一个具有现代工业、现代农业、现代科学文化的社会主义国家"[3]。1959年12月到1960年2月,毛泽东在读苏联《政治经济学教科书》时对现代化的内容有所调整,增加了国防现代化,他说:"建设社会主义,原来要求是工业现代化,农业现代化,科学文化现代化,现在要加上国防现代化。"[4]1960年2月中旬,周恩来在读苏联《政治经济学教科书》时,将"科学文化现代化"改称为"科学技术现代化"。

1958年的"大跃进"运动是把我国加快建成社会主义现代化强国的一次尝试。"大跃进"提出的奋斗目标是"超英赶美",很显然,英美当时代表资本主义国家现代化的水平,实现"超英赶

---

[1] 周恩来:《政府工作报告》,《人民日报》1954年9月24日。
[2]《中国共产党章程》,《人民日报》1956年9月27日。
[3]《毛泽东文集》第七卷,人民出版社1999年版,第207页。
[4]《毛泽东文集》第八卷,人民出版社1999年版,第116页。

美"的目标就是使中国的现代化程度超过英美。在 1958 年 2 月召开的一届全国人大五次会议上,"'奋发向前,把我国建成一个社会主义现代化强国''鼓足干劲,掀起生产建设的大跃进',已经成了所有发言者的共同语言"[1]。"大跃进"运动反映了全党和全国人民迅速改变我国贫穷落后面貌,把我国建设成为一个社会主义现代化国家的强烈愿望,但由于违背客观规律,一度导致国民经济出现严重困难,从而不得不对国民经济进行调整。

经过努力,到 1962 年国民经济情况得以好转,党的领导人开始重提实现四个现代化的问题。1963 年 1 月 26 日,刘少奇在接见部分著名科学家时,明确表示:"我们国家的进步,我们国家的农业现代化、工业现代化、国防现代化、科学技术现代化,都要依靠全国人民的努力,依靠科学家的努力,尤其需要老科学家的带头。只要大家努力,我们的国家一定会进步得很快。"[2] 3 天后,周恩来在上海市科学技术工作会议上也说:"我国过去的科学基础很差。我们要实现农业现代化、工业现代化、国防现代化和科学技术现代化,把我们祖国建设成为一个社会主义强国,关键在于实现科学技术的现代化。"[3]

1964 年 12 月 21 日,根据毛泽东的提议,周恩来在第三届全国人大一次会议上宣布,调整国民经济的任务已经基本完成,今后发展国民经济的主要任务,"就是要在不太长的历史时期内,把我国建设成为一个具有现代农业、现代工业、现代国防和现

---

[1]《政治思想工作是一切工作的统帅》,《人民日报》1958 年 2 月 7 日。
[2]《刘少奇邓小平等同志接见著名科学家》,《人民日报》1963 年 1 月 27 日。
[3]《周恩来选集》下卷,人民出版社 1984 年版,第 412 页。

代科学技术的社会主义强国,赶上和超过世界先进水平。""为了实现这个伟大的历史任务,从第三个五年计划开始,我国的国民经济发展,可以按两步来考虑:第一步,建立一个独立的比较完整的工业体系和国民经济体系;第二步,全面实现农业、工业、国防和科学技术的现代化,使我国经济走在世界的前列。"[1]在这里,周恩来并没有提出实现农业、工业、国防和科学技术的现代化的具体时间,但他同时又说:"中国大革命家、我们的先辈孙中山先生在本世纪初期就说过,中国将出现一个大跃进。他的这种预见,必将在几十年的时间内实现。"[2]这段话是毛泽东在修改报告稿时特地加上去的。可见,尽管他们没有明确提出实现四个现代化的时间进度,但其意思还是很清楚,也就是要用几十年的时间把中国建成一个现代化强国。

然而,从1966年起,中国就陷入了"文化大革命"的动乱之中。在"文化大革命"中,虽然也提出要"抓革命、促生产",但全党和全国人民的主要精力用在"抓革命"上,没有做到用"革命"去"促生产"。事实上这种所谓"革命"也促进不了生产,只能影响生产,导致国民经济长期停滞不前。尽管如此,四个现代化的目标并没有放弃。1975年1月的第四届全国人大一次会议上,周恩来在政府工作中重申了分两步走、全面实现四个现代化的战略目标。报告说:"遵照毛主席的指示,三届人大的政府工作报告曾经提出,从第三个五年计划开始,我国国民经济的发展,可以按两步来设想:第一步,用十五年时间,即在

---

[1]《周恩来选集》下卷,人民出版社1984年版,第439页。
[2]《周恩来选集》下卷,人民出版社1984年版,第441页。

一九八〇年以前,建成一个独立的比较完整的工业体系和国民经济体系;第二步,在本世纪内,全面实现农业、工业、国防和科学技术的现代化,使我国国民经济走在世界的前列。"[1]明确提出 20 世纪内要实现四个现代化。

四届人大一次会议之后,由于周恩来病重,邓小平主持中共中央、国务院的日常工作。在周恩来的支持下,邓小平领导了 1975 年的全面整顿工作。其实,整顿在某种程度上也就是改革。邓小平希望通过整顿结束"文化大革命"形成的混乱局面,加快经济社会的发展,以使中国早日实现四个现代化的目标。1975 年 9 月 15 日,他在全国农业学大寨会议开幕式上的讲话中指出:"周总理在四届人大讲了毛主席提出的发展国民经济的任务,就是到本世纪末,全面实现农业、工业、国防和科学技术的现代化,使我国国民经济走在世界的前列。从明年起,二十五年,我们赌了咒,发了誓,要干这么一件伟大的工作,这真正够得上是雄心壮志。"[2]可是,当时的特殊环境使邓小平的"雄心壮志"无法施展。随后不久,他领导的整顿被指责为"右倾翻案",不久再次被错误打倒,全面整顿也被迫中断。这时,尽管"四个现代化"的口号还在提,但"反击右倾翻案风"的做法实际上与实现四个现代化是背道而驰的。

新中国成立后,中国共产党提出了实现四个现代化的宏伟目标,为把我国建成一个强大的社会主义现代化国家作出了战略安

---

[1]《周恩来选集》下卷,人民出版社 1984 年版,第 479 页。
[2] 中共中央文献研究室编:《邓小平年谱(1975—1997)》上,中央文献出版社 2004 年版,第 98 页。

排,并为此进行了艰苦的探索,其中既取得了不少成绩,特别是形成了比较完整的工业体系和国民经济体系,但也经历了比较严重的挫折。总的来说,在这一历史时期,党团结带领人民进行社会主义革命,消灭了在中国延续几千年的封建制度,确立了社会主义基本制度,实现了中华民族有史以来最为广泛而深刻的社会变革,建立起独立的比较完整的工业体系和国民经济体系,社会主义革命和建设取得了独创性理论成果和巨大成就,为现代化建设奠定了根本政治前提和宝贵经验、理论准备、物质基础。

二、"中国式的四个现代化"

1976年10月粉碎"四人帮"之后,经历了"文化大革命"十年动乱的人们,对那种劳而无益的政治斗争、政治运动已经很厌倦,人心思定,盼望国家能够早一点富强,人民的生活能够早一点改善。于是,实现四个现代化就成了当时社会的"最大公约数",早日实现四个现代化就成为人们共同的呼声。

由于过去一连串的政治运动把我国的现代化建设耽误太久,因此,粉碎"四人帮"后上上下下都产生了要把浪费的时间夺回来的愿望,甚至在实现四个现代化上一度出现了急于求成的倾向。1978年3月,五届全国人大一次会议召开。这次会议不但重申"在本世纪内全面实现四个现代化,使我国国民经济走在世界前列",而且明确提出:到20世纪末,我国农业主要产品的单位面积产量要达到或者超过世界先进水平,工业主要产品产量要分别接近、赶上和超过最发达的资本主义国家。农业生产要最大限度地实现机械化、电气化、水利化,工业生产的主要部分自动化,交通运输大量高速化，大幅度提高劳动生产率。要广泛应用现代科学技术成果，大量采用新型材料和新能源，实现主要产品和生产工艺的现代化，各项经济技术指标分别接近、赶上和超过世界先进水平。

五届全国人大一次会议还提出：未来10年要建立稳固的农业基础，农业主要作业机械化水平达到85%以上，按农业人口达到1人1亩旱涝保收、高产稳产农田，农林牧副渔都达到较高水平。建立产品丰富多彩、物美价廉的轻工业，按人口平均的轻工业品产量有较大增长。建立发达的重工业，冶金、燃料、动力、机械等原有工业在新的技术基础上进一步发展，钢铁、原煤、原油、发电量等产品产量进入世界前列，石油化工、电子等新兴工业发展成为比较发达的工业。建立适应工农业发展需要的交通运输网和邮电通讯网，基本实现机车的电气化、内燃化，公路和内河运输、远洋和航空运输都有较大发展。到1985年，粮食产量达到8000亿斤，钢产量6000万吨。今后8年，我国农业总产值每年要增长4%—5%，工业总产值每年要增长10%以上；我国主要工业产品新增加的产量都将大大超过过去28年增加的产量；国家财政收入和基本建设投资，都相当于过去28年的总和。这次人大会后还提出，今后8年，国家计划新建和续建120个大型项目，其中有10大钢铁基地，9大有色金属基地，8大煤炭基地，10大油气田，30个大电站，6条铁路新干线和5个重点港口。这120个项目建成后，加上原有的工业基础，全国可以形成14个实力比较雄厚、布局比较合理的工业基地。[1]

---

[1] 华国锋：《团结起来，为建设社会主义的现代化强国而奋斗》，《人民日报》1978年3月7日。

五届全国人大一次会议提出的这些目标让人们十分振奋，但在当时的国力条件下，在如此短的时间里要实现这些目标显然是难以做到的。1977年和1978年这两年，先后有一大批各级领导干部访问和考察西方发达资本主义国家，他们走出国门之后深感中国与发达国家之间的差距。1978年10月10日，邓小平在会见德意志联邦共和国新闻代表团时承认，由于受林彪、"四人帮"的干扰，中国同发达国家相比，"经济上的差距不止是十年了，可能是二十年、三十年，有的方面甚至可能是五十年。到本世纪末还有二十二年，二十二年以后，世界是什么面貌？包括你们在内的发达国家，在七十年代的基础上再向前发展二十二年，将是什么面貌？我们的四个现代化，要在本世纪末达到你们现在的水平已不容易，要达到你们二十二年后的水平就更难了"[1]。

　　这段时间，邓小平自己也频繁出访，尤其是1978年10月出访了日本，1979年1月访问了美国。在访问期间，他与日美经济界企业界人士有着广泛的接触，而且多次参观考察两国的现代化企业，更加感受到我国在生产力方面与世界现代化的差距，开始意识到中国要在20世纪内实现西方国家那样的现代化是不现实的，中国的现代化必须分步骤分阶段进行，有自己的发展路径。

　　在深入思考的基础上，邓小平提出了"中国式的四个现代化"这个新命题。1979年3月21日，邓小平在会见英中文化协会执行委员会代表团时指出："我们定的目标是在本世纪末实现四个现代化。我们的概念与西方不同，我姑且用个新说法，叫做中国式的四个现代化。现在我们的技术水平还是你们五十年代

---

[1]《邓小平文选》第二卷，人民出版社1994年版，第132页。

的水平。如果本世纪末能达到你们七十年代的水平，那就很了不起。就是达到这个水平，也还要做许多努力。由于缺乏经验，实现四个现代化可能比想象的还要困难些。"[1]3月23日，他在中央政治局会议的讲话中又说："我同外国人谈话，用了一个新名词：中国式的现代化。到本世纪末，我们大概只能达到发达国家七十年代的水平，人均收入不可能很高。"[2]

与此同时，陈云也在思考我国现代化建设的速度问题。陈云在这次政治局会议的讲话中强调：讲实事求是，先要把"实事"搞清楚。我国9亿多人口，80%是农民，革命胜利30年，人民生活有改善，但还有要饭的。不估计到这种情况，整个经济搞不好。现在社办工业、小城镇工业很多，原因就是要就业，要提高生活。其中也有盲目性。"一方面我们还很穷，另一方面要经过二十年，即在本世纪末实现四个现代化。这是一个矛盾。人口多，要提高生活水平不容易；搞现代化用人少，就业难。我们只能在这种矛盾中搞四化。这个现实的情况，是制定建设蓝图的出发点。"[3]

在这之后，邓小平多次谈到"中国式的现代化"的问题。1979年3月30日，邓小平在党的理论工作务虚会上提出：当前以及今后相当长一个历史时期的主要任务就是搞现代化建设。能否实现四个现代化，决定着国家的命运、民族的命运。社会主

---

[1] 中共中央文献研究室编：《邓小平年谱（1975—1997）》上，中央文献出版社2004年版，第496页。

[2] 中共中央文献研究室编：《邓小平年谱（1975—1997）》上，中央文献出版社2004年版，第497页。

[3]《陈云文选》第二卷，人民出版社1995年版，第248、250页。

义现代化建设是当前最大的政治。现在搞建设，也要适合中国情况，走出一条中国式的现代化道路。他强调：要使中国实现四个现代化，至少有两个重要特点是必须看到的：一个是底子薄。中国仍是世界上很贫穷的国家之一，科学技术水平总体上看要比世界先进国家落后二三十年，而且还经过两起两落，特别是"文化大革命"十年对国民经济造成大破坏，造成的后果很严重。第二条是人口多，耕地少。全国人口有9亿多，其中农民占80%。国土面积虽然广大，但耕地很少。因此，中国式的现代化，必须从中国的特点出发。[1]同年4月17日，他在会见美国芝加哥大学历史系教授、全美华人协会副会长何炳棣时又指出："当前我们调整经济计划，主要是想把我国经济发展搞得稳一点、快一点。我们要搞中国式的四个现代化。"[2]从这之后，"中国式的现代化"的表述开始为人们所使用，并出现在媒体的报道中。

三、小康之家：20世纪末人均收入1000美元

"中国式的现代化"这个概念提出之后，这种现代化究竟是怎样的现代化，就成为人们关切的问题。1979年7月，邓小平第一次提出了"人均收入达到一千美元"这个标准。7月28日，在青岛听取中共山东省委负责人汇报，在谈到如何发挥社会主义制度的优越性时强调要搞富的社会主义，而不是搞穷的社会主义时，

---

[1]《邓小平文选》第三卷，人民出版社1993年版，第163—164页。
[2] 中共中央文献研究室编：《邓小平年谱（1975—1997）》上，中央文献出版社2004年版，第506页。

邓小平说:"如果我们人均收入达到一千美元,就很不错,可以吃得好,穿得好,用得好,还可以增加外援。"[1]这里所说的人均收入1000美元,相当于后来所说的人均国民生产总值1000美元。

同年10月3日至10日,中共中央召开各省、市、自治区党委第一书记座谈会,专门讨论国民经济方针的落实问题。邓小平在10月4日的讲话中指出:"所谓政治,就是四个现代化。我们开了大口,本世纪末实现四个现代化。后来改了个口,叫中国式的现代化,就是把标准放低一点。特别是国民生产总值,按人口平均来说不会很高。据澳大利亚的一个统计材料说,一九七七年,美国的国民生产总值按人口平均为八千七百多美元,占世界第五位。第一位是科威特,一万一千多美元。第二位是瑞士,一万美元。第三位是瑞典,九千四百多美元。第四位是挪威,八千八百多美元。我们到本世纪末国民生产总值能不能达到人均上千美元?前一时期我讲了一个意见,等到人均达到一千美元的时候,我们的日子可能就比较好过了,就能花多一点力量来援助第三世界的穷国。现在我们力量不行。"现在看来,人均国民生产总值一千美元不算高,但当时中国刚刚从"文化大革命"中走出来,经济基础十分薄弱,要达到这个目标也并非易事。所以邓小平又说:"现在我们的国民生产总值人均大概不到三百美元,要提高两三倍不容易。我们还是要艰苦奋斗。就是降低原来的设想,完成低的目标,也得很好地抓紧工作,要全力以赴,抓得很细,很具体,很有效。四个现代化这个目标,讲空话是达不

---

[1] 中共中央文献研究室编:《邓小平年谱(1975—1997)》上,中央文献出版社2004年版,第540页。

到的。这是各级党委的中心工作。"[1]"我们定下了一个雄心壮志，定下了一个奋斗目标，就要去实现，不能讲空话。"[2]

到这时，邓小平所说的"中国式的现代化"目标已经比较具体了，从经济指标上就是到20世纪末人均国民生产总值达到1000美元。应该说从20世纪五六十年代提出实现四个现代化的目标以来，现代化究竟是什么标准并不是很清楚，显得很笼统很模糊，邓小平经过反复比较与认真思考，提出到20世纪末人均国民生产总值1000美元这个明确目标，也体现了他的务实精神。

虽然"中国式的现代化"邓小平将其初步目标确定为1000美元，也就是这个现代化的标准不高，是低水平的现代化。但是，这个表述仍然不够通俗易懂，这究竟是什么样的一种现代化普通群众也不是很了解。老一辈革命家有一种特殊的本事，就是善于将深奥的理论用群众喜闻乐见的语言表达出来。1979年12月6日，邓小平会见日本首相大平正芳。在回答大平正芳关于中国将来会是什么样的情况，整个现代化的蓝图是如何构思的问题时，他在略加思索后，首次提出了"小康"的概念，指出："我们要实现的四个现代化，是中国式的四个现代化。我们的四个现代化的概念，不是像你们那样的现代化的概念，而是'小康之家'。到本世纪末，中国的四个现代化即使达到了某种目标，我们的国民生产总值人均水平也还是很低的。要达到第三世界中比较富裕一点的国家的水平，比如国民生产总值人均一千美元，也还得付出很大的努力。就算达到那样的水平，同西方来比，也还

---

[1]《邓小平文选》第二卷，人民出版社1994年版，第194—195页。
[2]《邓小平文选》第二卷，人民出版社1994年版，第196页。

是落后的。所以,我只能说,中国到那时也还是一个小康的状态。"[1]

对于"小康"这个概念,邓小平后来多次说,他是在大平正芳的启发下提出的,但不是随口所说,而是他思考的结果。1980年11月6日,在中共中央召开的干部会议上,邓小平说:"我们对于艰苦创业,要有清醒的认识。中国这样的底子,人口这样多,耕地这样少,劳动生产率、财政收支、外贸进出口都不可能一下子大幅度提高,国民收入的增长速度不可能很快。所以,我在跟外国人谈话的时候就说,我们的四个现代化是中国式的。前不久一位外宾同我会谈,他问,你们那个四个现代化究竟意味着什么?我跟他讲,到本世纪末,争取国民生产总值每人平均达到一千美元,算个小康水平。这个回答当然不准确,但也不是随意说的。现在我们只有二百几十美元,如果达到一千美元,就要增加三倍。新加坡、香港都是三千多。我们达到那样的水平不容易,因为地广人多,条件很不一样。但是应该说,如果我们的国民生产总值真正达到每人平均一千美元,那我们的日子比他们要好过得多,比他们两千美元的还要好过。因为我们这里没有剥削阶级,没有剥削制度,国民总收入完全用之于整个社会,相当大一部分直接分配给人民。他们那里贫富悬殊很大,大多数财富是在资本家手上。"[2]

自此之后,小康和如何实现小康,就成了邓小平与外宾谈话谈得最多的话题之一。1979年12月29日,他在会见韩瑞生率领

---

[1]《邓小平文选》第二卷,人民出版社1994年版,第237页。
[2]《邓小平文选》第二卷,人民出版社1994年版,第259页。

的新加坡政府代表团时说:"中国人口太多,每个人增加一元钱的收入,就要十亿元。最近日本首相大平正芳访问中国的时候,他就向我提了个问题:你们的目标究竟有多大?我说所谓四个现代化,只能搞个'小康之家',比如说国民生产总值人均一千美元。虽然是'小康之家',肯定日子比较好过,社会存在的问题能比较顺利地解决。即使我们总的经济指标超过所有国家,人均收入仍不会很大。总之,既要有雄心壮志,也要脚踏实地。也许目标放低一点好,可以超过它。"[1]1980年5月12日,他在会见英国前首相、工党领袖詹姆斯·卡拉汉时又说:"我们是讲实际、从实际出发的。我们头脑里开始想的同我们在摸索中遇到的实际情况有差距,比如,我们的雄心壮志是实现四个现代化,而且要在本世纪末实现,经过摸索,肯定了一点,我们的四个现代化,不同于包括你们英国在内的发达国家的现代化,中国人口太多,要达到你们那样的现代化,人均年收入五千至七千美元,不现实。所以,我们提出的现代化是中国式的现代化。日本大平首相同我谈话时,我说中国平均每人年收入达到一千美元,变成'小康之家',这就是我们的目标。"[2]

虽然人均国民生产总值1000美元不算高,但在邓小平看来,要实现这个目标不容易。为此,他多次提到这个问题。1980年5月30日,他在会见爱尔兰前总理林奇时说:"我们现在人均国民生产总值是二百五十美元,是世界上很穷的国家之一。要在二十

---

[1] 中共中央文献研究室编:《邓小平年谱(1975—1997)》上,中央文献出版社2004年版,第586页。

[2] 中共中央文献研究室编:《邓小平年谱(1975—1997)》上,中央文献出版社2004年版,第531—532页。

年时间内增加三倍,很不容易。"[1]同年6月5日,他在会见克拉克·托马斯为团长的美国和加拿大社论撰写人访华团时又说:中国实现四个现代化的任务非常艰巨,是一件不容易的事情。因为中国是一个人口众多的国家,如果每个人增加1美元的收入,就需要10亿美元。要正视这个现实,所以四个现代化的目标不能定得太高,定得太高了办不到。

1980年6月底起,邓小平前往陕西、四川、湖北、河南等地考察,2000年能否实现小康,达到人均收入1000美元,他想听听地方领导人的意见。7月22日,在乘专列从湖北十堰市前往郑州的途中,邓小平对中共河南省委负责人说:"这次出来到几个省看看,最感兴趣的是两个问题,一个是如何实现农村奔小康,达到人均一千美元,一个是选拔青年干部。对如何实现小康,我作了一些调查,让江苏、广东、山东、湖北、东北三省等省份,一个省一个省算账。我对这件事最感兴趣。八亿人口能够达到小康水平,这就是一件很了不起的事情。"[2]他还要求河南算算小康的账,因为河南地处中原,算账的数字是"中原标准""中州标准",在全国有一定的代表性。

1980年8月31日至9月11日,五届全国人大三次会议召开,2000年人均收入能否达到1000美元成为代表们热议的话题。与会代表认为:到2000年我国人均国民生产总值,要达到1000美元,那时,中国将是一个"小康的社会"。这个目标提得好,明

---

[1] 中共中央文献研究室编:《邓小平年谱(1975—1997)》上,中央文献出版社2004年版,第640页。

[2] 中共中央文献研究室编:《邓小平年谱(1975—1997)》上,中央文献出版社2004年版,第659页。

确，实际，既能标志生产建设发展的水平，又能反映人民生活提高的水平。这个标准，是每个干部以及群众看得见、摸得着的，是同他们的切身利害联系在一起的，很容易化作人民群众自觉的行动，有很大的鼓舞作用。以1000美元作为小康的标准便于同其他国家作比较，这也是一种激励和督促。据有关部门的统计和折算，1979年全国人均国民生产总值为253美元。要在今后20年内达到人均1000美元，就要在这个基础上再增加3倍。这个目标能否实现？代表们的回答是：困难不小，办法不少，希望很大。

在这次人代会上，一些地方算账的结果是：湖北省1979年国民生产总值184亿元，折算成美元（当时人民币对美元的汇率是1.55∶1），全省人均258美元。如果今后20年工农业产值每年递增率保持过去30年的平均值7.7%，人口的自然增长率控制在11‰以内，到2000年全省人均国民生产总值就能达到1050美元。四川省是人口大省，1979年全省人均的国民生产总值为200美元，低于全国平均数，到2000年可达到820多美元，然后再奋斗两三年实现1000美元的目标。浙江省1979年人均国民生产总值268美元，比全国平均数略高，全省可以在2000年或提前一点时间实现1000美元的目标。黑龙江省人均国民生产总值，1979年是366美元，1995年就可达到1000美元的目标。[1]

当时，由于粉碎"四人帮"后人们急于迅速改变我国落后面貌，提出国民经济发展要实现新的跃进，一时出现不顾国民经济按比例发展和违背价值规律、盲目追求高速度的倾向。这次全国

---

[1] 于有海：《二〇〇〇年和一〇〇〇美元》，《人民日报》1980年9月7日。

人大会议后，新组成的国务院领导班子发现经济形势比预计的要严重，农业和能源减产，财政收入赤字增加，物价上涨，决定加大力度调整国民经济。鉴于这种情况，邓小平开始对小康的目标要求有所调整，提出到2000年人均国民生产总值翻两番，达到800至1000美元。1980年10月15日，在中国人民解放军总参谋部召开的防卫作战研究班全体会议上，在讲到国防建设和经济建设的关系时，邓小平第一次明确提出："现在我们搞四个现代化，提的目标就是争取二十年翻两番。到本世纪末人均国民生产总值达到八百至一千美元，进入小康社会。"[1]10月25日，他在同胡乔木、邓力群谈话时强调：年度计划、五年计划、十年规划，中心和着重点不要多考虑指标，而要把人民生活逐年有所改善放在优先的地位，一定要使人民得到实惠，得到看得见的物质利益，从切身经验中感到社会主义制度的确值得爱。经济工作要接受过去的教训，再也不要打肿脸充胖子，一定要搞扎实。[2]

1980年12月16日至25日，中共中央召开工作会议，主要讨论经济形势和经济调整问题。会议总结了三十多年经济建设的经验教训，对经济工作中的"左"倾错误作了比较彻底的清理，确定在经济上实行进一步调整，政治上实行进一步安定的方针。10月20日，中共中央政治局常委会听取各小组召集人汇报情况，有人提出在本世纪末实现四个现代化，人均国民生产总值1000美元的目标是否不要讲了。对于这个问题，邓小平的态度

---

[1]中共中央文献研究室编：《邓小平年谱（1975—1997）》上，中央文献出版社2004年版，第681页。

[2]中共中央文献研究室编：《邓小平年谱（1975—1997）》上，中央文献出版社2004年版，第681页。

很明确。他说:"我说一千美元,是说达到小康,不可能达到西方那样的水平,一千美元达不到,七八百美元也可以,不能要求太高。""本世纪末成为小康之家,日子好过一些可以提,实现四个现代化的口号,不能丢,至于时间、要求、标准,不要讲死了。"[1]在中央工作会议的总结讲话中,邓小平指出:"只要全国上下团结一致的、有秩序有步骤地前进,我们是能够有信心经过二十年的时间,使我国现代化经济建设的发展达到小康水平,然后继续前进,逐步达到更高程度的现代化。"[2]

在这之后,邓小平对于小康的指标,主要着眼于人均国民生产总值翻两番,而这时中国的人均国民生产总值才 200 多美元,翻两番也就是 800 至 1000 美元。因此,邓小平将 2000 年要实现的小康指标设定为人均国民生产总值达到 800 至 1000 美元。1981 年 4 月 14 日,他在会见以古井喜实为团长的日中友好议员联盟访华团时说,中国式的现代化的概念,就是在本世纪末中国肯定不能达到日本、欧洲、美国和第三世界中有些发达国家的水平,只能达到一个小康社会,日子可以过。"设想十年翻一番,两个十年翻两番,就是达到人均国民生产总值一千美元。经过这一时期的摸索,看来达到一千美元也不容易,比如说八百、九百,就算八百,也算是一个小康生活了。"邓小平还说:"特别是前一个时期,我们的脑子有点热,对自己的估计不很切合实际,大的项目搞得太多,基本建设战线太长,结果就出现问题了。尽管出现

---

[1]转引自蒋永清:《中共十二大前邓小平思考"小康之家"现代化目标的心中历程》,《邓小平研究》2017 年第 4 期。

[2]《邓小平文选》第二卷,人民出版社 1994 年版,第 356 页。

了这样的问题，我们的目标没有放弃，只是我们吸取和总结了经验教训，更加量力而行了。"[1]

在邓小平看来，中国式的现代化，首先是实现小康社会目标的现代化，到2000年时人均国民生产总值达到800至1000美元，而要接近西方发达国家的现代化水平，还得再花三五十年甚至更长一些时间。从这时起，邓小平对中国现代化的实现时间有了明晰的路线图。

1981年9月4日，在会见美国最高法院首席大法官沃伦·伯格等人时，邓小平说："八十年代我们有了一个新的开始，到本世纪末，就有一个小康社会出现。但要达到美国的水平恐怕要花一个世纪。"[2]

5天后，即9月9日在会见以竹入义胜为团长的日本公明党第十次访华代表团时，邓小平说："实现四个现代化是相当大的目标，要相当长的时间。本世纪末也只能搞一个小康社会，要达到西方比较发达国家的水平，至少还要再加上三十年到五十年的时间，恐怕要到二十一世纪末。"[3]

11月17日，邓小平会见美国财政部部长唐纳德·里甘，在谈到中国实现四个现代化的进程时，邓小平说："我们冷静地考虑了这个问题。根据现在的情况，到本世纪末，可以实现一个

---

[1] 中共中央文献研究室编：《邓小平年谱（1975—1997）》下，中央文献出版社2004年版，第732页。

[2] 中共中央文献研究室编：《邓小平年谱（1975—1997）》下，中央文献出版社2004年版，第767页。

[3] 中共中央文献研究室编：《邓小平年谱（1975—1997）》下，中央文献出版社2004年版，第769—770页。

'小康之家'的现代化。我们不能主观地求快。一九七八年我们设想可以搞快一点,但我们想错了。因为中国底子薄,人口太多。所以,我们紧接着总结了经验,提出搞中国式的现代化。中国式的现代化,不能同西方比。""现在我们经过摸索、计算和研究各种条件,包括国际合作的条件,争取人均达到一千美元,最低达到八百美元。在这个基础上,在下个世纪再花三十年到五十年时间,接近西方的水平。我们就是这么一个设想。"[1]

邓小平关于小康社会的论述,为全党所接受。1982年9月召开的中共十二大,正式将在2000年实现小康,作为中国共产党在20世纪最后十几年经济建设总的奋斗目标。十二大明确提出,中国共产党在新的历史时期的总任务是:团结全国各族人民,自力更生,艰苦奋斗,逐步实现工业、农业、国防和科学技术现代化,把我国建设成为高度文明、高度民主的社会主义国家。十二大同时强调:"从一九八一年到本世纪末的二十年,我国经济建设总的奋斗目标是,在不断提高经济效益的前提下,力争使全国工农业的年总产值翻两番,即由一九八〇年的七千一百亿元增加到二〇〇〇年的二万八千亿元左右。实现了这个目标,我国国民收入总额和主要工农业产品的产量将居于世界前列,整个国民经济的现代化过程将取得重大进展,城乡人民的收入将成倍增长,人民的物质文化生活可以达到小康水平。"[2]

---

[1] 中共中央文献研究室编:《邓小平年谱(1975—1997)》下,中央文献出版社2004年版,第785页。

[2] 胡耀邦:《全面开创社会主义现代化建设的新局面——在中国共产党第十二次全国代表大会上的报告》,《人民日报》1982年9月8日。

四、"三步走"发展战略的形成

中共十二大正式确定了到2000年工农业年总产值翻两番的目标,但这个目标能否实现是邓小平十分关心的问题。十二大刚刚闭幕,邓小平就找国家计委副主任宋平谈话,提出到2000年工农业总产值翻两番靠不靠得住的问题。邓小平说:"十二大说靠得住。相信是靠得住的。但究竟靠不靠得住,还要看今后的工作。"[1]

1983年2月,邓小平前往中国经济相对发达的江苏、浙江考察,能否翻两番是他这次江浙之行十分关心的问题。在苏州同中共江苏省委负责人和苏州地委负责人座谈时,邓小平一连问了地方负责人很多问题:到2000年,江苏能不能实现翻两番?苏州有没有信心,有没有可能?人均收入800美元,达到这样的水平,社会上是一个什么面貌?发展前景是什么样子?当得知苏州已有不少社、队人均收入超过了800美元,主要是社队企业凭借灵活的经营机制得到成长和发展时,邓小平表示市场经济很重要。

随后在杭州,邓小平对中共浙江省委负责人说:"这次,我在苏州看到的情况很好,农村盖新房子很多,市场物资丰富。现在苏州市人均工农业总产值已经到了或者接近八百美元的水平。到了人均工农业总产值达到八百美元,社会是个什么面貌呢?吃穿没有问题,用也基本上没有问题,文化有了很大发展,教师的待遇也不低。江苏从一九七七年到一九八二年的六年时间里,产值翻了一番,照此下去,到一九八八年前后可以达到翻两番的

---

[1]《邓小平文选》第三卷,人民出版社1993年版,第16页。

目标。"邓小平问浙江能不能实现这个目标？当听到浙江省委负责人表示翻两番不成问题时，又说：浙江能否多翻一点呢？像宁夏、甘肃翻两番就难了。[1]邓小平认为，全国要实现翻两番的目标，光东部较发达地区实现翻两番不行，还要考虑西北欠发达翻两番的困难，东部地区应该发展更快一些。

  这次江浙之行，增强了邓小平对于到2000年翻两番实现小康的信心。回到北京之后，他同几位中央领导人谈话时说："这次，我经江苏到浙江，再从浙江到上海，一路上看到情况很好，人们喜气洋洋，新房子盖得很多，市场物资丰富，干部信心很足。看来，四个现代化希望很大。到本世纪末实现翻两番，要有全盘的更具体的规划，各个省、自治区、直辖市也都要有自己的具体规划，做到心中有数。"[2]他还以苏州为例，从六个方面说明人均工农业总产值接近800美元后的社会面貌：第一，人民的吃穿用问题解决，基本生活有了保障；第二，住房问题解决，人均住房面积达到20平方米，因为土地不足，向空中发展，小城镇和农村盖二三层楼房的已经不少；第三，就业问题解决，城镇基本上没有待业劳动者；第四，人不再外流，农村的人想往大城市跑的情况已经改变；第五，中小学教育普及，教育、文化、体育和其他公共福利事业有能力自己安排；第六，人们的精神面貌变化了，犯罪行为大大减少。这几方面，也可以说是邓小平关于建成小康社会时要实现的目标。

---

[1] 中共中央文献研究室编：《邓小平年谱（1975—1997）》下，中央文献出版社2004年版，第888页。
[2]《邓小平文选》第三卷，人民出版社1993年版，第24页。

同年10月,在中共中央顾问委员会第三次全体会议的讲话中,邓小平满怀信心地说:"现在看翻两番肯定能够实现。""翻两番的意义很大。这意味着到本世纪末,年国民生产总值达到一万亿美元。从总量说,就居于世界前列了。这一万亿美元,反映到人民生活上,我们就叫小康水平"。[1]

到1986年,邓小平对第二个发展目标的表述有所变化,由"接近发达国家水平"改变为"达到中等发达国家水平"。这年9月23日,他在会见第三世界科学院院长阿卜杜勒·萨拉姆时说:"我们在本世纪末达到小康水平,就可以多尽些力了。到下个世纪中叶达到中等发达国家水平后,我们就可以为第三世界国家做更多的贡献。"[2] 10月24日,邓小平会见宇都宫德马率领的日中友好协会代表团,在谈到中国现代化发展战略目标时说:"我们的生活水平同你们的差距太大了,我们下决心花七十年时间接近发达国家的水平。这是我们压倒一切的中心任务。最主要的工作就是搞经济建设,第一步摆脱贫困状态,实现小康。第二步再花三十年至五十年时间,再翻两番,达到人均国民生产总值四千美元。那时中国人口估计是十五亿,国民生产总值六万亿美元。那就意味着中国是中等发达国家,总的国家力量并不弱了。"[3]

1987年4月,邓小平第一次提出了"三步走"的发展战略。他在会见西班牙工人社会党副总书记、政府副首相阿方索·格

---

[1]《邓小平文选》第三卷,人民出版社1993年版,第88页。

[2] 中共中央文献研究室编:《邓小平年谱(1975—1997)》下,中央文献出版社2004年版,第1140页。

[3] 中共中央文献研究室编:《邓小平年谱(1975—1997)》下,中央文献出版社2004年版,第1148页。

拉时说了这样一段话:"我们原定的目标是,第一步在八十年代翻一番。以一九八〇年为基数,当时国民生产总值人均只有二百五十美元,翻一番,达到五百美元。第二步是到本世纪末再翻一番,人均达到一千美元。实现这个目标意味着我们进入小康社会,把贫困的中国变成小康的中国。那时国民生产总值超过一万亿美元,虽然人均数还很低,但是国家的力量有很大增加。我们制定的目标更重要的还是第三步,在下世纪用三十年到五十年再翻两番,大体上达到人均四千美元。做到这一步,中国就达到中等发达的水平。这是我们的雄心壮志。"[1]

邓小平提出的"三步走"战略得到了这年10月召开的中共十三大的肯定。十三大报告指出:党的十一届三中全会以后,我国经济建设的战略部署大体分三步走。第一步,实现国民生产总值比1980年翻一番,解决人民的温饱问题。这个任务已经基本实现。第二步,到20世纪末,使国民生产总值再增长一倍,人民生活达到小康水平。第三步,到21世纪中叶,人均国民生产总值达到中等发达国家水平,人民生活比较富裕,基本实现现代化。然后,在这个基础上继续前进。现在,最重要的是走好第二步。实现了第二步任务,我国现代化建设将取得新的巨大进展,社会经济效益、劳动生产率和产品质量明显提高,国民生产总值和主要工农业产品产量大幅度增长,人均国民生产总值在世界上所占位次明显上升;工业主要领域在技术方面大体接近经济发达国家70年代或80年代初的水平,农业和其他产业部门的技术水

---

[1] 中共中央文献研究室编:《邓小平年谱(1975—1997)》下,中央文献出版社2004年版,第1183页。

平也将有较大提高;城镇和绝大部分农村普及初中教育,大城市基本普及高中和相当于高中的职业技术教育;人民群众将能过上比较殷实的小康生活。

随着"三步走"现代化战略目标的提出,中国式的现代化建设有了明晰的路线图,即:第一步解决人民的温饱问题;第二步人民生活达到小康水平;第三步,人民生活比较富裕,基本实现现代化。每一步都以人民生活水平为根本标准,表明"中国式的现代化"是以人民为中心的现代化。"三步走"现代化战略目标的提出,也表明"中国式的现代化"的内涵有了进一步的丰富与拓展。

中共十三大后,尽管曾出现1988年"价格闯关"失败和1989年春夏的政治风波,但建设小康社会仍取得重大进展。1989年9月29日,江泽民在庆祝中华人民共和国成立40周年大会上宣布:"全国人民的温饱问题基本解决,一部分居民生活开始向小康水平迈进。"[1]1991年,中共十三届七中全会通过了《中共中央关于制定国民经济和社会发展十年规划和"八五"计划的建议》,明确提出:1991年至2000年,人民生活目前已经实现小康的少数地区,将进一步提高生活水平;温饱问题基本解决的多数地区,将普遍实现小康;现在尚未摆脱贫困的少数地区,将在温饱的基础上向小康前进。并对小康的标准作了新的阐释,指出:"所谓小康水平,是指在温饱的基础上,生活质量进一步提高,达到丰衣足食。这个要求既包括物质生活的改善,也包括精

---

[1]《在庆祝中华人民共和国成立四十周年大会上江泽民总书记的讲话》,《人民日报》1989年9月29日。

神生活的充实；既包括居民个人消费水平的提高，也包括社会福利和劳动环境的改善。"[1]

五、全面建成小康社会

1992年10月，中共十四大召开。在年初邓小平发表的南方谈话精神的鼓舞下，这时中国的改革开放出现了一片热腾腾的局面。因此，十四大决定：将原定国民生产总值平均每年增长6%调整为增长8%—9%，到20世纪末我国国民经济整体素质和综合国力将迈上一个新的台阶。国民生产总值将超过原定比1980年翻两番的要求。主要工农业产品产量显著增加。产业结构和地区经济布局比较合理。科学技术和管理水平有较大提高，一批骨干企业接近或达到国际先进水平。人民生活由温饱进入小康。在20世纪90年代，实现达到小康水平的第二步发展目标。再经过20年的努力，到建党100周年的时候，将在各方面形成一整套更加成熟更加定型的制度。在这样的基础上，到21世纪中叶新中国成立100周年的时候，就能够达到第三步发展目标，基本实现社会主义现代化。

到1995年，原定2000年国民生产总值比1980年翻两番的目标提前实现，1997年人均国民生产总值翻两番的目标也提前完成，邓小平设想的"三步走"战略目标中的第二步已经基本走完，表明中国已完成了由温饱到总体小康的历史性跨越。为此，

---

[1]《中共中央关于制定国民经济和社会发展十年规划和"八五"计划的建议》，《人民日报》1991年1月29日。

1997年9月召开的中共十五大第一次提出"进入和建设小康社会"的问题,并对第三步战略目标作出具体部署。十五大强调:"现在完全可以有把握地说,我们党在改革开放初期提出的本世纪末达到小康的目标,能够如期实现。在中国这样一个十多亿人口的国度里,进入和建设小康社会,是一件有伟大意义的事情。这将为国家长治久安打下新的基础,为更加有力地推进社会主义现代化创造新的起点。"[1]

按照人均国内生产总值、恩格尔系数、城镇人均可支配收入、农民人均纯收入等16项指标综合测算,1990年我国的小康实现程度为48%,而到2000年已跃升到96%。因此,2000年10月召开的中共十五届五中全会宣布:经过全党和全国各族人民的共同努力,现在我国的生产力水平迈上了一个大台阶,商品短缺状况基本结束,市场供求关系发生了重大变化;社会主义市场经济体制初步建立,市场机制在配置资源中日益明显地发挥基础性作用,经济发展的体制环境发生了重大变化;全方位对外开放格局基本形成,开放型经济迅速发展,对外经济关系发生了重大变化。我们已经胜利实现了现代化建设的前两步战略目标,经济和社会全面发展,人民生活总体上达到了小康水平。

在人民生活达到总体小康后,第三步战略目标具体如何部署的问题就摆到了中共中央领导集体面前。2000年10月的中共十五届五中全会正式提出从新世纪开始,我国将进入全面建设小

---

[1] 江泽民:《高举邓小平理论伟大旗帜,把建设有中国特色社会主义事业全面推向二十一世纪——在中国共产党第十五次全国代表大会上的报告》,《人民日报》1997年9月22日。

康社会，加快推进现代化的新的发展阶段。

2002年11月，中共十六大提出了全面建设小康社会的具体目标。大会强调："二十一世纪头二十年，对我国来说，是一个必须紧紧抓住并且可以大有作为的重要战略机遇期。""我们要在本世纪头二十年，集中力量，全面建设惠及十几亿人口的更高水平的小康社会，使经济更加发展、民主更加健全、科教更加进步、文化更加繁荣、社会更加和谐、人民生活更加殷实。这是实现现代化建设第三步战略目标必经的承上启下的发展阶段，也是完善社会主义市场经济体制和扩大对外开放的关键阶段。经过这个阶段的建设，再继续奋斗几十年，到本世纪中叶基本实现现代化，把我国建成富强民主文明的社会主义国家。"

这次大会提出的全面建设小康社会的具体目标是：

——在优化结构和提高效益的基础上，国内生产总值到2020年力争比2000年翻两番，综合国力和国际竞争力明显增强。基本实现工业化，建成完善的社会主义市场经济体制和更具活力、更加开放的经济体系。城镇人口的比重较大幅度提高，工农差别、城乡差别和地区差别扩大的趋势逐步扭转。社会保障体系比较健全，社会就业比较充分，家庭财产普遍增加，人民过上更加富足的生活。

——社会主义民主更加完善，社会主义法制更加完备，依法治国基本方略得到全面落实，人民的政治、经济和文化权益得到切实尊重和保障。基层民主更加健全，社会秩序良好，人民安居乐业。

——全民族的思想道德素质、科学文化素质和健康素质明显提高，形成比较完善的现代国民教育体系、科技和文化创新体系、全民健身和医疗卫生体系。人民享有接受良好教育的机会，基本普及高中阶段教育，消除文盲。形成全民学习、终身学习的学习型社会，促进人的全面发展。

——可持续发展能力不断增强，生态环境得到改善，资源利用效率显著提高，促进人与自然的和谐，推动整个社会走上生产发展、生活富裕、生态良好的文明发展道路。

十六大之后，国家统计局公布了全面小康的标准：（一）人均国内生产总值2500元（按1980年的价格和汇率计算，2500元相当于900美元）；（二）城镇人均可支配收入2400元；（三）农民人均纯收入1200元；（四）城镇住房人均使用面积12平方米；（五）农村钢木结构住房人均使用面积15平方米；（六）人均蛋白质日摄入量75克；（七）城市每人拥有铺路面积8平方米；（八）农村通公路行政村比重85%；（九）恩格尔系数50%；（十）成人识字率85%；（十一）人均预期寿命70岁；（十二）婴儿死亡率3.1%；（十三）教育娱乐支出比重11%；（十四）电视机普及率100%；（十五）森林覆盖率15%；（十六）农村初级卫生保健基本合格县比重100%。[1]

2007年10月召开的中共十七大，对实现全面建设小康社会奋斗目标提出了新要求：

——增强发展协调性，努力实现经济又好又快发展。转变发展方式取得重大进展，在优化结构、提高效益、降低消耗、保护环境的基础上，实现人均国内生产总值到2020年比2000年翻

---

[1] 朱剑红：《全面小康什么样——访国家统计局副局长贺铿》，《人民日报》2002年11月18日。

两番。社会主义市场经济体制更加完善。自主创新能力显著提高,科技进步对经济增长的贡献率大幅上升,进入创新型国家行列。居民消费率稳步提高,形成消费、投资、出口协调拉动的增长格局。城乡、区域协调互动发展机制和主体功能区布局基本形成。社会主义新农村建设取得重大进展。城镇人口比重明显增加。

——扩大社会主义民主,更好保障人民权益和社会公平正义。公民政治参与有序扩大。依法治国基本方略深入落实,全社会法制观念进一步增强,法治政府建设取得新成效。基层民主制度更加完善。政府提供基本公共服务能力显著增强。

——加强文化建设,明显提高全民族文明素质。社会主义核心价值体系深入人心,良好思想道德风尚进一步弘扬。覆盖全社会的公共文化服务体系基本建立,文化产业占国民经济比重明显提高、国际竞争力显著增强,适应人民需要的文化产品更加丰富。

——加快发展社会事业,全面改善人民生活。现代国民教育体系更加完善,终身教育体系基本形成,全民受教育程度和创新人才培养水平明显提高。社会就业更加充分。覆盖城乡居民的社会保障体系基本建立,人人享有基本生活保障。合理有序的收入分配格局基本形成,中等收入者占多数,绝对贫困现象基本消除。人人享有基本医疗卫生服务。社会管理体系更加健全。

——建设生态文明,基本形成节约能源资源和保护生态环境的产业结构、增长方式、消费模式。循环经济形成较大规模,可再生能源比重显著上升。主要污染物排放得到有效控制,生态环境质量明显改善。生态文明观念在全社会牢固树立。

从中共十一届三中全会到中共十八大的的改革开放和社会主义现代化建设新时期，中国共产党作出把党和国家工作中心转移到经济建设上来、实行改革开放的历史性决策，大力推进实践基础上的理论创新、制度创新、文化创新以及其他各方面创新，实行社会主义市场经济体制，实现了从生产力相对落后的状况到经济总量跃居世界第二的历史性突破，实现了人民生活水平从温饱不足到总体小康、奔向全面小康的历史性跨越，为中国式现代化提供了充满新的活力的体制保证和快速发展的物质条件。

2012年11月的中共十八大提出，要在十六大、十七大确立的全面建设小康社会目标的基础上，提出了全面建成小康社会的新要求：

——经济持续健康发展。转变经济发展方式取得重大进展，在发展平衡性、协调性、可持续性明显增强的基础上，实现国内生产总值和城乡居民人均收入比2010年翻一番。

——人民民主不断扩大。民主制度更加完善，民主形式更加丰富，依法治国基本方略全面落实，法治政府基本建成，司法公信力不断提高，人权得到切实尊重和保障。

——文化软实力显著增强。社会主义核心价值体系深入人心，文化产业成为国民经济支柱性产业，社会主义文化强国建设基础更加坚实。

——人民生活水平全面提高。基本公共服务均等化总体实现，全民受教育程度和创新人才培养水平明显提高，就业更加充分，收入分配差距缩小，社会保障全民覆盖。

——资源节约型、环境友好型社会建设取得重大进展。

2017年10月召开的中共十九大明确提出，要决胜全面建成小康社会，开启全面建设社会主义现代化国家新征程。十九大强调：解决人民温饱问题、人民生活总体上达到小康水平这两个目标已提前实现。在这个基础上，到建党一百年时建成经济更加发展、民主更加健全、科教更加进步、文化更加繁荣、社会更加和谐、人民生活更加殷实的小康社会。党的十九大综合分析国际国内形势和我国发展条件，提出从2020年到21世纪中叶可以分两个阶段来安排：第一个阶段，从2020年到2035年，在全面建成小康社会的基础上，再奋斗15年，基本实现社会主义现代化。第二个阶段，从2035年到21世纪中叶，在基本实现现代化的基础上，再奋斗15年，把我国建成富强民主文明和谐美丽的社会主义现代化强国。这就把基本实现社会主义现代化的时间比原来的设想提前了15年。

建设小康社会其实就是中国实现富起来的过程。例如，1978年国内生产总值3678.7亿元，人均385元，按当年汇率计算约230美元；城镇居民人均家庭纯收入343.4元，农村居民家庭人均纯收入133.6元。到2020年，中国国内生产总值超过100万亿元，人均国内生产总值超过1万美元，城镇化率超过60%，中等收入群体超过4亿人，全国居民人均可支配收入32189元，城镇居民人均可支配收入43834元，农村居民人均可支配收入17131元。2020年，全国居民每百户家用汽车、移动电话、空调、排油烟机、热水器拥有量，分别为37.1辆、253.8部、117.7台、60.9台和90.4台。而在1978年之时，这些消费品除了个别家庭拥有外，对于绝大多数家庭来说拥有量几乎为零；到1998年时，全国每百户居民也只拥有汽车0.25辆，摩托车13.22辆，洗衣机90.57台，电冰箱76.08台，彩色电视机105.43台，空调20.01台，计算机3.78台。而今天的中国，汽车、摩托车、洗衣机、电冰箱、空调、彩电、电脑、手机已进入寻常百姓家，早已不是稀罕之物。这就表明，全面建成小康社会的目标已经如期实现。

2021年7月1日，在庆祝中国共产党成立100周年大会上，习近平总书记代表党和人民庄严宣告：经过全党全国各族人民持续奋斗，我们实现了第一个百年奋斗目标，在中华大地上全面建成了小康社会，历史性地解决了绝对贫困问题，正在意气风发向着全面建成社会主义现代化强国的第二个百年奋斗目标迈进。中华民族实现了小康这个千年梦想，胜利地走好了当年邓小平提出的"三步走"战略目标的第二步，为下一步建成社会主义现代化强国奠定了坚实的基础，表明中国式现代化道路越走越宽广，具有强大的生命力。

六、全面建设社会主义现代化国家

随着全面建成小康社会目标的实现，中国的现代化建设站到了新的历史起点上。2022年11月召开的党的二十大明确指出：从现在起，中国共产党的中心任务就是团结带领全国各族人民全面建成社会主义现代化强国、实现第二个百年奋斗目标，以中国式现代化全面推进中华民族伟大复兴。党的二十大的一个重要的理论创新，就是概括提出并深入阐述中国式现代化理论，这是科学社会主义的最新重大成果。

党的二十大强调，中国式现代化，是中国共产党领导的社会主义现代化，既有各国现代化的共同特征，更有基于自己国情的中国特色。现代化是一个动态的概念，一个国家或地区，是否实现现代化，可以从经济上的工业化、社会生活上的城市化、政治上的民主化、学术知识上的科学化等诸多方面去衡量。现代化国家也是通常意义上讲的发达国家。总体来说，实现了现代化的国家与地区，共同的特征是生产力发达、科学技术先进、居民生活水平较高等等。中国要实现的现代化，也一定是如此。

但是，中国式现代化除了各国现代化的共同特征外，还具有自己鲜明的特色。党的二十大报告将中国式现代化的鲜明特色概括为五个方面，即中国式现代化是人口规模巨大的现代化，是全体人民共同富裕的现代化，是物质文明和精神文明相协调的现代化，是人与自然和谐共生的现代化，是走和平发展道路的现代化。这五个方面的中国特色，深刻揭示了中国式现代化的科学内涵。这既是理论概括，也是实践要求，为全面建成社会主义现代化强国、实现中华民族伟大复兴指明了一条康庄大道。

迄今为止，全球实现现代化的国家和地区不超过30个，总人口10亿左右。中国是一个拥有14亿人口的大国，原本经济文化落后，这样大的国家要实现现代化，其难度可想而知，其意义也可想而知。党的二十大指出：我国14亿多人口整体迈进现代化社会，规模超过现有发达国家人口的总和，艰巨性和复杂性前所未有，发展途径和推进方式也必然具有自己的特点。我们始终从国情出发想问题、作决策、办事情，既不好高骛远，也不因循守旧，保持历史耐心，坚持稳中求进、循序渐进、持续推进。

资本主义国家的现代化普遍造成了贫富两极分化，形成了尖锐的阶级对立。一个多世纪以来，在马克思主义影响下，工人阶级走向觉悟，与资产阶级开展斗争，迫使资产阶级做出一定的让步，工人阶级的生活状况有所改变，但贫富悬殊、阶级对立仍然严重存在,"西方工业文明是建立在少数人富裕、多数人贫穷的基础上的;当大多数人都要像少数富裕人那样生活,人类文明就将崩溃"[1]。中国是社会主义国家,中国共产党始终强调共同富裕是社会主义的本质特征。因此,中国式现代化必然是也必须是全体人民共同富裕的现代化。党的二十大指出:共同富裕是中国特色社会主义的本质要求,也是一个长期的历史过程。我们坚持把实现人民对美好生活的向往作为现代化建设的出发点和落脚点,着力维护和促进社会公平正义,着力促进全体人民共同富裕,坚决防止两极分化。

西方一些国家在现代化的过程中,一方面是生产力得到很大发展,大量的商品被生产出来,一些人物质生活越来越富足;另一方面是人们的精神生活却越来越空虚,从而引发愈来愈多甚至愈来愈严重的各种问题。我们历来重视物质文明和精神文明同步建设,早在改革开放初期就强调大力建设社会主义精神文明,强调物质文明和精神文明相协调。党的二十大明确指出:物质富足、精神富有是社会主义现代化的根本要求。物质贫困不是社会主义,精神贫乏也不是社会主义。我们不断厚植现代化的物质基础,不断夯实人民幸福生活的物质条件,同时大力发展社会主义先进文化,加强理想信念教育,传承中华文明,促进物质的全面丰富和人的全面发展。

习近平同志曾指出:"人类社会在生产力落后、物质生活贫困的时期,由于对生态系统没有大的破坏,人类社会延续了几千年。而从工业文明开始到现在仅三百多年,人类社会巨大的生产

---

[1] 习近平:《之江新语》,浙江人民出版社2007年版,第134页。

力创造了少数发达国家的西方式现代化,但已威胁到人类的生存和地球生物的延续。"[1]中国作为后现代化国家,必须避免西方一些国家在现代化过程中对生态环境造成的严重破坏,而要实现人与自然和谐共生。为此,党的二十大指出:人与自然是生命共同体,无止境地向自然索取甚至破坏自然必然会遭到大自然的报复。我们坚持可持续发展,坚持节约优先、保护优先、自然恢复为主的方针,像保护眼睛一样保护自然和生态环境,坚定不移走生产发展、生活富裕、生态良好的文明发展道路,实现中华民族永续发展。

西方一些国家曾通过战争、殖民、掠夺等方式,实现了自身的工业化和现代化,造成许多国家和地区长久摆脱不了贫穷与落后,那种损人利己、充满血腥罪恶的路子给广大发展中国家人民带来深重苦难。中华文化强调"和为贵",中华民族没有对外侵略的文化基因,中国坚定不移地走和平发展道路,以前不走、现在不走、以后也绝不走"国强必霸"的路子。为此,党的二十大指出:我们坚定站在历史正确的一边、站在人类文明进步的一边,高举和平、发展、合作、共赢旗帜,在坚定维护世界和平与发展中谋求自身发展,又以自身发展更好维护世界和平与发展。

近代以来,中华民族为寻找自己的现代化道路进行长期不懈的努力,曾尝试过以西方为榜样实现现代化,但始终不成功。毛泽东曾就此总结过:"自从一八四〇年鸦片战争失败那时起,先进的中国人,经过千辛万苦,向西方国家寻找真理。""要救国,

---

[1] 习近平:《之江新语》,浙江人民出版社2007年版,第134页。

只有维新,要维新,只有学外国。那时的外国只有西方资本主义国家是进步的,它们成功地建设了资产阶级的现代国家。日本人向西方学习有成效,中国人也想向日本人学"。"帝国主义的侵略打破了中国人学西方的迷梦。很奇怪,为什么先生老是侵略学生呢?中国人向西方学得很不少,但是行不通,理想总是不能实现。"[1]历史表明,西方资本主义的现代化模式不适合中国国情。

新中国成立后,曾一度认真地学习苏联的社会主义现代化模式,但随后以毛泽东为代表的共产党人意识到苏联的现代化模式亦存在许多弊端。以 1956 年发表的《论十大关系》为标志,毛泽东明确提出要实现马克思主义与中国具体实际的第二次结合,以苏为鉴,避免苏联在社会主义建设中曾走过的弯路,而走出中国自己的工业化即现代化建设道路,从此开始了中国自己现代化建设道路的艰辛探索。由于历史条件的限制和各种复杂的原因,这条道路是在十一届三中全会后改革开放的伟大实践中真正开创并拓展出来的。

历史与现实表明,中华民族要实现自己的伟大复兴,就必须实现现代化,把中国建成社会主义现代化强国。但中国特殊的国情决定了中国的现代化既不能走西方国家的现代化老路,也不能照搬照抄苏联模式,而必须走自己的路,即开创中国式的现代化。而要使中国式现代化保持中国独有的特色,就必须坚持中国式现代化的本质要求。党的二十大对这些本质要求作出了科学概括,这就是:坚持中国共产党领导,坚持中国特色社会主义,实现高质量发展,发展全过程人民民主,丰富人民精神世界,实现

---

[1]《毛泽东选集》第四卷,人民出版社 1991 年版,第 1469—1470 页。

全体人民共同富裕，促进人与自然和谐共生，推动构建人类命运共同体，创造人类文明新形态。

这其中，坚持党的领导和中国特色社会主义是中国式现代化的本质要求。全面建设社会主义现代化国家、全面推进中华民族伟大复兴，关键在党。党的领导决定中国式现代化的根本性质，只有毫不动摇坚持党的领导，中国式现代化才能前景光明、繁荣兴盛；否则就会偏离航向、丧失灵魂，甚至犯颠覆性错误。中国式现代化是社会主义的现代化，而不是西方化，中国式现代化在一定程度上就是中国特色社会主义，中国特色社会主义必然要求实现中国式现代化。实现高质量发展，发展全过程人民民主，丰富人民精神世界，实现全体人民共同富裕，促进人与自然和谐共生，分别从政治、经济、文化、社会、生态的角度对中国式现代化明确了目标要求，与之相对应的是经济建设、政治建设、文化建设、社会建设和生态文明建设五位一体的总体布局。推动构建人类命运共同体、创造人类文明新形态，是中国式现代化所具有的世界意义。中国式现代化深深植根于中华优秀传统文化，体现科学社会主义的先进本质，借鉴吸收人类一切优秀文明成果，代表人类文明进步的发展方向，展现了不同于西方现代化模式的新图景，是一种全新的人类文明形态。

目前已经实现现代化的国家和地区，走的是资本主义的现代化道路。十月革命后，苏联开启以计划经济为特征的工业化建设，并在短期内取得不小的成就，但随着20世纪80年代末90代初东欧剧变和苏联解体，苏联模式的现代化道路实际上已经中断。因此，长期以来，在一些人看来，唯有资本主义的模式才能实现现代化。中国式现代化，打破了"现代化＝西方化"的迷思，展现了现代化的另一幅图景，拓展了发展中国家走向现代化的路径选择，为人类对更好社会制度的探索提供了中国方案。中国式现代化蕴含的独特世界观、价值观、历史观、文明观、民主观、生态观等及其伟大实践，是对世界现代化理论和实践的重大创新。中国式现代化为广大发展中国家独立自主迈向现代化树立了典范，为其提供了全新选择。

党的二十大将全面建成社会主义现代化强国，作出分"两步走"的总的战略安排。这就是：从2020年到2035年基本实现社会主义现代化；从2035年到本世纪中叶把我国建成富强民主文明和谐美丽的社会主义现代化强国。到2035年，我国发展的总体目标是：经济实力、科技实力、综合国力大幅跃升，人均国内生产总值迈上新的大台阶，达到中等发达国家水平；实现高水平科技自立自强，进入创新型国家前列；建成现代化经济体系，形成新发展格局，基本实现新型工业化、信息化、城镇化、农业现代化；基本实现国家治理体系和治理能力现代化，全过程人民民主制度更加健全，基本建成法治国家、法治政府、法治社会；建成教育强国、科技强国、人才强国、文化强国、体育强国、健康中国，国家文化软实力显著增强；人民生活更加幸福美好，居民人均可支配收入再上新台阶，中等收入群体比重明显提高，基本公共服务实现均等化，农村基本具备现代生活条件，社会保持长期稳定，人的全面发展、全体人民共同富裕取得更为明显的实质性进展；广泛形成绿色生产生活方式，碳排放达峰后稳中有降，生态环境根本好转，美丽中国目标基本实现；国家安全体系和能力全面加强，基本实现国防和军队现代化。

全面建设社会主义现代化国家，是一项伟大而艰巨的事业，前途光明，任重道远。当前，世界百年未有之大变局加速演进，新一轮科技革命和产业变革深入发展，国际力量对比深刻调整，我国发展面临新的战略机遇。同时，世纪疫情影响深远，逆全球化思潮抬头，单边主义、保护主义明显上升，世界经济复苏乏力，局部冲突和动荡频发，全球性问题加剧，世界进入新的动荡变革期。我国改革发展稳定面临不少深层次矛盾，躲不开、绕不过，党的建设特别是党风廉政建设和反腐败斗争面临不少顽固性、多发性问题，来自外部的打压遏制随时可能升级。我国发展进入战略机遇和风险挑战并存、不确定难预料因素增多的时期，各种"黑天鹅""灰犀牛"事件随时可能发生。这就要求我们必须增强忧患意识，坚持底线思维，做到居安思危、未雨绸缪，准备经受风高浪急甚至惊涛骇浪的重大考验。为此，党的二十大强调，在中国式现代化前进道路上，必须牢牢把握以下重大原则。

——坚持和加强党的全面领导。坚决维护党中央权威和集中统一领导，把党的领导落实到党和国家事业各领域各方面各环节，使党始终成为风雨来袭时全体人民最可靠的主心骨，确保我国社会主义现代化建设正确方向，确保拥有团结奋斗的强大政治凝聚力、发展自信心，集聚起万众一心、共克时艰的磅礴力量。

——坚持中国特色社会主义道路。坚持以经济建设为中心，坚持四项基本原则，坚持改革开放，坚持独立自主、自力更生，坚持道不变、志不改，既不走封闭僵化的老路，也不走改旗易帜的邪路，坚持把国家和民族发展放在自己力量的基点上，坚持把中国发展进步的命运牢牢掌握在自己手中。

——坚持以人民为中心的发展思想。维护人民根本利益，增进民生福祉，不断实现发展为了人民、发展依靠人民、发展成果由人民共享，让现代化建设成果更多更公平惠及全体人民。

——坚持深化改革开放。深入推进改革创新，坚定不移扩大开放，着力破解深层次体制机制障碍，不断彰显中国特色社会主义制度优势，不断增强社会主义现代化建设的动力和活力，把我国制度优势更好转化为国家治理效能。

——坚持发扬斗争精神。增强全党全国各族人民的志气、骨气、底气，不信邪、不怕鬼、不怕压，知难而进、迎难而上，统筹发展和安全，全力战胜前进道路上各种困难和挑战，依靠顽强斗争打开事业发展新天地。

中国式现代化这一科学命题，在20世纪70年代末80年代初提出之时，主要是考虑到原定的20世纪末达到西方发达国家那样的现代化程度不可能实现，为使中国的现代化有切实、具体、明晰、能够实现的目标，邓小平为此提出了小康标准，即把20世纪末实现小康作为这一阶段现代化的目标任务。党的十八大以来，中国共产党人成功推进和拓展了中国式现代化，对中国式现代化的认识不断深化，创立了习近平新时代中国特色社会主义思想，实现了马克思主义中国化时代化新的飞跃，为中国式现代化提供了根本遵循。进一步深化对中国式现代化的内涵和本质的认识，概括形成中国式现代化的中国特色、本质要求和重大原则，初步构建中国式现代化的理论体系，使中国式现代化更加清晰、更加科学、更加可感可行。在战略上不断完善，深入实施科教兴国战略、人才强国战略、乡村振兴战略等一系列重大战略，为中国式现代化提供坚实战略支撑。在实践上不断丰富，推进一系列变革性实践、实现一系列突破性进展、取得一系列标志性成果，推动党和国家事业取得历史性成就、发生历史性变革,特别是消除了绝对贫困问题,全面建成小康社会,为中国式现代化提供了更为完善的制度保证、更为坚实的物质基础、更为主动的精神力量。